16	3	2	13
5	10	11	8
9	6	7	12
4	15	14	1

André Simões

CHICO BUARQUE
EM 80 CANÇÕES

editora■34

EDITORA 34

Editora 34 Ltda.
Rua Hungria, 592 Jardim Europa CEP 01455-000
São Paulo - SP Brasil Tel/Fax (11) 3811-6777 www.editora34.com.br

Copyright © Editora 34 Ltda., 2024
Chico Buarque em 80 canções © André Simões, 2024

A FOTOCÓPIA DE QUALQUER FOLHA DESTE LIVRO É ILEGAL E CONFIGURA UMA APROPRIAÇÃO INDEVIDA DOS DIREITOS INTELECTUAIS E PATRIMONIAIS DO AUTOR.

Imagem da capa:
Retrato de Chico Buarque por Cafi, 1984

Capa, projeto gráfico e editoração eletrônica:
Franciosi & Malta Produção Gráfica

Digitalização e tratamento das imagens:
Cynthia Cruttenden

Revisão:
Beatriz de Freitas Moreira

1ª Edição - 2024 (1ª Reimpressão - 2024)

Catalogação na Fonte do Departamento Nacional do Livro
(Fundação Biblioteca Nacional, RJ, Brasil)

S386c
Simões, André
    Chico Buarque em 80 canções / André Simões — São Paulo: Editora 34, 2024 (1ª Edição).
    368 p.

    Inclui bibliografia e discografia.

    ISBN 978-65-5525-187-6

    1. Buarque, Chico. 2. Música popular brasileira. I. Título. II. Série.

CDD - 927

CHICO BUARQUE EM 80 CANÇÕES

Apresentação..	9
Glossário...	14
Pedro pedreiro (Chico Buarque)	21
Funeral de um lavrador	
(Chico Buarque/João Cabral de Melo Neto)	25
A banda (Chico Buarque)	30
Noite dos mascarados (Chico Buarque)......................................	36
Com açúcar, com afeto (Chico Buarque)	39
Quem te viu, quem te vê (Chico Buarque)	44
Roda viva (Chico Buarque)	47
Sem fantasia (Chico Buarque)	52
Retrato em branco e preto (Tom Jobim/Chico Buarque).............	57
Sabiá (Tom Jobim/Chico Buarque)	61
Rosa-dos-ventos (Chico Buarque)	66
Valsinha (Vinicius de Moraes/Chico Buarque)	69
Apesar de você (Chico Buarque)...	73
Construção (Chico Buarque)	76
Olha Maria	
(Tom Jobim/Vinicius de Moraes/Chico Buarque)	82
Cotidiano (Chico Buarque)	85
Atrás da porta (Francis Hime/Chico Buarque)............................	89
Partido alto (Chico Buarque)...	94
Bárbara (Chico Buarque/Ruy Guerra)	97
Tatuagem (Chico Buarque/Ruy Guerra)	104
Não existe pecado ao sul do equador	
(Chico Buarque/Ruy Guerra)	109
Cálice (Gilberto Gil/Chico Buarque)	113
Joana francesa (Chico Buarque)	117
Flor da idade (Chico Buarque)	120
Acorda, amor (Leonel Paiva/Julinho da Adelaide)	125
Gota d'água (Chico Buarque)..	130
Sem açúcar (Chico Buarque)	134
Passaredo (Francis Hime/Chico Buarque)..................................	137
Olhos nos olhos (Chico Buarque)	142
Meu caro amigo (Francis Hime/Chico Buarque)........................	145

O que será (À flor da terra)/ O que será (À flor da pele)
    (Chico Buarque).. 150
Angélica (Miltinho/Chico Buarque).. 153
João e Maria (Sivuca/Chico Buarque).. 156
Maninha (Chico Buarque).. 159
História de uma gata
    (Enriquez/Bardotti, versão de Chico Buarque) 164
Trocando em miúdos (Francis Hime/Chico Buarque) 167
Ópera (adaptação de Chico Buarque
    para excertos musicais de Bizet, Verdi e Wagner) 170
Homenagem ao malandro (Chico Buarque) 176
Teresinha (Chico Buarque).. 179
Folhetim (Chico Buarque) 182
O meu amor (Chico Buarque) 185
Pedaço de mim (Chico Buarque) 188
Geni e o zepelim (Chico Buarque) 191
Pivete (Francis Hime/Chico Buarque) 196
Uma canção desnaturada (Chico Buarque)..................................... 199
Bastidores (Chico Buarque)... 204
Deixe a menina (Chico Buarque) 207
Já passou (Chico Buarque) 210
Eu te amo (Tom Jobim/Chico Buarque)... 213
Qualquer canção (Chico Buarque) 217
Vida (Chico Buarque)... 220
As vitrines (Chico Buarque) 223
Meu caro barão (Enriquez/Bardotti/Chico Buarque) 228
Embarcação (Francis Hime/Chico Buarque).................................... 233
Ciranda da bailarina (Edu Lobo/Chico Buarque) 236
Beatriz (Edu Lobo/Chico Buarque) 241
Mil perdões (Chico Buarque) 245
Samba do grande amor (Chico Buarque).. 250
Imagina (Tom Jobim/Chico Buarque) 253
Vai passar (Francis Hime/Chico Buarque) 258
Palavra de mulher (Chico Buarque) 261
Bancarrota blues (Edu Lobo/Chico Buarque) 266
Choro bandido (Edu Lobo/Chico Buarque).................................... 269
Tango de Nancy (Edu Lobo/Chico Buarque) 274
As minhas meninas (Chico Buarque) 277
Anos dourados (Tom Jobim/Chico Buarque).................................. 282

Todo o sentimento (Cristovão Bastos/Chico Buarque) 286
Valsa brasileira (Edu Lobo/Chico Buarque) 289
O futebol (Chico Buarque) 294
Paratodos (Chico Buarque) 299
Futuros amantes (Chico Buarque) 304
Grande Hotel (Wilson das Neves/Chico Buarque) 307
A ostra e o vento (Chico Buarque) 310
Você, você (uma canção edipiana) (Guinga/Chico Buarque) 313
Injuriado (Chico Buarque) 317
Lábia (Edu Lobo/Chico Buarque) 321
Outros sonhos (Chico Buarque) 325
Sinhá (João Bosco/Chico Buarque) 329
Tua cantiga (Cristovão Bastos/Chico Buarque) 333
Que tal um samba? (Chico Buarque) 337

Discografia 341
Índice das canções analisadas por ordem alfabética 361
Referências bibliográficas 363
Créditos das imagens 366
Sobre o autor 367

APRESENTAÇÃO

Ele também é romancista, mais recentemente contista, escreveu peças de teatro, foi eventual roteirista e ator, inventou jogo de tabuleiro e se gaba do que consegue fazer com a bola num campo de futebol. Não foi por esses vários talentos, porém, que Chico Buarque se tornou primeiramente conhecido e aclamado: foi seu trabalho como autor de canções, ou cancionista, para usar o termo tornado corrente por Luiz Tatit, que lhe trouxe a fama.

E é sobre o cancionista Chico que este trabalho se detém, analisando 80 de seus títulos, em celebração dos seus 80 anos. A vasta maioria dos brasileiros sabe, toma mesmo como óbvio, que suas canções são belas. Mas afinal, por que são belas? Bem, embora a beleza na obra de arte tenha sempre algo de intangível e inexplicável, há elementos objetivos com os quais se pode demonstrar a maestria de Chico no ofício de cancionista. E como fazê-lo?

A primeira medida, da qual decorrem todas as outras, é avaliar uma canção como uma canção, e aqui me desculpo pela obviedade. Mas quando alguma alma do contra — por isso mencionei os apreciadores de Chico como "vasta maioria", fugindo de catalogá-los na unanimidade burra do dramaturgo — insiste em querer diminuir Chico Buarque, geralmente o faz com comparações estapafúrdias entre artes distintas.

Quase sempre se trata de figura conservadora procurando jeito de pichar o artista. "Ai, mas se os versos de Chico Buarque são excelentes, os de Fernando Pessoa são o quê?", "Se Chico Buarque é um músico genial, que termo vou usar para Bach?".

De fato, Chico Buarque não é um poeta tão bom quanto um Drummond, nem se compara, simplesmente porque não existe publicado nenhum livro de poemas seu; classificá-lo como músico da mesma altura de Beethoven seria uma piada, já que Chico nunca escreveu música de concerto. Por outro lado, nada garante que Camões e Mozart conseguiriam escrever boa canção popular — formato filho do século XX, ligado diretamente à possibilidade tecnológica da gravação sonora.[1] É outro ofício.

E esse ofício tem seus próprios e característicos desafios — de métrica, ritmo, concisão, restrições de tessitura, inteligibilidade e reprodutibilidade a partir de assimilação auditiva, adequação da curva melódica à entonação do discurso etc.

Ninguém menospreza Charles Chaplin por não ser fotógrafo tão bom quanto Cartier-Bresson. Pareceria totalmente insano. Ainda assim, devemos admitir que a fotografia é efetivamente elemento do cinema. Mas é só um elemento entre vários, e ainda assim deve ser trabalhado com especificidades voltadas à construção de filmes. Chaplin sempre será julgado como cineasta, não como fotógrafo.

É possível uma comparação entre esses fatos cinematográficos incontestáveis e a prática criadora do cancionista. Assim como a fotografia é parte do cinema, música e letra são componentes de uma canção, mas subordinadas a um formato delimitado, em relação ao qual devem ser funcionais e eficazes. O melhor fotógrafo não necessariamente terá dotes de cineasta, e o melhor diretor de cinema certamente saberá algo de fotografia, mas não tanto quanto quem se dedica apenas a isso. A mesma relação pode ser feita entre o músico (ou o poeta) e o cancionista. Por alguma razão, porém, no que diz respeito a Chico e alguns outros cancionistas brasileiros, uma analogia como essa, que deveria ser simples, parece não entrar na cabeça dos reaças rabugentos.

Se em alguns casos a música de canções tem interesse desacompanhada de letra, ou se os versos de uma canção sobrevivem separados da música, ótimo — é um bônus para o autor, que poderá lucrar vendendo livros e colhendo royalties da execução de sua obra por grupos instrumentais. Mas não é para isso que as canções são originalmente feitas.[2]

---

[1] As formas anteriores de palavra cantada — seja na música erudita, na música folclórica, na música religiosa ou nos hinos pátrios e revolucionários — influíram todas na formatação do que entendemos por canção hoje, mas com ela não se confundem. Atualmente, quando se menciona "canção", quase sempre há referência à canção popular urbana estruturada, com características muito próprias, a partir do começo do século XX, de maneira concomitante ao início da comercialização de fonogramas.

[2] A música popular instrumental tem imenso valor artístico, e destrinchar isso foge ao escopo deste trabalho. Cabe lembrar, porém, dos casos de nomes — Pixinguinha, no Brasil, e Duke Ellington, nos Estados Unidos, são os mais chamativos — que se dedicaram principalmente a esse gênero, mas acabaram se tornando cancionistas prolíficos de

Por outro lado, há o caso de admiradores de Chico, bem-intencionados, que insistem em querer "elevá-lo" à categoria de poeta. Os resultados são contraproducentes: não se está elogiando Chico ao chamá-lo de poeta, mas sim se desdenhando de todo um gênero artístico. É como se fosse dito "Ele é bom demais para ser considerado apenas compositor de canções, essa coisinha reles, ele é um poeta, isso sim". Ora, se Chico quisesse ser poeta, teria publicado livros com poemas, não álbuns com canções.

Como músico ou poeta, Chico perde por WO.[3] Ele deve ser avaliado como cancionista, e isso não é demérito. Porque se Chico não consta entre os mais veneráveis de todos os tempos no ramo da música e dos poemas — mais uma vez, é claro que não consta, por absoluta falta de prática —, quando se trata de canções...

Aí, meus amigos, é outra história. Podem pegar qualquer um. De qualquer geração, qualquer lugar e qualquer estilo. Chico fica ombro a ombro com as maiores figuras do gênero, integrando uma turma restrita em que qualquer declaração de primazia fica mesmo por conta de preferência pessoal. São os gênios da canção.

Para se negar a relevância de Chico Buarque, há que se negar a relevância da própria canção popular. Mas se títulos centenários como "Tristezas do jeca" e "The man I love" continuam sendo lembrados, reproduzidos e reinterpretados, influentes e emocionando gerações a fio, como dizer que tudo isso é só entretenimento ligeiro? Só pode ser arte.

E se é arte, merece consideração e análise, sobretudo quando se trata dos maiores de um gênero, como Chico Buarque. Já se disse aqui, há algo na fruição artística que permanece inacessível ao esquadrinhamento por palavras, só podendo ser absorvida diretamente pelos sentidos; um bom estudo, porém, pode lançar luz sobre distintas camadas de um objeto artístico, para que essa mencionada fruição ganhe em complexidade,

---

maneira quase acidental. Até por conta do enorme prestígio, um número expressivo de temas seus teve letra adicionada por outras pessoas, algumas vezes muitos anos após a primeira publicação, em formato instrumental. Os resultados são mistos: alguns casos resultaram em peças fundamentais do cancioneiro de seus países ("Carinhoso", "In a sentimental mood"); outros dão a impressão de que a letra está ali para atrapalhar a música ("Lamentos", "Caravan").

[3] Sempre nesta apresentação se entendendo por "músico" o compositor de música pura e "séria", para usar terminologia de Adorno. Como criador de música para canção, Chico não apenas se mostra talentoso como é subestimado.

riqueza e prazer, ao sensibilizar mais partes da alma — ou do cérebro, se quisermos fugir da pieguice e ser pragmáticos. É essa a pretensão deste pesquisador.

E para analisar uma canção, requer-se a utilização de critérios próprios e adequados. A indissociabilidade entre música e letra, como se viu, é apenas o mais básico deles. Há de considerar-se também, sempre que houver relevância, arranjo, interpretação, performance, contexto histórico, montagem do fonograma na mesa de mixagem, recepção e veiculação, entre outros elementos de um objeto de estudo fortemente interdisciplinar.

Por isso, as 80 canções de Chico Buarque aqui constantes foram selecionadas a partir de gravações específicas, indicadas no texto, para haver possibilidade de considerações mais precisas. Não houve intuito de definir as melhores, nem entre as canções nem entre as gravações de um mesmo título, tampouco se buscou a listagem dos maiores sucessos comerciais de Chico. Ainda assim, houve o cuidado de conseguir-se representatividade do todo da obra do artista, constando no rol de canções pelo menos uma de cada um de seus álbuns solo.

Termos mais técnicos presentes no corpo do livro remetem a um glossário. Aqui se pretende clareza e ampla acessibilidade, inclusive para estudantes do Ensino Médio em seus primeiros contatos com a obra de Chico Buarque.

Sou devedor dos pesquisadores da canção brasileira que me antecederam. Entre outros nomes, Almirante, Sérgio Cabral, Carlos Calado, Augusto de Campos, Ruy Castro, Almir Chediak, Ricardo Cravo Albin, Arthur Dapieve, Carlos Didier, Dominique Dreyfus, Rodrigo Faour, Luís Augusto Fischer, Marcelo Fróes, Walnice Nogueira Galvão, Walter Garcia, Wagner Homem, Maria Luiza Kfouri, Cacá Machado, João Máximo, Zuza Homem de Mello, Adélia Bezerra de Meneses, Sérgio Molina, José Geraldo Vinci de Moraes, Nelson Motta, Ana Carolina Arruda de Toledo Murgel, Marcos Napolitano, Thaís Lima Nicodemo, Charles Perrone, Amálio Pinheiro, Carlos Rennó, Carlos Sandroni, Maria Áurea Santa Cruz, Jairo Severiano, Fernando de Barros e Silva, Tárik de Souza, Luiz Tatit, Ricardo Teperman, José Ramos Tinhorão, Daniella Thompson, Herom Vargas, Neyde Veneziano, Humberto Werneck, José Miguel Wisnik e Regina Zappa. A eles este livro é dedicado.

Agradeço a Paulo Malta, por aceitar a empreitada de materializar este livro em tempo curtíssimo, sem prejuízo do reconhecido capricho da Editora 34. Maria e Candido Malta Campos Filho, Zero Freitas e Milton

Ohata deram preciosa contribuição ao emprestar itens para compor a iconografia do livro, pelo que lhes sou enormemente grato. Meu muito obrigado também a minha família, por aturar a minha ausência num período de trabalho intenso — especialmente a minha mãe, Fátima Freitas, que além disso quebrou um galho cuidando dos netos e lendo o texto enquanto era produzido, sempre dando valorosas contribuições.

André Simões
São Paulo, maio de 2024

GLOSSÁRIO

Acidente — Em música, são os símbolos utilizados na notação para alterar a altura de uma nota, havendo os de tipo sustenido (indicando aumento de um semitom), bemol (diminuição de um semitom), duplo sustenido (aumento de um tom), duplo bemol (diminuição de um tom) e bequadro (anulando alterações provocadas pelos acidentes anteriores).

Acorde — Grupo de três ou mais notas musicais ouvidas simultaneamente.

Aliteração — Repetição de sons consonantais num trecho curto de texto.

Arpejo — É a execução, uma a uma, das notas de um acorde, em vez da execução de todas as notas do acorde de uma só vez.

Arranjo — Na música popular, diz respeito à escrita das partes de diferentes instrumentos para acompanhar a melodia principal do tema. Não necessariamente o autor da canção é seu arranjador.

Assonância — Repetição de sons vocálicos num trecho curto de texto.

Contraponto — Técnica de composição na qual duas ou mais vozes melódicas independentes são sobrepostas.

Contratempo — Deslocamento do acento natural do compasso, valorizando-se o tempo fraco.

Cromatismo — Em música, o uso em sequência de notas com intervalo de um semitom, ou seja, o menor intervalo possível no padrão ocidental. Considerando as teclas de um piano, a escala cromática ascendente, partindo de dó, movimenta-se sempre para a tecla mais próxima à direita: dó, dó sustenido, ré, ré sustenido etc.

Dinâmica — Em música, trata da variação da intensidade sonora de um excerto musical, podendo ir do muito fraco ao muito forte. A dinâmica pode se dispor em crescendo ou decrescendo.

Harmonia — Em música, trata da relação entre notas musicais simultâneas.

Homoteleuto — Figura relacionada a palavras com mesma sonoridade após a última vogal tônica.

Intervalo — Em música, diz respeito à diferença de altura entre duas notas. Partindo-se da nota dó, em direção ascendente, para a nota ré, tem-se um intervalo de segunda; para a nota mi, tem-se um intervalo de terça, e assim por diante. Num intervalo de oitava, temos duas notas iguais em diferentes alturas. Os intervalos podem ser maiores, menores, justos, aumentados ou diminutos.

Intervalo dissonante — Intervalos que transmitem sensação sonora de instabilidade, em oposição aos intervalos consonantes, que transmitem sensação sonora de estabilidade. Há nuances, mas em linhas gerais são intervalos dissonantes os intervalos de segunda (sendo que o de segunda menor é mais dissonante que o de segunda maior), de sétima (sendo que o de sétima maior é mais dissonante que o de sétima menor), e os de quarta aumentada ou quinta diminuta.

Melodia — Sucessão linear de notas musicais em determinado trecho, formando um todo que o ouvinte possa perceber como entidade única.

Metáfora — Uma comparação implícita, sem as marcas de linguagem que a caracterizam. "Seus olhos são verdes como esmeraldas" é uma comparação; "seus olhos são esmeraldas" é uma metáfora.

Metalinguagem — Em termos simples, trata-se de uma mensagem que evidencia a linguagem nela utilizada. Um filme sobre o cinema, um poema sobre o fazer literário etc.

Metonímia — Figura de linguagem baseada no uso de um termo no lugar de outro, por alguma relação de proximidade material ou conceitual.

Métrica — Medida do verso, em número de sílabas poéticas.

Modulação — Em linhas gerais, é a troca de tonalidade durante o curso de certa peça musical. Dependendo da maneira como a troca de tonalidade se dá, teóricos também usam termos como "tonicização" e "transposição"; visando à simplicidade, neste livro usaremos indistintamente "modulação" para indicar qualquer troca de tonalidade em determinada canção.

Oximoro — Combinação de palavras de sentido oposto que parecem excluir-se mutuamente.

Oxítona — Palavra com tônica na última sílaba.

Paronomásia — Semelhança de sonoridade e/ou grafia entre termos.

Paroxítona — Palavra com tônica na penúltima sílaba.

Proparoxítona — Palavra com tônica na antepenúltima sílaba.

Prosódia — Trata da correta acentuação das palavras.

Redondilha maior — Diz-se do verso de sete sílabas poéticas.
Redondilha menor — Diz-se do verso de cinco sílabas poéticas.
Rima consoante ou perfeita — Rima com coincidência sonora total a partir da última vogal tônica.
Rima cruzada — Padrão em que as rimas se dispõem no formato abab.
Rima em mosaico — Formada pela junção de sílabas de palavras diferentes. Exemplo: "batem" com "lá tem".
Rima interna — Rima que se dá entre palavras no interior dos versos, em oposição à mais comum rima externa, entre palavras no final dos versos.
Rima polissilábica — Rima que vai além da coincidência sonora a partir da última vogal tônica, envolvendo consecutivamente mais de uma sílaba. Exemplo: no casamento de "jardim" com "carmim", a sílaba "jar" rima com "car", e "dim" rima com "mim".
Rima rica — Rima que se dá entre palavras de classes gramaticais diferentes.
Rima toante — Rima com coincidência apenas de sons vocálicos a partir da última vogal tônica.
Ritmo — Em música, trata da divisão ordenada do tempo; em poesia, trata da relação de constância entre sílabas fortes (tônicas) e fracas (átonas).
Salto — Em música, o termo se refere ao movimento melódico com intervalos de terça ou maiores; nos intervalos melódicos de segunda, há movimentação por graus conjuntos.
Sílabas poéticas — São as unidades silábicas dos versos de um poema, não necessariamente coincidindo com a divisão gramatical de sílabas. As sílabas poéticas se contam até a última sílaba tônica de um verso, sendo desprezadas as sílabas átonas posteriores; também pode haver diferenças em relação à contagem silábica gramatical quando a sonoridade da declamação de um verso apresenta junção de vogais ou, mais raramente, transformação de ditongos (duas vogais na mesma sílaba) em hiatos (duas vogais consecutivas em sílabas distintas), entre outros recursos.
Símbolo — Recurso no qual determinado dado, em certo contexto, pode indicar tanto o que concretamente exprime como ter outra significação, figurada. A cruz é um símbolo do cristianismo. "Amanhã será um novo dia" pode apontar que amanhã efetivamente é um novo dia, mas também pode ter o sentido de que, depois de um período ruim, o futuro traz a possibilidade de coisas boas. O símbolo se dis-

tingue da metáfora: em "seus olhos são esmeraldas", não há como os olhos serem efetivamente esmeraldas; trata-se, portanto, de linguagem metafórica, não simbólica.

Síncope — Em música, a execução de uma nota que começa no tempo fraco e se estende até o tempo forte da melodia.

Tessitura — Diferença entre a nota mais grave e a mais aguda de determinado fato musical.

Tonalidade — Nota que compõe o centro em torno do qual se constrói determinada música.

Trítono — Os intervalos de quarta aumentada ou quinta diminuta também são chamados de trítono, por formarem um intervalo com diferença de três tons entre as duas notas.

Versos brancos — São versos que não obedecem a um esquema de rimas regular.

As gravações referenciadas neste livro para as canções "Joana francesa", "Ópera", "Uma canção desnaturada", "Bastidores", "Imagina", "Choro bandido" e "Tango de Nancy" não estavam presentes em plataformas digitais até o fechamento da edição deste trabalho. Para suprir a lacuna, colocamos em nossa playlist outras gravações desses temas. As gravações de referência faltantes, no entanto, são encontradas facilmente por meio dos mecanismos de busca na Internet — além de haver a possibilidade de audição direta nos álbuns originais, é claro.

Para as letras completas das canções e informações biográficas, indicamos o site oficial do artista: <https://chicobuarque.com.br/>.

Para acessar a playlist das canções deste livro nas plataformas digitais, utilize os QR Codes abaixo (aponte a câmera de seu celular e clique no link que aparece na tela):

Amazon Music   Apple Music   Deezer   Spotify

CHICO BUARQUE
EM 80 CANÇÕES

O compacto de estreia de Chico Buarque, lançado em 1965 pela RGE.

C. S. - 70.149

GRAVADO NO TEATRO PARAMOUNT

CHICO BUARQUE

PEDRO PEDREIRO
(Chico Buarque)

SONHO DE UM CARNAVAL
(Chico Buarque)

DISCOS RGE LTDA. — Avenida Ipiranga, 1123 - São Paulo

PEDRO PEDREIRO

(Chico Buarque, 1965)
Na gravação do álbum *Chico Buarque de Hollanda* (1966)

O que você estava fazendo aos 20 anos? Alguma coisa muito digna de nota? Provavelmente não, como a maioria de todos nós. Chico Buarque, porém, é uma exceção, pois em 1965 compunha e lançava o samba "Pedro pedreiro".

O samba em suas variações, aliás, firmou-se como a escolha de acompanhamento rítmico predominante em toda a sua obra; nos quatro primeiros álbuns do compositor, em particular, praticamente monopolizou as faixas, de modo que se torna necessário distinguir o ritmo nestas análises quando a canção *não* é um samba.

"Pedro pedreiro" foi a estreia discográfica de Chico, em registro de voz e violão, num compacto que tinha como lado B "Sonho de um carnaval", também de sua autoria. No ano seguinte, "Pedro pedreiro" seria regravada, em arranjo com maior instrumentação, para seu primeiro álbum.

Temos um início de carreira assombroso, pela juventude do compositor e pelo fato de o tema demonstrar muitas das características e das habilidades cancionistas que Chico exibiria consistentemente ao longo da carreira, já se exibindo o virtuosismo na disposição de aliterações, assonâncias e rimas internas.

Logo ao primeiro verso da canção, "Pedro pedreiro penseiro esperando o trem", somos situados com a apresentação de um personagem, sua profissão, sua postura e o que está fazendo em dado momento (da manhã), com o requinte das aliterações em "p" e a inventividade verbal do neologismo roseano "penseiro".

> Pedro pedreiro penseiro esperando o trem
> Manhã, parece, carece de esperar também
> Para o bem de quem tem bem
> De quem não tem vintém

Também se mostra o interesse em relação à classe trabalhadora e a identificação com ela, apesar da origem de classe média alta do compositor; a sutileza, a riqueza imagética e o salpicar de ambiguidades em Chico, porém, afastam o tema do rótulo simples de canção de protesto. O protagonista traz a pedra no nome, como que destinado ao duro ofício de pedreiro; sua postura penseira pode tanto indicar passividade quanto uma tomada de consciência (de classe); a espera, tão repetida ao longo da letra, encontra respaldo na forma da canção, concluída apenas depois de longos 60 versos.

A escolha de um personagem masculino esperando inverte o paradigma literário penelopeano da mulher como o ser que espera. Trata-se aqui, porém, de uma espera desesperançada, longe de uma expectativa otimista. Os objetos de sua espera são dispostos num misto de simplicidade e ironia fatalista: o sol, o aumento "desde o ano passado para o mês que vem", o filho condenado a também esperar etc.

Justamente no ponto em que Pedro se permite, embora paradoxalmente sem saber disso, mudar a espera para "alguma coisa mais linda que o mundo, maior do que o mar", a harmonia se direciona para um acorde fora do tom de mi menor, predominante na canção. O clímax ocorre nas duas notas correspondentes a "o mar", num dissonante intervalo de trítono, sendo que "mar", em nota alongada, corresponde ao ponto mais agudo da música.

A aptidão para encontrar musicalmente um modo de expressar a breve fé em algo maior e melhor, acompanhando o conteúdo da letra, faz-se digna de nota, já que Chico é essencialmente um músico intuitivo, principalmente àquela altura. Logo o protagonista interrompe a divagação, pois "pra que sonhar se dá o desespero de esperar demais?", e a canção volta a sua tonalidade.

A conjugada intenção de música e letra também se vê na passagem "Esperando a festa/ Esperando a sorte/ Esperando a morte/ Esperando o norte". O mais óbvio seria dispor "morte" como o fim da gradação, mas Chico prefere destacar a palavra de maneira mais sutil, utilizando o dissonante intervalo de segunda menor entre as notas que correspondem ao artigo "a" e a primeira sílaba de "morte", enquanto para os outros elementos da gradação se usa o intervalo de segunda maior, menos dissonante. Belo achado também no uso de "norte", podendo significar tanto a região do Brasil de onde Pedro veio como uma orientação para sua vida.

Depois de tanta espera, é já ao final da canção que aparece pela primeira e única vez a palavra "esperança", qualificada, em rimas internas, de "aflita, bendita, infinita". O belo achado da "aflição bendita" aponta para um basta na passividade; o trem, objeto final da esperança, pode simbolizar a redenção num futuro libertador — ou seria simplesmente um elemento concreto que tirará Pedro de suas elucubrações penseiras perigosas para levá-lo a mais um dia de trabalho reificante? Fala-se muito nas metáforas de Chico Buarque, mas sua linguagem, a rigor, costuma ser muito mais simbólica do que propriamente metafórica, e esta canção de sua estreia fonográfica constitui exemplo disso.

Em seguida, a redundância etimológica de "Pedro pedreiro" é reforçada pelo acréscimo de mais um "pedreiro", no lugar do "penseiro" do início da canção. Pedro interrompe os pensamentos para estar pronto a entrar no trem "que já vem, que já vem, que já vem...", em repetição com andamento em acelerando que emula a aproximação do trem.

E o camarada que escreveu a canção só tinha 20 anos.

MORTE E VIDA SEVERINA

Compacto com dois temas de *Morte e vida severina* pelo coral de alunos da PUC-SP: "Mulher da janela — Louvor" e "Funeral — Exaltação". A gravura da capa é de Vallandro Keating.

TUCA

1.º PRÊMIO DO FESTIVAL INTERNACIONAL DE TEATRO UNIVERSITÁRIO REALIZADO EM NANCY – FRANÇA

MORTE E VIDA SEVERINA

POEMA DE JOÃO CABRAL DE MELO NETO

MÚSICA CHICO BUARQUE DE HOLLANDA

CORAL ALUNOS DA PUCSP
REGÊNCIA ZUINGLIO FAUSTINI

TRECHOS DO ESPETÁCULO ENCENADO PELO TUCA
NO TEATRO DA UNIVERSIDADE CATÓLICA - S. PAULO

GRAVURA / L. A. V. KEATING

FUNERAL DE UM LAVRADOR

(Chico Buarque/João Cabral de Melo Neto, 1965)
Na gravação do álbum *Chico Buarque de Hollanda — volume 3* (1968)

Os constantes elogios ao "letrista" Chico Buarque são uma forma enviesada, e equívoca, de desmerecê-lo, ao omitir o fato de que Chico também é autor da parte musical de canções, e dos bons. Considerando a frequência desse insulto disfarçado, soa irônico lembrar o fato de que sua primeira obra a causar *frisson* no meio artístico não conta com palavras suas.

Em 1965, Chico Buarque teve a ousadia, em encomenda para o grupo paulistano Tuca, de musicar *Morte e vida severina*, longo poema de João Cabral de Melo Neto, publicado dez anos antes, em formato intitulado pelo autor como "Auto de Natal pernambucano". A montagem teatral, exibindo a jornada do retirante Severino, em constantes encontros com a morte enquanto se retira para o Recife, foi consagradora. A peça teve carreira de enorme sucesso no Brasil, e posteriormente na Europa, onde ganhou prêmios de crítica e público no IV Festival de Teatro Universitário de Nancy.

A montagem exitosa de *Morte e vida severina* trouxe como efeito colateral mais atenção ao próprio poema, que desde então ganhou sucessivas reedições em livro, entrou no repertório canônico do teatro brasileiro, passou a constar em programas escolares e listas de vestibular; gerou ainda um LP da Philips com a gravação da peça do Tuca (em 1966), seguido por uma versão cinematográfica dirigida por Zelito Viana (em 1977) e um especial da TV Globo (em 1981), sempre usando a música de Chico Buarque.

A mais lisonjeira recepção, no entanto, foi a do próprio João Cabral de Melo Neto. Além de não estimar *Morte e vida severina* como uma de suas melhores obras, o poeta não achava que o texto funcionaria no palco, menos ainda como musical; aliás, João Cabral famosamente não gostava de música, nenhuma música. Pois ao ver a peça em Nancy, declarou-se "arrasado pela beleza do espetáculo", chegando a acompanhar o Tuca em uma passagem por Portugal.

Consta que o excerto da peça de que o poeta mais gostava era "Funeral de um lavrador", talvez não coincidentemente o trecho escolhido por Chico para gravação em seu terceiro álbum (1968).

> Esta cova em que estás
> Com palmos medida
> É a conta menor
> Que tiraste em vida

O arranjo do maestro Gaya é mais lento, mais sofisticado e com maior instrumentação quando comparado com a versão ouvida na montagem do Tuca, cantada de maneira agressiva, em fortíssimo.

A amenidade do arranjo dá oportunidade para Chico desmentir outra das pechas a ele atribuídas ao longo da carreira: a de mau cantor. Pode apreciar-se ou não seu timbre, afirmar-se que seu corpo vocal e sua extensão não batem recordes entre cantores populares; impossível não constatar, porém, sua afinação e o fato de saber transmitir a emoção condizente ao conteúdo das canções por ele interpretadas.

Em "Funeral de um lavrador", o canto quase sussurrado de Chico reflete precisamente a ironia amarga dos versos de João Cabral, que retratam a despedida de um "trabalhador do eito", em velório no qual seus amigos se põem a elencar as vantagens de estar morto e poder desfrutar do conforto de uma cova. É possível imaginar Chico, em registro grave, cantando com um sorriso cínico no rosto, o que soa inadequado para um funeral, mas condiz com o conteúdo do texto.

O excerto de João Cabral é disposto em quadras, mas de métricas e ritmos diversos, o que poderia servir de incentivo para a criação de distintas células melódicas. Chico, no entanto, opta acertadamente por usar o mesmo esquema melódico para todas as estrofes, apenas com adição ou supressão de poucas notas conforme o tamanho dos versos, reforçando o clima de ladainha. A tessitura curta da melodia — apenas de uma sexta menor — também se adequa à famosa secura do estilo de João Cabral.

É curioso notar que Chico, sempre muito rigoroso com o português de seus versos, constantemente se desvia da prosódia padrão no encontro de música com letra. Ele conta ter sido advertido para não deixar um dos trechos soar como "é a terRA que querias ver dividida", mas ainda permaneceram na gravação coisas como "de palMOS medida" e "te senTIras" largo, em vez de "PALmos" e sentiRÁS".

Sua liberdade prosódica gerou notório incômodo em Tom Jobim na parceria dos dois em "Piano na Mangueira" (1993), na altura do verso "Já MANdei subir o piano na mangueira": Tom reagiu sarcasticamente, passando a dizer os dias da semana em inglês: "monday", "tuesday", "wednesday"... Chico não se importou e gravou a canção conforme concebeu a letra originalmente, mas Tom, em sua própria gravação, mudou o trecho para "manDEI subir o piano pra Mangueira".

No que diz respeito a esses dois particulares desvios de prosódia, Chico encontra justificativas: em "Piano na Mangueira", o piano subindo o morro é sacudido e sacode a acentuação das sílabas; em "Funeral de um lavrador", houve a tentativa de simular o canto tradicional nordestino.

MORTE E VIDA SEVERINA

P 632.900 L

TUCA, TUCANOS E SEVERINOS

Tuca. Teatro da Universidade Católica. A abreviação tem mais que o sentido de síntese. Forma palavra sem significado conhecido. Com características de coisa jovem. Alegre. Clara. Projetiva. Para ser. Sendo o que não é possível deixar de ser. Como semente. TUCA: expressão da cultura e perspectivas dos estudantes da Universidade Católica. Dos estudantes. Assim, logo deixou de ser da para se tornar o Teatro dos estudantes na Universidade Católica. Alma bem maior que o corpo, tempo que alarga o espaço. Realidade sem limites horizontais. Obra dos estudantes, o TUCA não foi criado para os universitários apenas. Como não o são êles próprios e nem as Universidades. Daí o caminho do teatro: comunicação, diálogo e expressão. De cultura real e da realidade cultural. Brasileiras. Cultura popular e popularização da cultura. TUCA.

As universidades são financiadas com os recursos de todos. Para sua existência o TUCA recebeu apôio financeiro, técnico e humano da Reitoria da Universidade Católica e da Comissão Estadual de Teatro da Secretaria do Govêrno do Estado de São Paulo. Recursos, pois, de todos. A todos deve servir e dirigir-se os frutos dessa obra. Obra popular. Um serviço público. Nessa perspectiva deve ser compreendida o planejamento e as atividades do TUCA.

Cursos, conferências, pesquisas, seminários. Professores, estudantes, profissionais de teatro. Montagem de espetáculos. Pelos estudantes, assessorados por profissionais e professores. Espetáculo para tôdas as camadas sociais na capital e no interior. Exposições, debates e documentação. Trinta estudantes no palco, centenas na retaguarda. Universidade e Govêrno promovendo e patrocinando a utilização pública da cultura universitária de São Paulo, sendo aperfeiçoada e em processo de democratização.

«Morte e Vida Severina» de João Cabral de Melo Neto: ponto de partida. O grande poeta brasileiro e seu Auto de Natal Pernambucano. O mais belo poema dramático de nossa literatura contemporânea. Além do valor em si mesmo que justificaria a montagem, presta-se perfeitamente ao tipo de espetáculo a que se propõe o TUCA. Forma coral, universalidade poética de uma realidade social e humana, participação grupal na ação e no desenvolvimento do texto.

A introdução da música obedece ao mesmo tempo à concepção do espetáculo e a propósitos de comunicação mais ampla e fácil. O regionalismo nordestino das situações e personagens, procurou-se universalizar com base no fato de Severino ser mais adjetivo que substantivo, na concepção genial do poeta. Assim, «as coisas de não» do poema, os estudantes de São Paulo respondem com o sim de sua atuação. Aos protestos e esperanças de seus irmãos de vida e morte mais severina, querem ser «Mestre Carpina» e pedem que Severinos que confiem, pois estão conscientes de que «muita diferença faz entre lutar com as mãos e abandoná-las para trás».

ROBERTO FREIRE

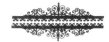

Sensation au Festival du Théâtre universitaire
« MORT ET VIE DE SEVERINO » par les étudiants de Sao-Paulo
De notre envoyé spécial BERTRAND POIROT-DELPECH

Nancy, 25 avril. — Dix minutes d'ovations debout par un public au bord des larmes... Après des débuts décourageants, le Quatrième Festival mondial du Théâtre universitaire a vécu dimanche soir des moments d'enthousiasme et d'émotion comme on en connaît rarement au théâtre. Même si d'autres troupes s'imposent d'ici dimanche prochain, les étudiants de Sao-Paulo laisseront un des grands souvenirs de la manifestation, plus marquant encore que celui des concurrents de Mexico et de Madrid primés les autres années.

Rien n'est plus simple et paraît-il plus rebattu, dans l'actuel folklore brésilien, que l'histoire de ce chômeur fuyant la sécheresse du Nord-Est et allant chercher du travail sur le littoral de Recife. Rien de plus tristement banal que ses rencontres de village en village avec la misère et la mort.

Et pourtant, le chemin de croix de Severino devient peu à peu le symbole d'une quête universelle. C'est toute l'humanité souffrante du « tiers monde » a rongé par la faim qui semble envahir la scène avec son désespoir presque muet. Bien qu'il soit promis comme tant d'autres à une mort précoce, l'enfant qui naît à la fin de cette marche et rend l'espérance au vagabond, témoigne pathétiquement en faveur d'une volonté toujours possible de la vie.

L'anecdote prend cette signification exemplaire grâce au lyrisme dépouillé de l'auteur, Joao Cabral, mais aussi grâce à la noblesse descendante du spectacle en forme d'oratorio mimé. Tandis que des projecteurs agrandissent en ombres chinoises leurs mouvements de foule et tournoi et se défaisant sans cesse, les vingt-cinq exécutants font alterner la récitation et le chant rythmé à la guitare avec une perfection aimable.

Il est vrai que le théâtre de l'université catholique de Sao-Paulo repose une formation presque professionnelle et a longuement rôdé le spectacle avant de venir à Nancy. Mais l'équipe ne date que de l'an dernier et Severino est sa première réalisation.

Le secret de son succès vient plutôt, tout simplement, de ce que les étudiants brésiliens éprouvent le besoin vital d'exprimer une réalité qui est par elle-même dramatique. Le caractère tragique du fond détient naturellement sur la forme. L'ennoblit, et impose son style au-delà des querelles et des expérimentations byzantines. Rien de tel que d'avoir quelque chose à dire (et quelle chose !) et d'être seuls à pouvoir le dire, pour le dire assez bien.

En face de cette beauté de la nécessité, les douze spectacles précédents ont semblé dérisoires, notamment les efforts des Occidentaux, d'Amérique, d'Allemagne, de Nancy... ou de la rue d'Ulm, pour remettre en cause de façon marquisée ou abstraitement révolutionnaires leur patrimoine culturel de vieux riches.

(CRÍTICA EM "LE MONDE")

NANCY : Jean-Jacques GAUTIER
UN GRAND MOMENT D'ÉMOTION
au Festival du Théâtre Universitaire

Nancy, 25 avril. (De notre envoyé spécial.)

AU Festival mondial du Théâtre Universitaire de Nancy, la compétition se déroulait un peu en grisaille — tout le monde écrire que le spectacle recherche les sommets de la tragédie grecque, la douleur pathétique du chant des Hébreux.

Les voix sont toutes admirables, au cœur d'une musique bouleversante d'éternelle simplicité. Ces litanies élémentaires, coupées par le mouvement des lentes théories, vous serrent la gorge ; le rythme des complaintes s'accorde magnifiquement avec l'équilibre infaillible des groupes d'une stupéfiante beauté qui se nouent et se dénouent, se décomposent et se recomposent harmonieusement.

Les femmes ont une façon d'appuyer largement leurs pieds sur le sol, qui évoque la fermeté et l'assurance des danseuses mesurant la statuaire et l'architecture antiques. Les liens des bras dessinent une frise sans défaut. C'est le bonheur quand tout est beau et que tout s'unit dans la beauté du geste, des chants, des couleurs, des éclairages de la grâce et de l'inspiration.

Il y a là un souffle qui est celui du poème et de la farouche grandeur d'un climat d'une terre aride, de la peine des hommes et d'une compagnie merveilleusement animée. J'ai rarement vu plus rare noblesse en un tel spectacle, à lui seul, suffit à justifier l'existence de tout un festival.

Une salle entière qui, spontanément, se lève pour rendre hommage à ceux qui viennent de lui donner une grande émotion, ce n'est pas ordinaire !

Jean-Jacques Gautier.

(CRÍTICA EM "LE FIGARO")

COMPANHIA BRASILEIRA DE DISCOS

Frente e verso da capa do LP com a gravação ao vivo, no teatro da PUC-SP, da peça *Morte e vida severina*, de João Cabral de Melo Neto, musicada por Chico Buarque.

A BANDA

(Chico Buarque, 1966)
Na gravação do álbum *Chico Buarque de Hollanda* (1966)

"A banda" fez de Chico Buarque uma celebridade. Com a canção, definitivamente deixou de ser mais conhecido como filho do historiador Sérgio Buarque para tornar-se figura que, de um lado, dava autógrafos na rua e, de outro, era elogiado em crônicas de jornal por nomes do porte de Carlos Drummond de Andrade e Nelson Rodrigues.

A súbita fama veio com a vitória no II Festival de Música Popular Brasileira, da TV Record, em 1966. "A banda", interpretada pelo autor em dupla com Nara Leão, conquistou o primeiro lugar em empate com "Disparada", de Théo de Barros e Geraldo Vandré, "defendida", como era comum ser dito nos festivais, por Jair Rodrigues.

O empate, na verdade, foi uma fabricação de Chico. Ante uma torcida nacional — os festivais de canção mobilizavam enorme audiência televisiva, abrangendo distintas classes econômicas e faixas etárias — dividida entre as duas favoritas, Chico, ao saber que seria o vencedor, achou por bem, além de considerar mais justo, dividir o primeiro lugar de "A banda" com "Disparada".

Chegou a dizer que recusaria publicamente o prêmio se não fosse feita a sua vontade, e aí a direção teve de atender a seu desejo para evitar celeuma. O gesto nobre de Chico também implicou não desprezível perda financeira: os valores dedicados ao primeiro e segundo lugares foram somados e divididos por dois. A história do empate forjado ficou guardada por anos, até ser revelada por Zuza Homem de Mello, na época o responsável pelo som do festival, em seu livro *A era dos festivais: uma parábola* (2003).

"A banda" foi uma tentativa consciente de retomada do lirismo numa época, imediatamente após o golpe militar, marcada por muitas canções de protesto. A ideia foi corroborada por Nara Leão, ela mesma uma lançadora da tendência, ao interpretar "Carcará" (João do Vale e José Cândido) e outras canções engajadas no espetáculo *Opinião* (1964), dirigido por Augusto Boal para o Teatro de Arena.

A tentativa foi extremamente bem-sucedida, graças ao poder imagético da letra, escorada numa melodia simples e assoviável.

> Estava à toa na vida
> O meu amor me chamou
> Pra ver a banda passar
> Cantando coisas de amor

Logo aos primeiros versos, somos explícita ou implicitamente informados quanto ao *que, quem, quando, onde, como* e *por que*, como se tivessem sido respondidas as exigências de um *lead* jornalístico.

A partir daí, exibe-se o poder redentor da banda, que leva pessoas as mais díspares a pararem com suas atividades comezinhas para se encantarem com sua passagem. O deslumbre com a banda chega a atingir seres vivos de outros reinos, como a rosa, e até matéria inanimada, como a lua. A atmosfera mágica se estende ao fato pouco notado de que bandas marciais são essencialmente instrumentais, não costumando cantar, muito menos coisas de amor.

O arranjo da canção para o primeiro álbum de Chico (1966) — lançado basicamente graças ao sucesso de "A banda" no festival — incluía um coro feminino que já à época, com as conquistas da bossa nova, soava absolutamente datado, mas se adequa à atmosfera nostálgica do tema. Em metalinguagem, apresentava-se uma marchinha alegre (e antiquada) retratando a passagem de uma (antiquada) banda a tocar a "marcha alegre" que "se espalhou na avenida e insistiu".

Para um país sofrendo com a atmosfera política tensa, um pouco de escapismo pegou bem entre um público muito abrangente. Os olhos verdes (ou azuis?) do jovem autor da canção também não atrapalharam.

Com o recrudescimento da arbitrariedade do regime militar após o AI-5, em dezembro de 1968, a canção passou a soar de uma ingenuidade inadequada. Após voltar de seu autoexílio na Itália, onde morou de 1969 a meados de 1970, Chico nunca mais a cantou publicamente. "Vendo a banda passar" inclusive virou expressão popular indicando passividade ante uma situação, levando um sujeito a perder o rumo da história.

Análise mais detida sobre o tema, no entanto, mostra que "A banda" está longe de uma visão de Pollyanna. Ao invés do tradicional *happy ending* para uma história atormentada, há um final melancólico para um conto até então de felicidade irreprimível: finda a passagem da banda, tudo volta a seu lugar, com "cada qual no seu canto" e "em cada canto

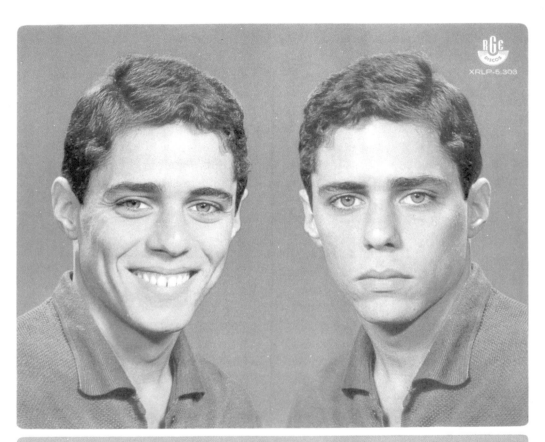

CHICO BUARQUE DE HOLLANDA

FICHA TÉCNICA

Técnico de gravação: **Stélio Carlini**
Studio: **RGE**
Produção: **Manoel Barenbein**
Direção artística: **Júlio Nagib**
Lay-out e fotos: **Dirceu Côrte-Real**

RGE DISCOS

XRLP - 5.303

LADO A

A BANDA — Estava à tôa na vida - O meu amor me chamou - Pra ver a banda passar - Cantando coisas de amor - A minha gente sofrida - Despediu-se da dor - Pra ver a banda passar - Cantando coisas de amor - O homem sério que contava dinheiro, parou - O faroleiro que contava vantagem, parou - A namorada que contava as estrêlas, parou - Para ver, ouvir e dar passagem - A môça triste que vivia calada, sorriu - A rosa triste que vivia fechada, se abriu - E a meninada tôda se assanhou -Pra ver a banda passar - Cantando coisas de amor - O velho fraco se esqueceu do cansaço e pensou - Que ainda era môço pra sair no terraço e dançou - A môça feia debruçou na janela - Pensando que a banda tocava pra ela - A marcha alegre se espalhou na avenida e insistiu - A lua cheia que vivia escondida, surgiu - Minha cidade tôda se enfeitou - Pra ver a banda passar - Cantando coisas de amor - Mas para meu desencanto - O que era doce acabou - Tudo tomou seu lugar - Depois que a banda passou - E cada qual no seu canto - E em cada canto uma dor - Depois da banda passar - Cantando coisas de amor. **TEM MAIS SAMBA** — Tem mais samba no encontro que na espera - Tem mais samba a maldade que a ferida - Tem mais samba no pôrto que na vela - Tem mais samba o perdão que a despedida - Tem mais samba nas mãos do que nos olhos - Tem mais samba no chão do que na lua - Tem mais samba no homem que trabalha - Tem mais samba no som que vem da rua - Tem mais samba no peito de quem chora - Tem mais samba no pranto de quem vê - Que o bom samba não tem lugar nem hora - O coração de fora - Samba sem querer - Vem, que passa - Teu sofrer - Se todo mundo sambasse - Seria tão fácil viver. **A RITA** — A Rita levou meu sorriso - No sorriso dela - Meu assunto - Levou junto com ela - E o que me é de direito - Arrancou-me do peito - E tem mais! Levou seu retrato, seu trapo, seu prato - Que papel! - Uma imagem de São Francisco - E um bom disco de Noel - A Rita matou nosso amor - De vingança - Nem herança deixou - Não levou um tostão - Porque não tinha não - Mas causou perdas e danos - Levou os meus planos - Meus pobres enganos - Os meus vinte anos - O meu coração - E além de tudo - Me deixou mudo - Um violão. **ELA E SUA JANELA** — Ela e sua menina - Ela e seu tricô - Ela e sua janela, espiando - Com tanta môça aí - Na rua, o seu amor - Só pode estar dançando - Da sua janela - Imagina ela - Por onde hoje êle anda - E ela vai talvez - Sair uma vez - Na varanda - Ela e um fogareiro - Ela e seu calor - Ela e sua janela, esperando - Com tão pouco dinheiro - Será que o seu amor - Ainda está jogando? - Da sua janela - Uma vaga estrêla - E um pedaço de lua - E ela vai talvez - Sair outra vez - Na rua - Ela e seu castigo - Ela e seu penar - Ela e sua janela, querendo - Com tanto velho amigo - O seu amor num bar - Só pode estar bebendo - Mas outro moreno - Joga um nôvo aceno - E uma jura fingida - E ela vai talvez - Viver d'uma vez - A vida. **MADALENA FOI PRO MAR** — Madalena foi pro mar - E eu fiquei a ver navios - Quem com ela se encontrar - Diga lá no alto mar - Que é preciso voltar já - Pra cuidar dos nossos filhos - Pra zombar dos olhos meus - No alto mar a vela acena - Tanto jeito tem de adeus - Tanto adeus de Madalena - Madalena foi pro mar, etc. - É preciso não chorar, - Maldizer, não vale a pena - Jesus manda perdoar - A mulher que é Madalena - Madalena foi pro mar, etc. **PEDRO PEDREIRO** — Pedro Pedreiro penseiro esperando o trem - Manhã, parece, carece de esperar também - Para o bem de quem tem bem - De quem não tem vintém - Pedro Pedreiro fica assim pensando - Assim pensando o tempo passa - A gente vai ficando pra trás - Esperando, esperando, esperando - Esperando o sol - Esperando o trem - Esperando o aumento - Desde o ano passado para o mês que vem - Pedro Pedreiro penseiro esperando trem - Manhã, parece, carece de esperar também - Para o bem de quem tem bem - De quem não tem vintém - Pedro Pedreiro espera o carnaval - E a sorte grande do bilhete pela federal - Todo mês - Esperando, esperando, esperando - Esperando o sol - Esperando o trem - Esperando o aumento para o mês que vem - Esperando a festa - Esperando a sorte - E a mulher de Pedro - Está esperando um filho - Prá esperar também - Pedro Pedreiro penseiro esperando o trem - Manhã, parece, carece de esperar também - Para o bem de quem tem bem - De quem não tem vintém - Pedro Pedreiro está esperando a morte - Ou esperando o dia de voltar pro norte - Pedro não sabe mas talvez no fundo Espera alguma coisa mais linda que o mundo - Maior do que o mar - Mas pra que sonhar - Se dá o desespêro de esperar demais - Pedro Pedreiro quer voltar atrás - Quer ser pedreiro pobre e nada mais - Sem ficar esperando, esperando, esperando - Esperando o sol - Esperando o trem - Esperando o aumento para o mês que vem - Esperando um filho prá esperar também - Esperando a festa - Esperando a morte - Esperando o norte - Esperando o dia de esperar ninguém - Esperando enfim nada mais além - Que a esperança aflita, bendita, infinita - Do apito do trem - Pedro Pedreiro pedreiro esperando - Pedro Pedreiro pedreiro esperando - Pedro Pedreiro pedreiro esperando o trem - Que já vem, que já vem, que já vem, etc. . . .

LADO B

AMANHÃ, NINGUÉM SABE — Hoje, eu quero - Fazer o meu carnaval - Se o tempo passou, espero - Que ninguém me leve a mal - Mas se o samba quer que eu prossiga - Eu não contrario não - Com samba eu não compro briga - Do samba eu não abro mão - Amanhã, ninguém sabe - Traga-me um violão - Antes que o amor acabe - Traga-me um violão - Traga-me um violão - Antes que o amor acabe - Hoje, nada - Me cala êste violão - Eu faço uma batucada - Eu faço uma evolução - Quero ver a tristeza de parte - Quero ver o samba ferver - No corpo da porta-estandarte - Que o meu violão vai trazer - Amanhã, ninguém sabe - Traga-me uma morena - Antes que o amor acabe - Traga-me uma morena - Traga-me uma morena - Antes que o amor acabe - Hoje, pena - Seria esperar em vão - Eu já tenho uma morena - Eu já tenho um violão - Se o violão insistir, na certa - A morena ainda vem dançar - A roda fica aberta - E a banda vai passar - Amanhã, ninguém sabe - No peito de um cantador - Mais um canto sempre cabe - Eu quero cantar o amor - Eu quero cantar o amor - Antes que o amor acabe. **VOCÊ NÃO OUVIU** — Você não ouviu - O samba que eu lhe trouxe - Ai, eu lhe trouxe rosas - Ai, eu lhe trouxe um doce - As rosas vão murchando - E o que era doce, acabou-se - Você me desconcerta - Pensa que está certa - Porém, não se iluda - No fim do mês, quando o dinheiro aperta - Você corre esperta - E vem pedir ajuda - Eu lhe procuro, mas você se esconde - Não me diz aonde - E nem quer ver seu filho - No fim do mês é que você responde - E no primeiro bonde - Vem pedir auxílio - Você diz que minha rosa é frágil - Que o meu samba é plágio - E é só lugar-comum - No fim do mês sei que você vem ágil - Passa um curto estágio - E eu fico sem nenhum - A sua dança vai durar enquanto - Você tem encanto - E não tem solidão - No fim da festa há de escutar meu canto - E vir correndo em pranto - Me pedir perdão (ou não?). **JUCA** — Juca foi autuado em flagrante - Como meliante - Pois sambava bem diante - Da janela de Maria - Bem no meio da alegria - A noite virou dia - O seu luar de prata - Virou chuva fria - A sua serenata - Não acordou Maria - Juca ficou desapontado - Declarou ao delegado - Não saber se amor é crime - Ou se samba é pecado - Em legítima defesa - Batucou assim na mesa - O delegado é bamba - Na delegacia - Mas nunca fêz samba - Nunca viu Maria. **OLÊ OLÁ** — Não chore ainda não - Que eu tenho um violão - E nós vamos cantar - Felicidade, aqui - Pode passar e ouvir - E se ela fôr de samba - Há de querer ficar - Seu padre, toca o sino - Que é pra todo mundo saber - Que a noite é criança - Que o samba é menino - Que a dor é tão velha - Que pode morrer - Olê olê olê olá - Tem samba de sobra -Quem sabe sambar - Que entre na roda - Que mostre o gingado - Mas muito cuidado - Não vale chorar - Não chore ainda não - Que eu tenho uma razão - Pra você não chorar - Amiga, me perdoa - Se eu insisto à tôa - Mas a vida é boa - Para quem cantar - Meu pinho, toca forte - Que é pra todo mundo acordar - Não fale da vida - Nem fale da morte - Tem dó da menina - Não deixa chorar - Olê olê olê olá Tem samba de sobra - Quem sabe sambar - Que entre na roda - Que mostre o gingado - Mas muito cuidado - Não vale chorar - Não chore ainda não - Que eu tenho a impressão - Que o samba vem aí - E um samba tão imenso - Que eu às vêzes penso - Que o próprio tempo - Vai parar pra ouvir - Luar, espere um pouco - Que é pro meu samba poder chegar - Eu sei que o violão - Está fraco, está rouco - Mas a minha voz - Não cansou de chamar - Olê olê olê olá — Tem samba de sobra - Ninguém quer sambar - Não há mais quem cante - Nem há mais lugar - O sol chegou antes - Do samba chegar - Quem passa nem liga - Já vai trabalhar - E você, minha amiga - Já pode chorar. **MEU REFRÃO** — Quem canta comigo - Canta o meu refrão - Meu melhor amigo - É meu violão - Já chorei sentido - De desilusão - Hoje estou crescido - Já não choro não - Já brinquei de bola - Já soltei balão - Mas tive que fugir da escola - Pra aprender essa lição - Quem canta comigo, etc. - O refrão que eu faço - É pra você saber - Que eu não vou dar braço - Pra ninguém torcer - Deixa de feitiço - Que eu não mudo não - Pois eu sou sem compromisso - Sem relógio e sem patrão - Quem canta comigo, etc. - Eu nasci sem sorte - Moro num barraco - Mas meu santo é forte - E samba é meu fraco - No meu samba eu digo - O que é de coração - Mas quem cantar comigo - Canta o meu refrão - Quem canta comigo, etc. **SONHO DE UM CARNAVAL** — Carnaval, desengano - Deixei a dor em casa me esperando - E brinquei e gritei e fui vestido de rei - Quarta-feira sempre desce o pano - Carnaval, desengano - Essa morena me deixou sonhando - Mão na mão, pé no chão - E hoje nem lembra não - Quarta-feira sempre desce o pano - Era uma canção, um só cordão - E uma vontade - De tomar a mão - De cada irmão pela cidade - No carnaval, esperança - Que gente longe viva na lembrança - Que gente triste possa entrar na dança - Que gente grande saiba ser criança.

Pouco tenho a dizer além do que vai nêstes sambas. De "Tem mais samba" à "Você não ouviu" resumo 3 anos da minha música. E nestas linhas eu pretendia resumir a origem de tudo isso. Mas o samba chega à gente por caminhos longos e estranhos, sem maiores explicações. A música talvez já estivesse nos balões de junho, no canto da lavadeira, no futebol de rua...

É preciso confessar que a experiência com a música de "Morte e vida Severino", devo muito do que aí está. Aquêle trabalho garantiu-me que melodia e letra devem e podem formar um só corpo. Assim foi que, procurei frear o orgulho das melodias, casando-as por exemplo, ao fraseada e repetição de "Pedro Pedreiro", saudosismo e expectativa de "Olê Olá", angústia e ironia de "Ela e sua janela", alegria e ingenuidade de "A banda", etc. Por outro lado a experiência em partes musicais (sem letra) para teatro e cinema, provou-me a importância do estudo e da pesquisa musical, nunca como ostentação e afastamento do "popular", mas sim como contribuição ao mesmo.

Quanto a gravação em si, muito se deve a dedicação e talento do Toquinho, violonista e amigo de primeira. Franco e Vergueiro foram palpiteiros oportunos. Mané Berimbau com seus braços urgentes foi um produtor eficiente, enquanto que Mug assistiu a tudo com santa seriedade. Enfim, cabe salientar a importância do limão galego para a voz rouca de cigarros, preocupações e gols do Fluminense (só parei de chupar limão para tirar a fotografia). Sem mais, um abraço e até a próxima.

Chico Buarque de Hollanda

DISCOS RGE LTDA. - AV. IPIRANGA, 1123 - 6.o AND. - SÃO PAULO - BRASIL

O primeiro LP do autor, intitulado simplesmente *Chico Buarque de Hollanda*, de 1966, com a curiosíssima capa criada por Dirceu Côrte-Real.

uma dor". A obra, que se apresentava como uma ode ao poder transformador do singelo, revela-se na verdade advertência sobre quão efêmera é a felicidade.

A tristeza do desfecho vem acompanhada, no entanto, da mesma alegre base melódica e harmônica que permeou todo o tema. Assim, a assimilação do anticlímax exige mais atenção, até que seja percebida a sutil ironia do comentário da música em relação à letra na conclusão de "A banda". Típico efeito possível apenas ao cancionista que conhece as ferramentas de sua arte.

Publicação lançada em 1966 com ilustrações de Eduardo Vasconcellos e partituras e letras manuscritas das canções do primeiro LP de Chico Buarque, além de "Noite dos mascarados", "Tamandaré", "Fica", "Cristina", uma apresentação de Chico e o conto "Ulisses".

NOITE DOS MASCARADOS

(Chico Buarque, 1966)
Na gravação do álbum *Chico Buarque de Hollanda — volume 2* (1967)

"Noite dos mascarados" foi feita às pressas para o show *Meu refrão*, idealizado por Hugo Carvana e Antonio Carlos Fontoura, com 16 canções de Chico Buarque interpretadas pelo próprio, por Odete Lara e pelo MPB-4. Era necessário um novo número para substituir "Tamandaré", título que merece a duvidosa distinção de ser o primeiro censurado na carreira de Chico: uma brincadeira com a desvalorização da nota de um cruzeiro, que trazia estampada a figura do marquês de Tamandaré, foi entendida pela Marinha brasileira como desrespeito à figura de seu patrono.

E assim, sob pressão, nasceu tema de grande permanência, constante na trilha sonora do filme *Garota de Ipanema* (1967), de Leon Hirszman, e décadas depois na abertura da novela *Quem é você?*, da TV Globo (1996). Regravada diversas vezes, a canção ainda marca presença nos blocos de carnaval de todo o país. De quebra, esteve presente no repertório da turnê de Chico Buarque *Que tal um samba?* (2022), raridade para um artista que privilegia em shows suas composições mais recentes.

Na versão que abre o segundo álbum de Chico Buarque (1967), ele faz dueto com Jane, do grupo Os Três Morais, que comparece nas vozes de apoio. Sim, a mesma Jane que, anos depois, faria grande sucesso, em dupla com Herondy, cantando "Não se vá".

A canção se alinha à longa tradição das marchas carnavalescas, mas trazendo inovações de conteúdo e estrutura. De modo geral, há as marchinhas que flertam com o nonsense, geralmente carregadas de duplos sentidos sexuais ("Mamãe eu quero", "Yes, nós temos banana"), e as românticas, com maior ou menor dose de humor ("Aurora", "Máscara negra"). Por meio de um hábil manejo cancionista, Chico consegue um misto dos dois tipos, apresentando uma marchinha de amor terno e, ao mesmo tempo, com carga erótica.

> Quem é você?
> Adivinhe, se gosta de mim
> Hoje os dois mascarados
> Procuram os seus namorados

A habilidade com que Chico conduz a narrativa da canção ajuda a explicar o fato de ela cativar ouvintes que se renovam por décadas a fio. Ao contrário do padrão das marchinhas, com duas partes curtas e bem distintas, aqui temos três partes extensas (a canção tem mais de 50 compassos), na qual a terceira traz ligeiras variações melódicas e harmônicas em relação à primeira. Esses três blocos musicais são ligados a um texto de bem definida estrutura dramática, como se integrassem uma peça de três atos.

No primeiro ato, somos apresentados a dois personagens, homem e mulher mascarados, que acabam de se conhecer no carnaval, logo demonstrando interesse um pelo outro. É interessante notar que o verso mais ousado dessa primeira estrofe ("Que eu quero me arder no seu fogo") é entoado pela personagem feminina, uma ousadia comportamental para a época.

Chama a atenção a doçura interpretativa de Jane e a melodia de ampla tessitura quando em comparação com a média das marchinhas clássicas, quase todas compreendidas dentro de uma oitava — em seus quatro primeiros compassos, "Noite dos mascarados" já se estende por uma oitava mais uma terça menor.

Isso se soma ao andamento moderado e às notas alongadas para caracterizar os componentes típicos do que Luiz Tatit chama de "passionalização" do perfil melódico. Desse modo, o erotismo da letra aparece atenuado, porque a música sugere antes a paixão do que o "fazer" (sexual, no caso). Se a melodia fosse construída com notas curtas, andamento acelerado e menor tessitura, as passagens que remetem a um apelo carnal soariam muito mais escandalosas. Esse recurso é explorado ao longo de toda a canção.

Na segunda estrofe (ou no segundo ato), os personagens buscam saber mais um do outro, apenas para descobrirem que não têm absolutamente nada em comum. O trecho é todo construído em redondilhas menores (cinco sílabas poéticas) de rimas cruzadas.

Na estrofe final, homem e mulher cantam juntos, acompanhados de coro, com dinâmica em crescendo. Estão todos celebrando as possibilidades únicas do carnaval, e é tratar de aproveitar, porque "amanhã tudo volta ao normal". Hoje, no entanto, não importam identidades e divergências, com uma pessoa podendo ser do jeito que a outra queira.

A inovação reside no fato de a caracterização da permissividade carnavalesca, já explorada em marchinhas mais antigas, incluir a figura feminina. Aqui a mulher se permite fruir as delícias do amor livre e casual ao menos nesse período do ano. O clímax da canção, no trecho em que atinge sua nota mais aguda, aparece no sugestivo verso "o que você pedir eu lhe dou". No embalo da música alegre, porém, senhoras pias e crianças, através de gerações, podem curtir "Noite dos mascarados" sem parar para pensar muito na letra. As múltiplas camadas de absorção conferem complexidade à obra.

COM AÇÚCAR, COM AFETO

(Chico Buarque, 1966)
Na gravação do álbum *Chico Buarque & Maria Bethânia ao vivo* (1975)

Em depoimento para a série documental *O canto livre de Nara Leão* (2022), dirigida por Renato Terra, Chico Buarque disse que não mais cantaria "Com açúcar, com afeto". Segundo o compositor, a motivação veio por assimilar críticas feministas apontando machismo na letra, que apresenta um marido aprontando todas e ainda sendo esperado pela esposa de braços abertos. Tudo isso do ponto de vista da mulher — trata-se da primeira canção de eu lírico feminino composta por Chico —, que dirige suas lamúrias ao próprio homem com quem divide o lar.

> Com açúcar, com afeto
> Fiz seu doce predileto
> Pra você parar em casa
> Qual o quê

Talvez Chico estivesse na defensiva depois da então recente polêmica por certos versos de "Tua cantiga", lançada em 2017, com acusações de machismo pesando sobre ele. Mas o fato é que seu anúncio quanto a "Com açúcar, com afeto" causa estranheza, por alguns motivos. Em primeiro lugar, em termos pragmáticos, a medida não faz diferença nenhuma, já que Chico, publicamente, não cantava mesmo há décadas a canção.

Depois, há o fato de que não é possível para uma canção ser machista, pois apenas pessoas podem sê-lo: assim como um filme que conta a história de um assassinato não é um "filme assassino", uma canção que retrata machismo não se torna automaticamente uma "canção machista".

Claro, se determinada peça artística, seja qual for o gênero, parece fazer apologia de comportamentos machistas sem que haja um contexto de humor ou crítica, pode-se problematizar essa obra e denunciar seu autor. Absolutamente não parece ser esse o caso, no entanto, de "Com açúcar, com afeto", que tão somente retrata a situação, infelizmente comum até hoje, de mulheres submissas a seus companheiros. Se a arte não puder mais tratar de situações lamentáveis, apenas se ocupando de temas felizes e dourados, teremos perda de uma de suas grandes funções.

Também há de se lembrar que a canção foi feita em 1966 sob encomenda para Nara Leão, que pediu justamente uma típica canção de mulher sofredora, que espera. E pode gostar-se ou não de Nara, mas é impossível acusá-la de mulher que abaixa a cabeça para homens. Com a canção vinculada a ela, nome então ligado à dita canção de protesto, tornava-se evidente para o ouvinte que ali não havia glamorização de servilismo feminino, antes sendo posta em pauta temática merecedora de reflexão.

O único dado realmente machista ligado a "Com açúcar, com afeto" — do qual Chico se envergonha — foi a nota colocada na contracapa de seu segundo álbum, na qual dizia que não poderia interpretar a canção "por motivos óbvios", tendo solucionado o "problema" com "rara felicidade pela voz tristonha e afinadíssima de Jane".

Em poucos anos, muita coisa mudou, e Chico já não via mais problema em interpretar "Com açúcar, com afeto"; a sua voz de homem cantando um tema de representação da passividade feminina em primeira pessoa só trazia mais complexidade à obra, ainda mais quando, no álbum *Chico Buarque & Maria Bethânia ao vivo* (1975), aparece pareada com "Sem açúcar" na voz de Bethânia.

Na contramão do posicionamento do próprio autor, uma artista mulher e mais jovem, Fernanda Takai, afirmou que manteria "Com açúcar, com afeto" em seu repertório, por ser obra "muito bem escrita" que dá voz a uma personagem num "espaço bem delimitado na arte". De fato, polêmicas extemporâneas à parte, fica difícil discordar da avaliação positiva da cantora quanto à sofisticação do que se ouve.

Quanto à forma, a canção é quase toda composta por versos em redondilhas maiores (sete sílabas poéticas) com esquema de rimas aabccb, exceto pela interpolação de quatro "qual o quê" e um "sei lá o quê", e pelo último verso, de oito sílabas poéticas; chama também a atenção a rima rara em "Vem a noite mais um copo/ Sei que alegre ma non troppo".

E o requinte de construção também se nota na parte musical da obra, com uma modulação em sua segunda parte, para voltar ao tom original na terceira. No desfecho, a sequência de acordes da primeira parte é mantida, mas a melodia é cantada uma terça acima, aumentando a tensão que atinge o clímax sobre o acorde diminuto de "dou um beijo em seu reTRAto".

Da nota mais aguda da canção se parte em escala descendente para sua nota mais grave em "E abro os meus braços pra voCÊ". A inclinação da curva melódica faz lembrar o movimento de cair no leito, com a abertura dos braços simbolizando eufemisticamente a rendição na abertura das pernas.

Frente e verso da capa do segundo LP, *Chico Buarque de Hollanda — volume 2*, de 1967, com o retrato de capa realizado na Lagoa Rodrigo de Freitas, onde, segundo Chico, "pra me fotografar, David Zingg deitou-se na avenida e quase foi atropelado".

QUEM TE VIU, QUEM TE VÊ

(Chico Buarque, 1966)
Na gravação de Nara Leão para o álbum *Vento de maio* (1967)

Chico Buarque conta ter criado "Quem te viu, quem te vê" sob marcada influência de Ataulfo Alves. O parentesco mais óbvio, contudo, encontra-se quando se compara a canção de Chico com "Conceição", o tema de Jair Amorim e Dunga tornado grande sucesso na voz de Cauby Peixoto, dez anos antes da feitura de "Quem te viu, quem te vê".

Seria inadequado aproximar essa composição de Chico da chamada canção de protesto, mas aqui se demonstra — uma constante em sua obra — a atenção à causa popular mesmo em suas canções mais líricas. Desenvolve-se a noção de que a virtude está na humildade, com a subida de classe social levando à perda de pureza.

Resumindo-se assim a ideia central, temos exatamente a mesma temática de "Conceição". "Quem te viu, quem te vê", porém, além de mostrar construção verbal léguas adiante, não implica, como no clássico de Cauby, a prostituição da personagem central.

Na canção de Chico, menos moralista, temos a mesma mulher do povo que se desencaminhou ao encontrar a riqueza; porém, enquanto a protagonista de "Conceição" perde a pureza no sentido sexual, a musa de "Quem te viu, quem te vê" se afasta simplesmente de sua essência. O eu da canção está, no fundo, dirigindo um apelo para que sua amada volte às raízes, ao passo que em "Conceição" a derrocada da mulher é tida como fato consumado.

Deixa-se sutilmente perceber, na canção de Chico, a noção de que a nova-riquinha está, na verdade, infeliz. A letra se desenvolve em versos antológicos como "Se você sentir saudade, por favor não dê na vista/ Bate palmas com vontade, faz de conta que é turista" e "Quem brincava de princesa acostumou na fantasia".

Mais uma vez, Nara Leão (em 1967) registrou a gravação original de uma composição de Chico. Quando apresentou "Quem te viu, quem te vê" à cantora, ele fez a recomendação de que se omitissem uma ou duas estrofes da letra, vista pelo autor como muito comprida. Nara sabiamente desprezou o conselho, cantando cada uma das belas cinco estrofes, sempre alternadas com um mesmo refrão.

> Hoje o samba saiu procurando você
> Quem te viu, quem te vê
> Quem não a conhece não pode mais ver pra crer
> Quem jamais a esquece não pode reconhecer

No registro de Nara, em escolha musical condizente com a letra, as estrofes são cantadas com acompanhamento da sofisticada bossa nova, enquanto o refrão vem em samba forte, com marcação de surdo e acompanhamento de coro, como se auxiliando a conclamação ao popular presente nos versos.

Chico, no entanto, parece ter mantido seu julgamento quanto à extensão da letra, pois sistematicamente "esquece" algumas das estrofes em suas próprias interpretações ao vivo do tema. O apelo da canção se comprova, aliás, quando se percebe haver cinco regravações de Chico — além de existirem, claro, as versões de outros muitos intérpretes. "Quem te viu, quem te vê" se tornou número de permanência nos shows de seu autor, gerando constantemente uma das manifestações mais entusiásticas do público entre todo o repertório.

Na passagem já referida do "Bate palmas com vontade", invariavelmente o público se põe a aplaudir. E claro, o empolgante refrão é cantado em uníssono por todos os presentes, incluindo o catártico "laialaiá" entre "hoje o samba saiu" e "procurando você".

Muito adequadamente para uma canção que celebra a simplicidade, a construção musical de "Quem te viu, quem te vê" é simples, facilmente reprodutível e de apelo direto. No que diz respeito à letra, pode-se dizer que, notadamente a partir de Bob Dylan, a lírica da canção popular pôde ser trabalhada em versos abstratos e difusos, mas o desenvolvimento de uma única ideia que ecoa um sentimento de compreensão universal ainda se mostra o caminho mais certeiro para um *hit*. Ainda mais quando se sabe manipular expressões populares — o dito "quem te viu, quem te vê" passou a ser indissociável da canção.

Ironicamente, o registro oficial da letra de (justamente) "Quem te viu, quem te vê" omite o "laialaiá" do refrão, não havendo no rigor formal da palavra escrita espaço para o excerto mais popular do tema. Os versos escritos são de gala, os versos cantados são para a rua.

A outra escolha que causa estranheza na formatação impressa da letra é a disposição em estrofes de quatro longuíssimos versos, quando a opção óbvia seria a escrita de estrofes com oito versos, formando redondilhas maiores com rimas cruzadas. Só pode ser para economizar papel — como vimos, o autocrítico Chico acha a letra grande demais.

Nota-se também que não é mantido ao longo de todas as estrofes um mesmo padrão de rimas. Nas três primeiras, o esquema é ababbcbc, enquanto nas duas últimas temos ababcdcd. Há ainda mistura de pronomes, com o "quem te viu, quem te vê" citado no refrão aparecendo junto ao tratamento "você", e uma regência coloquial em "acostumou na fantasia", em vez do formal "se acostumou com a fantasia" — que não cabe na métrica. Certamente não há aí motivo para recriminação, mas a partir de meados da década de 1970 esses mínimos desvios do rigor seriam cada vez mais raros na obra de Chico Buarque.

RODA VIVA

(Chico Buarque, 1967)
Na gravação do álbum *Chico Buarque de Hollanda — volume 3* (1968)

"Roda viva" ficou em 3º lugar no III Festival da Música Popular Brasileira da TV Record, em 1967. A colocação pode parecer modesta para uma canção de sucesso suficiente para converter-se em expressão popular e até batizar tradicional programa de entrevistas na TV Cultura, no ar desde 1986. Acontece que essa edição do festival foi mesmo notável, motivando até a realização de um documentário, *Uma noite em 67* (2010, de Renato Terra e Ricardo Calil), tratando o evento como dos mais representativos da qualidade da canção brasileira.

Não é para menos: além de "Roda viva", consagraram-se as canções marco zero do tropicalismo: "Alegria, alegria", de Caetano Veloso, em 4º lugar, e "Domingo no parque", de Gilberto Gil, na 2ª posição. Curiosamente, a canção vencedora, "Ponteio", de Edu Lobo e Capinan, é a que apresenta menos permanência entre as quatro primeiras colocadas — sem demérito para a brilhante composição.

Foi esse ainda o festival de "A estrada e o violeiro", de Sidney Miller, e "Eu e a brisa", de Johnny Alf, hoje um clássico da canção brasileira, com mais de 40 gravações, mas que no festival não conseguiu nem se classificar, pasmem, entre as finalistas. Também houve a infame cena de Sérgio Ricardo reagindo às vaias para sua canção "Beto bom de bola", quebrando seu violão e atirando seus pedaços ao público.

Só depois do festival, em janeiro do ano seguinte, é que estrearia em terra carioca *Roda viva*, o primeiro trabalho de Chico Buarque como dramaturgo. Faziam parte da peça a canção homônima e "Sem fantasia", dois números muito significativos na obra de Chico. O texto de *Roda viva* não foi concebido pelo autor como obra de teor político: o drama contava a história de um cantor popular manipulado pelo aparato do *show business* até perder completamente a identidade e não ser mais útil à indústria cultural, levando-o a um final trágico.

"Roda viva", a canção, ia pela mesma linha, desenvolvendo o sentimento de impotência perante as situações da vida sobre as quais não se tem controle. Mais uma vez, e com grande habilidade, Chico parte de um mote simples — algo próximo ao ditado "a gente faz planos, e Deus ri" — para expandi-lo com grande carga poética.

> A gente quer ter voz ativa
> No nosso destino mandar
> Mais eis que chega a roda viva
> E carrega o destino pra lá
> Roda mundo, roda-gigante
> Rodamoinho, roda pião
> O tempo rodou num instante
> Nas voltas do meu coração

O texto original de Chico foi tratado com grande liberalidade pelo diretor Zé Celso Martinez Corrêa, incluindo elementos típicos da Companhia Teatro Oficina, como a interação entre atores e público, em situações chocantes como a dilaceração de um fígado bovino cru, com sangue sendo espirrado na plateia. Embora a peça tenha ficado mais com a cara do diretor do que do autor, Chico acompanhou a produção da montagem e deu sua chancela às interferências.

Na temporada paulistana de *Roda viva*, em 17 de junho de 1968, um grupo autointitulado Comando de Caça aos Comunistas invadiu o Teatro Galpão, destruiu os cenários e espancou atores. Novo episódio de ataque quando o Oficina estava no Rio Grande do Sul, em outubro, encerraria a carreira da peça por 50 anos — Chico considera *Roda viva* uma obra de principiante, e vetou todos os pedidos de reedição do texto e reencenação até 2018, cedendo só depois de grande insistência de Zé Celso para remontagem pelo Oficina.

A turbulenta história envolvendo a peça custaria a Chico Buarque a perda da imagem de bom-moço criada nos tempos de "A banda". E a canção, dentro do contexto de violência, ganhou novas possibilidades de interpretação. O trecho "A gente vai contra a corrente/ Até não poder resistir" pode ser tomado facilmente como referência à luta contra o regime militar instaurado pelo golpe de 1964; "A roda de samba acabou" pode ser verso ligado ao fim da liberdade num governo ditatorial, e assim por diante.

Por suas qualidades, a canção sobrevive com relevância até hoje, constantemente associada à situação política da década de 1960, mas também podendo ser colocada num panorama de maior abrangência, refletindo de maneira geral as lutas inglórias da vida. É o que se costuma chamar de atemporal.

Na gravação para o álbum *Chico Buarque de Hollanda — volume 3* (1968), o arranjo de Magro, do MPB-4, é particularmente feliz em seu desfecho: diversas vozes se cruzam em melodias circulares, com andamento cada vez mais acelerado, representando musicalmente a roda viva da letra de Chico.

TEATRO PRINCESA ISABEL

apresenta a produção de

ROBERTO COLOSSI PROMOÇÕES ARTISTICAS

"RODA VIVA"

Comédia musical em 2 atos

de

CHICO BUARQUE DE HOLLANDA

Direção:	JOSÉ CELSO
Cen. Fig:	FLÁVIO IMPÉRIO
Dir. Musical:	CARLOS CASTILHO
Coreografia:	KLAUSS VIANA
Direção Produção:	RENATO COR. DE CASTRO
	RONY NASCIMENTO

ASSISTENTES

Direção:	ANTONIO PEDRO
Produção:	DULCE MAIA
	SYLVIO MOTTA
Coreografia:	JURA OTERO
Iluminação:	MARQUES DE OLIVEIRA
Contra-Regra:	JOHN HOWARD
Cartazes e capa programa:	MARIA NYNSSEN

EXECUÇÕES

Cenário:	RAIMUNDO DE OLIVEEIRA
Pinturas:	ANGEL TOLEDANO
Guarda-roupa:	LAURA SANTOS
Adereços:	CLITON e ANTÔNIO CUNHA
Iluminação:	MANOEL AZEVEDO

(Elenco por ordem de entrada em cena)

Heleno Prestes
Antonio Pedro
Marieta Severo
Flávio São Tiago
Paulo Cesar Pereio

Benedito Silva
Benedito Lampião
Anjo da Guarda
Juliana
Capêta
Mané

MÚSICOS

Banzo três:
   Leão (órgão)
   Brechov (bateria)
   Tião (baixo) (violão)
Zelão (Guitarra) (violão)
   (viola)
Guaxinim (Pistão)

CORÔ : (ordem alfabética)

Alceste Castellani — Angela Falcão — Angela Vasconcellos — Eudosia Acuña — Érico Vidal — Fábio Camargo — Fernando Reski — Ada Gauss — Jura Otero — Maria Alice Camargo — Maria José Motta — Pedro Paulo — Samuel Costa.

bom teatro e dietil tornam mais doce sua vida

Programa de *Roda viva*, peça de Chico Buarque
que estreou no Teatro Princesa Isabel, no Rio de Janeiro, em 17/1/1968,
com direção de José Celso Martinez Corrêa
e cenografia de Flávio Império.

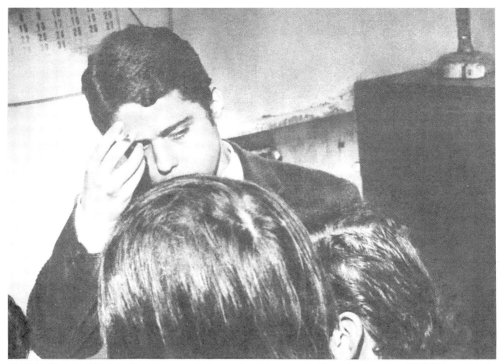

O autor de "Roda Viva": "Achei muito feio êsse pessoal bater em mulher. Foi uma covardia. Vim aqui prestar minha solidariedade aos artistas."

O CCC, por exemplo, toca violão a porretadas.

TERROR CULTURAL EM SÃO PAULO

O CCC ATACA À MEIA-NOITE

Texto de
MARCO ANTÔNIO
MONTANDON

Fotos de
CLAUDINÊ PETROLI,
JOSÉ AUGUSTO,
"Diário da Noite" e
"Fôlha de S. Paulo"

Reportagem da revista *O Cruzeiro*, de 3/8/1968,
com o ataque à peça *Roda viva* em São Paulo.

SEM FANTASIA

(Chico Buarque, 1967)
Na gravação de Chico Buarque e Maria Bethânia para o álbum
Chico Buarque & Maria Bethânia ao vivo (1975)

Como Chico Buarque consegue escrever tantas canções, e com aparente facilidade, no eu lírico feminino? Em especial exibido pela TV Bandeirantes em 1978, Caetano Veloso atribui, em terminologia junguiana, as geniais letras de Chico Buarque no feminino ao transparecer da *anima* do compositor. A referência erudita de Caetano para abordar a questão se mostra interessante; mesmo sua variação pedestre ouvida por aí, "Chico Buarque entende a alma feminina", não pode ser de todo desconsiderada, pelo que há de imponderável na criação artística.

Há também de se considerar, no entanto, as condições pragmáticas com as quais Chico pôde desenvolver sua conhecida verve para compor letras nas quais uma mulher se exprime em primeira pessoa. Nesse sentido, não se pode deixar de notar o fato de que a grande maioria das composições de Chico em eu lírico feminino são canções dramáticas, isto é, escritas originalmente para figurarem em peças de teatro ou em filmes para cinema.

Trabalhando-se num contexto em que há personagens mulheres se expressando, o compositor se vê forçado a escrever letras de eu lírico feminino. Isso explica por que, na canção pré-rock and roll norte-americana, fortemente associada aos musicais da Broadway e ao cinema, se verifica muito mais comumente do que no Brasil, entre os títulos de maior sucesso do mesmo período, a presença de canções femininas.[1]

E isso acontece mesmo com a língua inglesa apresentando pouquíssimas marcas de gênero: para uma letra mostrar-se inequivocamente feminina ou masculina, faz-se necessário muito mais detalhamento. Um "eu estou cansada" em português nos faz perceber a voz de uma mulher, mas sua tradução óbvia para o inglês, "I am tired", pode ser a fala de qualquer um dos sexos.

---

[1] Em minha tese de doutorado para a PUC-SP, *O eu feminino na canção brasileira: desenvolvimento cultural entre 1901 e 1985*, desenvolvo o argumento com exemplos, dados e estatísticas.

O fato de Chico Buarque ter trabalhado extensamente em projetos para teatro ou cinema ajuda a explicar, portanto, a quantidade de canções de eu feminino em seu repertório. E um compositor com sua sensibilidade e seu domínio do ofício não poderia deixar de escrever títulos notáveis também quando faz versos dando voz a uma personagem mulher. O público feminino se identifica com essas canções, assim como cidadãos com interesse em política se identificam com as canções de Chico de teor social crítico. Ele não consegue evitar ser bom, seja qual o assunto abordado.

Entre suas canções de eu lírico feminino, somadas àquelas em que o eu feminino aparece num dueto entre homem e mulher, há seis notáveis exceções que não foram compostas para teatro ou cinema: "Com açúcar, com afeto", "Atrás da porta", "Olhos nos olhos", "Sem açúcar", "O meu guri" e "Se eu soubesse". A vasta maioria, porém, é mesmo formada por canções dramáticas: "Noite dos mascarados", "Soneto", "Ana de Amsterdam", "Bárbara", "Cala a boca, Bárbara", "Não existe pecado ao sul do equador" "Tatuagem", "Tira as mãos de mim", "Joana francesa", "Bem-querer", "Mambordel", "O que será (Abertura)", "O que será (À flor de pele)", "Folhetim", "O meu amor", "Teresinha" "Ai, se eles me pegam agora", "Uma canção desnaturada", "Não sonho mais", "Sob medida", "Qualquer amor", "A história de Lily Braun", "Meu namorado", "Mil perdões", "A violeira", "Las muchachas de Copacabana", "Palavra de mulher", "Sentimental", "Tango de Nancy" "Anos dourados", "Abandono", "Sol e lua", "A mais bonita", "Lábia", "Veneta", "Fora de hora"...

E (ufa!) "Sem fantasia", dueto composto, como já vimos, para a peça *Roda viva* (1968). O excelente autor de música para canções se mostra na criação de duas melodias independentes — uma com letra no eu feminino, outra com letra no eu masculino — sob a mesma sequência de acordes, permitindo que se cruzem em contraponto, um feito considerável para músico de pouco treinamento formal.

A letra não deixa de se enquadrar no antigo modelo penelopeano de apresentação da mulher prestes a receber o homem que passou por uma jornada de perigos e provações.

> Eu quero te contar
> Das chuvas que apanhei
> Das noites que varei
> No escuro a te buscar

CHICO BUARQUE DE HOLLANDA
VOLUME 3

XRLP 5.320

DISCOS RGE LTDA.
Av. Ipiranga, 1.123
São Paulo — Brasil

Arranjos e regência:
Gaya

Direção de gravação:
Benil Santos

Coordenação:
Roberto Colossi

Lay-out:
Nicolau

Direção artística:
Júlio Naqib

Devo êste disco novo a João Cabral e "Morte e Vida Severina", pra começo de conversa. Devo aos rapazes do MPB-4, tão companheiros de "Roda-Viva". E à Christina, minha irmã caçula, que está grande. Devo muito ao Tom, que me emprestou estímulo amizade e parceria. E puxa!, como devo ao Toquinho, que contracanta o "Desencontro" comigo desde os idos da Galeria. Por fim, devo a dedicação do Gaya. O Maestro foi me entendendo, foi me acompanhando, foi me acrescentando enquanto a sua Stelinha preparava o nhoque.

Chico Buarque de Hollanda.

(Composições de Chico Buarque de Hollanda. "Retrato em branco e prêto" — parceria com Antonio Carlos Jobim; "Funeral de um lavrador" — parceria com João Cabral de Mello Netto.)

LADO A:

Faixa 1: ELA DESATINOU — Ela desatinou — Viu chegar quarta-feira — Acabar brincadeira — Bandeiras se desmanchando — E ela inda está sambando — Ela desatinou — Viu morrer alegrias — Rasgar fantasias — Os dias sem sol raiando — E ela inda está sambando — Ela não vê que tôda gente — Já está sofrendo normalmente — Tôda a cidade anda esquecida — Da velha vida — Da avenida, onde — Ela desatinou, etc. — Quem não inveja a infeliz — Feliz no seu mundo de cetim — Assim debochando — Da dor, do pecado — Do tempo perdido — Do jogo acabado.

Faixa 2: RETRATO EM BRANCO E PRÊTO — Já conheço os passos dessa estrada — Sei que não vai dar em nada — Seus segrêdos sei de cor — Já conheço as pedras do caminho — E sei também que ali sòzinho — Eu vou ficar, tanto pior — O que é que eu posso contra o encanto — Desse amor que eu nego tanto — Evito tanto — E que no entanto — Volta sempre a enfeitiçar — Com seus mesmos tristes velhos fatos — Que num álbum de retratos — Eu teimo em colecionar — Lá vou eu de novo como um tolo — Procurar o desconsôlo — Que cansei de conhecer — Novos dias tristes, noites claras — Versos, cartas, minha cara — Ainda volto a lhe escrever — Prá lhe dizer que isso é pecado — Eu traço o peito tão marcado — De lembranças do passado — E você sabe a razão — Vou colecionar mais um sôneto — Outro retrato em branco e prêto — A maltratar meu coração.

Faixa 3: JANUÁRIA — Tôda gente homenageia — Januária na janela — Até o mar faz maré cheia — Prá chegar mais perto dela — O pessoal desce na areia — E batuca por aquela — Que malvada se penteia — E não escuta quem apela — Quem madruga sempre encontra — Januária na janela — Mesmo o sol quando desponta — Logo aponta os lábios dela — Ela faz que não dá conta — De sua graça tão singela — O pessoal se desaponta — Vai prá mar levanta vela.

Faixa 4: DESENCONTRO: A sua lembrança me dói tanto — Eu canto pra ver — Se espanto êsse mal — Mas só sei dizer — Um verso banal — Fala em você — Canta você — É sempre igual — Sobrou dêsse nosso desencontro — Um conto de amor — Sem ponto final — Retrato sem côr — Jogado a meus pés — E saudades fúteis — Saudades frágeis — Meros papéis — Não sei se você ainda é a mesma — Ou se cortou os cabelos — Rasgou o que lhe dei — Esqueceu — E acho como eu — Que não tem mais saudades — E acho como eu — Que um novo amor — Lhe fêz esquecer. CHICO canta com **TOQUINHO**.

Faixa 5: CAROLINA — Carolina — Nos seus olhos fundos — Guarda tanta dor — A dor de todo êsse mundo — Eu já lhe expliquei que não vai dar — Seu pranto não vai nada mudar — Eu já convidei para dançar — É hora, já sei, de aproveitar — Lá fora, amor — Vem tanto, meu amor — Todo mundo sambou — Uma estrêla caiu — Eu bem que mostrei sorrindo — Pra Janela cá vim pedir — Mas Carolina não viu — Carolina — Nos seus olhos tristes — Guarda tanto amor — O amor que já não existe — Eu bem que avisei: vai acabar — De tudo lhe pra aceitar — Mil versos cantei pra lhe agradar — Agora não sei como explicar — Lá fora, amor — Uma festa acabou — Nosso barco partiu — Eu bem que mostrei a luz — O tempo passou na janela — Só Carolina não viu.

Faixa 6: RODA VIVA — Tem dias que a gente se sente — Como quem partiu ou morreu — A gente estancou de repente — Ou foi o mundo então que cresceu — A gente quer ter voz ativa — No nosso destino mandar — Mas eis que chega a roda-viva — E carrega o destino prá lá — Roda mundo roda-gigante — Roda-moinho roda pião — O tempo rodou num instante — Nas voltas do meu coração — A gente vai contra a corrente — Até não poder resistir — Na volta do barco é que sente — O quanto deixou de cumprir — Faz tempo que a gente cultiva — A mais linda roseira que há — Mas eis que chega a roda-viva — E carrega a roseira pra lá — A roda da saia, a mulata — Não quer mais rodar, não senhor — Não posso fazer serenata — A roda de samba acabou — A gente toma a iniciativa — Viola na rua, a cantar — Mas eis que chega a roda-viva — E carrega a viola pra lá — O samba a viola, a roseira — Um dia a fogueira queimou — Foi tudo ilusão passageira — Que a brisa primeira levou — No peito a saudade cativa — Faz fôrça pro tempo parar — Mas eis que chega a roda-viva — E carrega a saudade prá lá.

LADO B:

Faixa 1: O VELHO — O velho sem conselhos — De joelhos — De partida — Carrega com certeza — Todo o pêso — Da sua vida — Então eu lhe pergunto pelo amor... — A vida inteira, diz que se guardou — Do carnaval, da brincadeira — Que êle não brincou — E agora, velho — O que é que eu digo ao povo? — O que é que tem de novo — Pra deixar? — Nada — Só o caminhado — Longo, pra nenhum lugar — O velho de partida — Deixa a vida, sem saldo — Sem dívida, sem rival — Lhe pergunto então eu lhe pergunto pelo amor... — Êle me diz que sempre se escondeu — Não se comprometeu — Nem nunca se entregou — E agora, velho — O que é que eu digo ao povo? — O que é que tem de novo — Pra deixar? — Nada — E eu vejo o triste cortejo — Aonde um dia eu vou parar — O velho vai-se embora — Sem bagagem — Não sabe por que veio — Foi passeio — Foi penseira — Então eu lhe pergunto pelo amor... — Êle me é franco — Mostra um verso manco — Duma cadena em branco — Que já se fechou — E agora, velho — O que é que eu digo ao povo? — O que é que tem de novo — Pra deixar? — Não — Foi tudo escrito em vão — E eu lhe peço perdão — Mas não vou lastimar.

Faixa 2: ATÉ PENSEI — Junto à minha rua não havia um bosque — Que um muro alto proibia — Lá todo baile caía — Sei que não precisa me inquietar — Até pensei — Que alguém saberia — Nas discussões com Deus — E agora que chegou — Eu quero a recompensa — Eu quero a prenda mesma — Dos carinhos teus. **CHICO** canta com **CRISTINA**.

Faixa 4: ATÉ 2.ª FEIRA — Sei que a noite inteira eu vou cantar — Até 2.ª feira — Quando volta a trabalhar (morena) — Sei que não precisa me inquietar — Até segundo aviso — Você prometeu me amar — Por isso eu conto — A quem encontro — Pela rua — Que meu samba é seu amigo — Que a minha casa é sua — Que meu peito é seu abrigo — Meu trabalho, seu sossêgo — Seu abraço, meu emprêgo — Quando chegar — No meu lar (morena).

Faixa 5: FUNERAL DE UM LAVRADOR — Esta cova em que estás — Com palmos medida — É a conta menor — Que tiraste em vida — É de bom tamanho — Nem largo nem fundo — É a parte que te cabe — Dêste latifúndio — É cova grande — É cova medida — É a terra que querias — Ver dividida — É uma cova grande — Pra teu defunto pouco — Mas estarás mais ancho — Que estavas no mundo — É uma cova grande — Para teu defunto parco — Porém mais que no mundo — Te sentirás largo — É uma cova grande — Para tua carne pouca — Mas a terra dada — Não se abre a bôca.

Faixa 6: TEMA PARA "MORTE E VIDA SEVERINA" — com **ORQUESTRA E CÔRO RGE**.

Frente e verso da capa do terceiro LP, *Chico Buarque de Hollanda — volume 3*, de 1968, dedicado a João Cabral de Melo Neto, ao MPB-4, à irmã Cristina, a Tom Jobim, a Toquinho e ao maestro Gaya.

55

>   Eu quero te mostrar
>   As marcas que ganhei
>   Nas lutas contra o rei
>   Nas discussões com Deus

Distinguindo-se do lugar-comum, no entanto, no confronto masculino-feminino é a mulher que aparece como o ser forte.[2] Para compensar a espera, o homem terá de submeter-se: "Vem que eu te quero fraco/ Vem que eu te quero tolo/ Vem que eu te quero todo meu".

A primeira gravação do tema aparece em *Chico Buarque de Hollanda — volume 3* (1968), em dueto do próprio Chico com sua irmã Cristina Buarque, ambos cantores que podem ser enquadrados no que se convenciona chamar de "voz pequena". Nesse sentido, torna-se mais interessante a versão ao vivo, em 1975, de Maria Bethânia com Chico Buarque. Ela com sua famosa potência e expressividade interpretativa, ele mostrando fragilidade vocal — espelhando a inversão dos paradigmas de papéis sexuais presente na letra da canção.

---

[2] Empresto de Adélia Bezerra de Meneses a observação.

RETRATO EM BRANCO E PRETO

(Tom Jobim/Chico Buarque, 1968)
Na gravação de João Gilberto para o álbum *Amoroso* (1977)

Uma canção de estabelecida permanência no cancioneiro de seu país, gravada e regravada muitas vezes ao longo dos anos por vários artistas, em distintos arranjos, é chamada em língua inglesa de *standard*. A tradução de dicionário para o português seria "modelo" ou "padrão", mas essas palavras não dão conta da acepção no contexto da canção popular. Talvez "um clássico" se aproxime do significado; em literatura, poderia dizer-se que determinado título "entrou para o cânone". É mais fácil pedir perdão aos puristas da língua e dizer que "Retrato em branco e preto" é um *standard*.

Sem nunca ter constado nas paradas de sucesso em nenhuma de suas versões, desde 1968 está no repertório de meio mundo, de Chet Baker a Ana Carolina passando por Ney Matogrosso com Raphael Rabello. Frequentemente aparece em listas do gênero como um dos pontos mais altos de toda a história da canção brasileira.

E tal belezura foi feita logo na primeira composição da dupla Tom Jobim e Chico Buarque. Acertaram no alvo de cara. Até então, Chico só havia colocado letra em música alheia em uma canção com Toquinho, "Lua cheia", sem grande repercussão. Com pouca experiência nesse tipo de trabalho, topou logo com o desafio de letrar uma peça de seu ídolo, o compositor popular mais aclamado do Brasil — lembre-se que Jobim havia acabado de lançar um álbum em dupla com ninguém menos que Frank Sinatra. A tarefa era árdua, e Chico esteve à altura.

Embora detratores de Tom Jobim insistam em apontar sua proximidade com o jazz e a canção norte-americana (como se isso fosse algo condenável), a inspiração para a música de "Retrato em branco e preto" é assumidamente chopiniana. Uma célula musical de quatro notas, repetidas em grande velocidade no final do célebre "Noturno em mi bemol maior, op. 9, nº 2", foi desacelerada por Jobim para servir como base de sua composição.

Ouvem-se as mesmas quatro notas, com a mesma duração, seis vezes seguidas no início de "Retrato em branco e preto", mas a variação dos acordes de base permite que o resultado não soe monótono. Depois, a mesma célula melódica é desenvolvida com variações de altura e com condução harmônica de típica sofisticação jobiniana, incessantemente por toda a composição.

Chico entendeu perfeitamente a natureza do tema, escrevendo, para uma melodia insistente, versos sobre obsessão amorosa. As intenções de música e letra se encontram.

> Lá vou eu de novo como um tolo
> Procurar o desconsolo
> Que cansei de conhecer
> Novos dias tristes, noites claras

Sempre aqui se colocará como injusta a pecha de mau cantor atribuída a Chico, mas no caso de "Retrato em branco e preto", a gravação original para o álbum *Chico Buarque de Hollanda — volume 3* (1968) não faz mesmo jus ao potencial da canção. Com tantas versões diferentes pelos mais vários intérpretes, há muitas de excelência para se aproveitar. São especiais, no entanto, a gravação camerística, sem acompanhamento percussivo, de Elis Regina para o álbum *Elis & Tom* (1974) e a de João Gilberto para o álbum *Amoroso* (1977).

Se fosse para escolher com uma arma na cabeça, este pesquisador ficaria com a de João. Sua interpretação é literalmente de tirar o fôlego, numa divisão própria para a música: certas frases melódicas aparecem cortadas, e outras são esticadas de maneira que, sem resistência pulmonar de mergulhador, torna-se impossível a imitação. O efeito contribui para intensificar a impressão de desnorteamento por parte do compulsivo eu da canção. (Antes que alguém procure o álbum *Amoroso* e se decepcione por não encontrar "Retrato em branco e preto" no repertório: por uma de suas excentricidades difíceis de explicar, João gravou o tema sob o nome "Zíngaro", o título que Jobim havia colocado na música quando ela ainda não tinha letra.)

A primeira parceria entre Tom e Chico também tem rico anedotário: o autor da música pediu ao letrista para substituir a expressão "trago o peito carregado", porque parecia coisa de quem estava com tosse. Chico aquiesceu, e o verso ficou como "trago o peito tão marcado"; Jobim pediu depois nova troca, porque "retrato em branco e preto" lhe soava pouco idiomático, uma vez que a expressão usual é "retrato em preto e branco".

Dessa vez, Chico teve de responder que, para isso, também teria de alterar a rima: em vez de "Vou colecionar mais um soneto/ Outro retrato em branco e preto", sair-se com "Vou colecionar mais um tamanco/ Outro retrato em preto e branco". Sensato, Tom aceitou deixar os versos como estavam mesmo.

O LP do III FIC, de 1968, com ilustração de Ziraldo, destacando a vencedora do festival, "Sabiá", de Tom Jobim e Chico Buarque.

SABIÁ

(Tom Jobim/Chico Buarque, 1968)
Na gravação de Cynara e Cybele para o álbum
do III Festival Internacional da Canção (1968);
o fonograma se encontra mais facilmente em diversas coletâneas

A enorme importância dos festivais televisivos de canção no Brasil pode ser avaliada sob diversos aspectos: pela impressionante audiência televisiva mobilizada; pelas canções que repercutem até hoje; pelos compositores e intérpretes que revelou; por apresentarem um novo estilo musical sintetizado sob a sigla MPB (que ganharia posteriormente nova acepção).

Embora tenha se estendido até o princípio da década de 1970, o auge da "era dos festivais" (título do livro de Zuza Homem de Mello, a obra definitiva sobre o tema) começou em 1965 e durou quatro anos. O AI-5, decretado em 13 de dezembro de 1968, esvaziou a competição, sendo as edições posteriores privadas dos compositores e intérpretes que até então vinham sendo protagonistas.

A maior vaia registrada em um festival da canção foi dirigida justamente a uma vencedora: "Sabiá", de Tom Jobim e Chico Buarque, primeira colocada no III Festival Internacional da Canção Popular, em setembro de 1968. A audiência era majoritariamente formada por jovens universitários engajados, num contexto de acirramento das tensões políticas que logo levariam ao AI-5.

No anúncio dos vencedores da fase nacional, o público começou a vaiar quando se anunciou o segundo lugar para "Pra não dizer que não falei das flores", a preferida da audiência, estendendo os apupos por longos minutos que incluíram a reapresentação da vencedora "Sabiá". Cynara e Cybele, escolhidas para interpretar a canção, não conseguiam se ouvir nem escutar a orquestra; o consagrado Tom Jobim foi às lágrimas ao chegar em casa. Chico escapou, pois estava na Itália, mas voltaria em outubro, convocado por Tom, para a final da fase internacional do concurso. "Sabiá" mais uma vez se saiu vencedora, desta vez sem tanto ruído.

O poder cativante de "Pra não dizer que não falei das flores" (mais conhecida pelo subtítulo "Caminhando") se mostra perfeitamente compreensível. Desde pouco antes do golpe militar de 1964 (pode-se pensar na "Marcha da quarta-feira de cinzas", de Carlos Lyra e Vinicius de Moraes), as chamadas canções de protesto brasileiras eram focadas no que Walnice Nogueira Galvão definiu criticamente como "fé no dia que virá". Sob metáforas, era anunciada uma nova era de esperanças, num momento incerto do futuro. Caberia esperar por esse momento, absolvendo-se o homem de "qualquer responsabilidade no processo histórico".

O próprio Geraldo Vandré era especialista nesse tipo de temática lírica ("Aroeira", "Ventania", "Porta-estandarte"), da qual mesmo Chico Buarque não escapou, embora sempre com acento mais pessimista. Basta pensar nos versos "Não chore ainda não/ Que eu tenho a impressão/ Que o samba vem aí/ E um samba tão imenso/ Que eu às vezes penso/ Que o próprio tempo/ Vai parar pra ouvir", de sua "Olê olá".

Em "Caminhando", Vandré rompia brutalmente com a tradição que ele próprio até então cultivara. O chamamento à ação direta não se podia fazer mais claro, e para não haver dúvidas de que a mensagem fosse compreendida, sua base musical tinha apenas dois acordes, não distraindo o ouvinte do conteúdo da letra: "Vem, vamos embora/ Que esperar não é saber/ Quem sabe faz a hora/ Não espera acontecer".

"Sabiá" se mostrava com estrutura próxima a de uma peça erudita, sendo apresentada por Cynara e Cybele sem instrumentos percussivos marcando o ritmo — de fato, Tom originalmente a concebera sem letra sob o nome "Gávea", ao estilo das modinhas de Villa-Lobos, para ser incluída no repertório da soprano Maria Lúcia Godoy.

Na parte A, uma célula de três notas iguais se repete com insistência, em diferentes alturas — sendo letrada adequadamente por Chico Buarque com o motivo poético "vou voltar" —, para um desenvolvimento mais livre na parte B. Em contraste com os dois acordes de "Caminhando", há 58 acordes listados na transcrição de "Sabiá" por Almir Chediak para o *songbook* de Chico.

Era muita música para que a letra fosse escutada atentamente, com apreensão do conteúdo além do superficial. No calor da hora, o que havia era uma canção engajada contra outra que falava de passarinho cantando, sob o rebuscamento das modulações de Jobim e do arranjo de cordas de Eumir Deodato. A parceria de Jobim e Chico parecia mesmo insultantemente alienada.

Só posteriormente se percebeu a intertextualidade de "Sabiá" com a "Canção do exílio", canônica obra do romantismo brasileiro. A citação implícita a "exílio" certamente não vinha por ingenuidade política, mas era naquele momento sutil demais para ser percebida. O poema de Gonçalves Dias abre com as redondilhas "Minha terra tem palmeiras/ Onde canta o sabiá". Com a perspectiva do tempo, a referência a esse clássico pode ser facilmente captada na letra de Chico.

> Vou voltar
> Sei que ainda vou voltar
> Para o meu lugar
> Foi lá e é ainda lá
> Que eu hei de ouvir cantar
> Uma sabiá
>
> Vou voltar
> Sei que ainda vou voltar
> Vou deitar à sombra
> De uma palmeira
> Que já não há

Os versos ainda não escapavam, no entanto, da velha imagem do "dia que virá": "E algum amor/ Talvez possa espantar/ As noites que eu não queria/ E anunciar o dia". Se era mesmo mais anacrônica politicamente, "Sabiá" oferecia requinte musical e lírico para firmar-se uma canção de permanência, como efetivamente aconteceu.

Mas se deve fazer justiça a "Caminhando": ainda que fosse uma canção panfletária, até hoje é lembrada em praticamente todas as manifestações públicas, passeatas, protestos e quetais, tornando-se uma espécie de hino do engajamento no país, sendo até chamada por Millôr Fernandes de "nossa Marselhesa".

Frente e verso da capa do quarto LP, *Chico Buarque de Hollanda nº 4*, de 1970, lançado quando Chico voltou de seu exílio na Itália.

ROSA-DOS-VENTOS

(Chico Buarque, 1969)
Na gravação do álbum *Chico Buarque de Hollanda nº 4* (1970)

Logo depois de decretado o AI-5, em dezembro de 1968, Chico Buarque foi acordado com a polícia em sua casa no Rio de Janeiro, sendo conduzido às sete da manhã para o Ministério do Exército. Depois de retido até o fim da tarde — na pauta do interrogatório, sua participação na famosa Passeata dos Cem Mil e o atrevimento da peça *Roda viva* (1968) —, foi liberado com a condição de que avisasse se pretendesse deixar a cidade.

Chico estava mesmo com viagem programada para 3 de janeiro de 1969, seguindo eventos de promoção de sua carreira na França e na Itália. No meio-tempo entre seu interrogatório e a partida para a Europa, Caetano Veloso e Gilberto Gil foram presos. Uma vez em terra estrangeira, não paravam de chegar más notícias do Brasil: amigos partindo para o exílio, relatos de ameaças... Chico achou por bem ir ficando na Itália, onde já havia morado na infância. Sílvia, sua primeira filha com Marieta Severo, nasceu em março, em Roma.

O compositor só voltaria ao Brasil em março de 1970, e logo percebeu que os relatos de que as coisas estavam melhorando no país eram falsos. Assim que desembarcou, pôs-se a divulgar *Chico Buarque de Hollanda nº 4* (1970). Seu novo álbum havia sido produzido com as bases instrumentais gravadas no Brasil, e a voz colocada posteriormente na Itália. Falando em retrospecto sobre o álbum, Chico o relaciona a um período triste e confuso, gerando canções fracas, das quais só teria ficado "Samba e amor".

Embora os sentimentos amargos do artista em relação a seu disco sejam compreensíveis, há nele bem mais do que "Samba e amor": só para mencionar canções frequentemente constantes em coletâneas, estão no álbum "Essa moça tá diferente", "Agora falando sério" e "Gente humilde", além de "Pois é", da nunca desprezível parceria Tom/Chico, posteriormente regravada no clássico *Elis & Tom* (1974).

É também de *Chico Buarque de Hollanda nº 4* "Rosa-dos-ventos", outra canção cuja permanência se pode verificar pela presença em antologias dedicadas à obra de Chico Buarque e por se ter tornado número constante nos shows de Maria Bethânia, batizando inclusive espetáculo considerado ponto de virada em sua carreira, em 1971. A canção é tão relevante para Bethânia que aparece em nada menos do que seis de seus álbuns.

Musicalmente, "Rosa-dos-ventos" reflete as aulas de teoria musical que Chico vinha tendo com Wilma Graça — professora de uma constelação de alunos que inclui Edu Lobo, Francis Hime, Ivan Lins, Milton Nascimento e Nana Caymmi. A canção, uma toada apocalíptica, revela-se dificílima de cantar sem acompanhamento instrumental, passeando por três tons diferentes em seis modulações. Mais do que mera demonstração de técnica composicional, as impactantes mudanças de tonalidade vão ao encontro da temática grandiloquente da letra.

Em vez de tratar da "fé no dia que virá", Chico monta um assombroso painel descritivo do dia que enfim veio, como consequência de um período "trágico" em que era necessário "caminhar pelas trevas" e "murmurar entre as pregas": impossível não entender essas imagens como alusão à ditadura militar vigente no Brasil, com sua censura e opressão. Para os detentores do poder e os coniventes, reserva-se algo próximo ao castigo divino.

> A rosa-dos-ventos danou-se
> O leito dos rios fartou-se
> E inundou de água doce
> A amargura do mar
>
> Numa enchente amazônica
> Numa explosão atlântica
> E a multidão vendo em pânico
> E a multidão vendo atônita
> Ainda que tarde
> O seu despertar

O arranjo (não há créditos discriminados por faixa no álbum, mas a presença do MPB-4 no coro faz pensar em Magro como arranjador) está perfeitamente casado com o clima da canção, com ruídos de altura indefinida e metais que soam como trombetas anunciando o fim do mundo.

Apesar de o autor já ter classificado a canção como "confusa", mostra-se um apuro verbal de quem trabalha com plena consciência e objetivo bem definido. As imagens criadas fogem do óbvio desde o primeiro verso: "E do amor gritou-se o escândalo" em vez de um mais fácil "E do amor se fez o escândalo", que se assemelharia demasiadamente ao "Soneto de separação" de Vinicius de Moraes. Nota-se também o reiterado jogo sonoro com proparoxítonas, levado ao extremo pouco depois, em "Construção".

VALSINHA

(Vinicius de Moraes/Chico Buarque, 1970)
Na gravação do álbum *Construção* (1971)

Chico Buarque conhecia Vinicius de Moraes desde a infância, pois o poeta e diplomata era amigo do historiador Sérgio Buarque. A admiração pelo amigo do pai só fez crescer na adolescência, com o advento da bossa nova. Chico queria cantar como João Gilberto, compor como Tom e fazer versos como Vinicius — terminou parceiro dos dois últimos, e cunhado do primeiro.

Com o passar dos anos, Chico Buarque se tornou pessoalmente amigo de Vinicius, escolhendo-o como padrinho de Sílvia, sua primogênita. Até o campo do Politheama, seu time de futebol amador, leva o nome de Centro Recreativo Vinicius de Moraes — o que é irônico, já que o poeta nunca foi visto praticando esporte além do infame levantamento de copo.

Já a parceria entre os dois nasceu pelo pouco nobre motivo de ciúme. Foi Vinicius quem incentivou Tom e Chico a comporem juntos. Quando a dupla começou a entregar joias do quilate de "Retrato em branco e preto" e "Sabiá", porém, o poeta se pegou ressentido.

Havia feito letra para "Gente humilde", um choro de Garoto que Baden Powell lhe havia apresentado. Mostrou-a para Chico com o pedido de que ele desse sua contribuição; como o compositor lhe disse que a letra parecia pronta, sem nada a mexer, Vinicius teve de ser insistente. Chico enfim escreveu "Pela varanda/ Flores tristes e baldias/ Como a alegria/ Que não tem onde encostar", para júbilo do poeta, que correu para contar a Tom sobre a ampliação do seu rol de parceirinhos.

Como ambos, na feitura de canções em conjunto, costumam aparecer quase sempre como letristas, a colaboração entre os dois não costuma ser equalitária. Retribuindo "Gente humilde", Vinicius apenas deu retoques em "Desalento", "Olha Maria" e "Samba de Orly" — nesta, os únicos versos do poeta, "Pede perdão/ Pela omissão/ Um tanto forçada", foram vetados pela censura, mas Vinicius exigiu: "meus versos foram, mas a parceria fica".

A exceção, numa parceria próxima ao 50/50, é "Valsinha", de 1970, na qual Vinicius é o autor da música, e Chico, responsável por quase toda a letra. Mostra-se o talento natural de Vinicius para a construção melódica, também observável em canções que fez sozinho, como "Medo de amar", "Serenata do adeus" e "Pela luz dos olhos teus". A melodia, em colcheias moldando frases melódicas sempre em direção ascendente, favorece a disposição de uma narrativa com clímax, como fez Chico. Só há interrupção na subida da música quando, no desfecho da letra, desfaz-se a tensão, e o dia pode amanhecer em paz.

E o fator desencadeante da pacificação no mundo é uma trepada — para usar o próprio termo de Chico discutindo em carta a letra com Vinicius — de força transcendental, cujas preliminares vão sendo apresentadas ao ouvinte com grande riqueza imagética.

Um dia ele chegou tão diferente do seu jeito de sempre chegar
Olhou-a dum jeito muito mais quente do que sempre
                                            [costumava olhar
E não maldisse a vida tanto quanto era seu jeito de sempre falar
E nem deixou-a só num canto, pra seu grande espanto
                                            [convidou-a pra rodar

Note-se a habilidade com que Chico compensa as rimas fáceis do fim dos versos, no infinitivo — das quais é muito difícil escapar, em língua portuguesa, quando as frases melódicas terminam de modo a requerer oxítonas na letra —, com grande número de rimas internas: "diferente" rima com "quente"; "tanto", "quanto", "canto" e "espanto" rimam entre si, e ainda há mais um som adicional "ã" em "grande".

Na história apresentada, subitamente o homem resolve pôr termo à apatia da rotina e se entrega ao amor, no que é imediatamente correspondido pela mulher. Os dois acabam indo para a rua, onde se abraçam, dançam, dão beijos e gritos só escutados em tempos antigos. O resultado mágico transcende barreiras espaciais e interfere no curso da natureza: a cidade se ilumina, o mundo compreende e até o dia amanhece em paz.

Pelo teor dos versos apresentados, Vinicius sugeriu a Chico que rebatizasse a canção como "Valsa hippie", dentro do clima de amor livre. Chico respondeu dizendo que a ideia era bonita, mas *hippie* já se havia tornado um termo usado pelo mercado para vender produtos, portanto preferia manter a canção como "Valsinha".

Outras diversas modificações foram sugeridas pelo poeta, e Chico as recusou quase todas — mostrando segurança ao lidar com alguém com quem cresceu tendo como ídolo e referência literária. Entre as modificações refutadas estava a troca do coloquial "Tantos gritos roucos como não se ouvia mais" para o rigoroso "Tantos gritos roucos como não se ouviam mais". Curiosamente, podem ser encontradas questões de concursos e vestibulares nas quais o verso de Chico aparece "corrigido".

O compacto com "Apesar de você", lançado em 1970
e em seguida recolhido pela censura. No lado B trazia "Desalento",
parceria de Chico Buarque com Vinicius de Moraes,
incluída no LP *Construção* (1971).

APESAR DE VOCÊ

(Chico Buarque, 1970)
Na gravação do álbum *Chico Buarque* (1978)

Ao retornar ao Brasil, em março de 1970, de sua temporada de 15 meses em autoexílio na Itália, Chico Buarque encontrou um panorama desalentador. Perseguições políticas, censura, cassações, relatos de presos torturados e mortos pelo regime militar; ao mesmo tempo e no mesmo lugar, também se via um clima de ufanismo pela bolha de crescimento econômico e pelas vitórias da seleção de Pelé e cia. "Brasil! Ame-o ou deixe-o" aparecia como ameaçador slogan nos adesivos dos carros.

A esse cenário Chico reagiu compondo o samba "Apesar de você", uma de suas únicas canções assumidamente "de protesto". O compositor submeteu-a à censura prévia meio que de pirraça, certo de que ela seria proibida. Sabe-se lá como, passou e, lançada em compacto com "Desalento" no lado B, chegou rapidamente a 100 mil cópias vendidas.

A festa acabou quando começou a se ventilar que o samba seria um recado ao presidente Médici, em cujo governo (1969-1974) se deu o maior número de assassinatos de adversários do regime. Rapidamente a canção foi censurada, com a fábrica que prensava o disco sendo invadida, para a quebra de todas as cópias estocadas.

A canção só poderia ser ouvida novamente em 1978, no álbum *Chico Buarque*, num contexto de abertura política em que Chico aproveitou para publicar outras canções previamente censuradas: "Cálice" e "Tanto mar" — esta com a letra modificada, já que a Revolução dos Cravos, movimento que derrubou a ditadura portuguesa e motivou a canção, tivera desdobramentos frustrantes.

O estado de urgência em que "Apesar de você" foi concebida se reflete em sua estrutura musical exótica, algo incomum para o metódico Chico Buarque. Nomeando cada seção musical com uma letra maiúscula, como se convenciona fazer, tem-se a forma ABABBB.

Além disso, quando se comparam os versos de mesma posição em estrofes correspondentes a uma só seção musical, aparecem situações de métricas distintas, algo muito raro na obra de Chico, sempre preocupado com simetria e paralelismo.

Exemplo: os trechos "Esqueceu-se de inventar/ O perdão" e "Cada lágrima rolada/ Nesse meu penar" correspondem aos dois últimos versos da seção musical A, mas com um número de notas/sílabas diferentes: dez, no primeiro caso, e 13, no segundo. Essa irregularidade é corriqueira para 99% dos compositores, mas não para Chico Buarque.

As opções atípicas contribuem para o clima de espontaneidade da criação — diga-se que o esquema de rimas é regular ao longo das seções, afinal ainda se trata de Chico —, com pouquíssimos saltos melódicos e refrão curto (no início de cada seção B), gravado com acompanhamento em coro do grupo MPB-4: era algo feito para o pessoal cantar junto *mesmo*, e funcionou. Depois de seus oito anos de interdição, voltou à boca do povo, e até hoje é lembrada como uma das mais icônicas canções de contestação ao regime militar.

> Apesar de você
> Amanhã há de ser outro dia
> Eu pergunto a você
> Onde vai se esconder
> Da enorme euforia
> Como vai proibir
> Quando o galo insistir
> Em cantar

A letra nos apresenta a um "você" de tendências... ditatoriais. Esse personagem por ora está por cima, causando desolação por onde passa, mas logo há de chegar o momento de pagar "dobrado" por suas arbitrariedades. Quando chamado a prestar satisfações quanto a quem era afinal o "você" da canção, Chico respondeu dizendo que se tratava de uma mulher mandona.

Mesmo para os padrões de estupidez do aparato de censura do governo, era uma desculpa difícil de engolir: versos como "A minha gente hoje anda/ Falando de lado/ E olhando pro chão, viu", "Onde vai se esconder/ Da enorme euforia" e "Como vai abafar/ Nosso coro a cantar/ Na sua frente" sugerem sofrimento coletivo.

A canção ainda pode ser enquadrada dentro do tema "a fé no dia que virá" criticado por Walnice Nogueira Galvão; afinal há versos como "Você vai ter que ver/ A manhã renascer/ E esbanjar poesia", sem que se explique como a manhã renascerá. No contexto pós-AI-5, contudo, torna-se impossível dizer que numa canção como "Apesar de você" se está isentando o homem de "qualquer responsabilidade no processo histórico".

Se o canto do povo fosse completamente inofensivo, não haveria todo um mecanismo para impedi-lo de acontecer. Pegar em armas não era a única medida possível, nem se mostrou a mais eficaz. Depois de 21 anos, a mobilização cultural foi um dos fatores-chave para a queda da ditadura.

CONSTRUÇÃO

(Chico Buarque, 1971)
Na gravação do álbum *Construção* (1971)

Desde a polêmica em torno da peça *Roda viva* (1968), Chico Buarque não foi mais visto como o bom-moço bonito e inteligente que conseguia agradar a crianças e a vovozinhas.

Ao mesmo tempo, aparecia o tropicalismo liderado por Gilberto Gil e Caetano Veloso, trazendo diversas novidades ao cenário da canção brasileira: incorporação de elementos de outras artes ao fazer do cancionista; mistura de referências *pop* com as da chamada alta cultura; diálogo com movimentos de vanguarda artísticos e sociais; preocupação consciente com a performance como incorporadora de camadas de significação; abertura a uma combinação de ritmos e instrumentações considerada até então exótica; contestação do autoritarismo pelo choque estético, incluindo elementos visuais e comportamentais; ridicularização de pretensões puristas e nacionalistas.

A lista poderia continuar para nos referirmos a esse movimento revolucionário, e que continua até hoje influente para a arte brasileira. Muitos intelectuais imediatamente receberam com empolgação o mosaico de referências (ou a geleia geral, para citar canção icônica) do tropicalismo. E acontece que Chico não era tropicalista. De uma vez só, foi excluído tanto do grupo dos queridinhos do Brasil quanto da trupe dos mais descolados. E ainda num período em que sofria com a arbitrariedade do regime militar.

Chico confessadamente acusou o golpe. Refletindo posteriormente sobre aquele momento, disse que era duro ser tachado de velho quando se tem pouco mais de 20 anos. A esse tipo de pecha que lhe estava sendo atrelada, respondeu com um artigo no jornal *Última Hora*, publicado em dezembro de 1968, com o significativo título "Nem toda loucura é genial, nem toda lucidez é velha".

Vem dessa época a criação da suposta rivalidade entre Chico e Caetano, mais alimentada pelos entusiastas dos artistas do que propriamente pelas duas figuras, sempre manifestando publicamente admiração recíproca — embora tenha havido episódios entendidos como agulhadas mútuas, como Caetano interpretando "Carolina", de Chico, com sotaque caipira, e Chico escrevendo "Essa moça tá diferente", de versos como "Essa moça tá decidida/ A se supermodernizar/ Ela só samba escondida/ Que é pra ninguém reparar".

Seguiu-se um período, coincidente com seu autoexílio na Itália, que Chico classifica como fase de transição, para alcançar o que chama de maturidade artística com o álbum *Construção* (1971). Particularmente com a faixa-título, conseguiu agradar a um amplo espectro de público, à esquerda e à direita, colhendo elogios até de um funcionário da censura. E tudo isso com sucesso comercial, tendo a canção conseguido considerável execução radiofônica, mesmo com seus seis minutos e meio de duração. Até a aproximação com os tropicalistas foi conquistada, tendo a faixa o arranjo de Rogério Duprat, algo próximo a um maestro oficial do movimento.

"Construção" nos apresenta a história de um operário, bastante plausível de imaginar-se como uma segunda aparição do personagem Pedro pedreiro, desta vez sem nenhuma esperança penseira; ele se mostra privado de sua humanidade, numa sequência de ações que o leva à morte, apenas lamentada pela inconveniência que causa.

A canção se apresenta em três blocos distintos — sendo os dois primeiros melodicamente idênticos, e o terceiro uma variação reduzida. Seus versos listam ações apresentadas reiteradamente em cada bloco, mas a cada vez com complementos diferentes. Alguns desses complementos são retomados em posições distintas da primeira aparição, enquanto outros novos são acrescidos, num jogo verbal que faz lembrar a acomodação de tijolos da própria construção cenário da letra. Mesmo depois das reconstruções de cada nova estrofe, o fim do operário é sempre trágico, apenas variando o elemento por ele atrapalhado — o tráfego, o público e o sábado.

> Amou daquela vez como se fosse a última
> Beijou sua mulher como se fosse a última
> E cada filho seu como se fosse o único
> E atravessou a rua com seu passo tímido
> [...]
>
> Amou daquela vez como se fosse o último
> Beijou sua mulher como se fosse a única

> E cada filho seu como se fosse o pródigo
> E atravessou a rua com seu passo bêbado
> [...]
>
> Morreu na contramão atrapalhando o sábado

Musicalmente, a canção se apresenta bem repetitiva, como para representar o transe hipnótico do protagonista, não ficando claro se morre por acidente ou suicídio. Cada verso se inicia com oito, ou dez, notas iguais sendo executadas sempre em semicolcheias — com exceção de "E tropeçou no céu como se fosse um bêbado" e "E tropeçou no céu como se ouvisse música", de mesma posição em suas estrofes, que se iniciam com cinco execuções de duas notas alternadas, também em semicolcheias.

A previsibilidade das repetições melódicas, no entanto, não gera efeito monótono para o ouvinte, graças ao arranjo de Rogério Duprat. A faixa se inicia como um samba apenas com acompanhamento de violão, baixo e bateria, para a entrada crescente de instrumentos de percussão, cordas, madeiras, metais e coro do grupo MPB-4, com acordes dissonantes para representar a queda do corpo do operário no chão.

O acréscimo progressivo de instrumentos também remete ao erguer de uma construção, numa dinâmica crescente até todos em fortíssimo ao fim do tema, com uma orquestra de mais de 60 membros arregimentada por Duprat. Em seguida, ainda na mesma faixa, vem a reapresentação de excertos de "Deus lhe pague", a primeira canção do álbum, na qual se agradece ironicamente, a um "você" não especificado, por elementos mínimos de sobrevivência, como se grandes dádivas fossem.

> Por esse pão pra comer, por esse chão pra dormir
> A certidão pra nascer e a concessão pra sorrir
> Por me deixar respirar, por me deixar existir
> Deus lhe pague

O arranjo de Duprat para "Construção" é de tal modo ligado à canção que, mesmo com seu enorme êxito de público e crítica — frequentemente aparece listada como a melhor canção de Chico Buarque e uma das maiores realizações do cancioneiro do país —, poucos artistas se atreveram a regravá-la.

Com toda a grandeza dessa obra, não é justa a permanência de certos erros e imprecisões a respeito dela. De tanto repetidos, podem parecer verdade. Alguns dos equívocos mais constantes:

"Construção" é toda composta em versos alexandrinos — Os versos de "Construção" são todos dodecassílabos, mas para se constituírem alexandrinos, além de terem doze sílabas poéticas, precisariam atender a certas especificações técnicas que nem todos apresentam.

"Construção" é toda construída com dois acordes — A melodia e a harmonia de acompanhamento de "Construção" são simples, como já vimos, por razões estéticas que valorizam a mensagem da canção e permitem o destaque para o arranjo. Todo o tema transcorre na tonalidade de mi menor. Mas definitivamente há mais que dois acordes na canção: Almir Chediak lista 18 em sua transcrição para o *songbook* de Chico.

"Construção" é toda composta com rimas de proparoxítonas — Cada verso de "Construção" termina com uma palavra proparoxítona, é verdade, mas a canção não segue nenhum esquema de rimas, apresentando o que se chama de versos brancos. Para suprir a ausência de rimas perfeitas (com correspondência total de sons a partir da última vogal tônica), não deixando de criar efeitos agradáveis de sonoridade, o compositor lança mão de outros recursos, sem regularidade definida. Destacam-se rimas toantes (com correspondência apenas de sons vocálicos a partir da última vogal tônica), como em "sólido" e "lógico", paronomásias (semelhança de sonoridade e/ou grafia entre termos), como em "próximo" e "pródigo", e homoteleutos (palavras de mesma sonoridade após a última vogal tônica), como em "sábado" e "bêbado". Para Glauco Mattoso, "na letra de 'Construção' Chico Buarque faz do homoteleuto um recurso até mais precioso que uma rima rica".

Frente e verso da capa do LP *Construção*, de 1971,
com a letra da canção-título estampada na contracapa.

OLHA MARIA

(Tom Jobim/Vinicius de Moraes/Chico Buarque, 1971)
Na gravação do álbum *Construção* (1971)

Uma das simplificações grosseiras cometidas em relação a Tom Jobim é tratá-lo como um músico bossa nova, ou qualquer coisa do gênero. Claro, não se quer aqui diminuir o grande movimento de renovação da canção brasileira, nem a contribuição a ele dada por Tom, de fato o compositor mais presente na autoria dos clássicos do gênero.

Acontece que o número de canções do maestro com absolutamente nada a ver com os padrões musicais que definem a bossa nova é grande o suficiente para que não constituam exceções. E essas peças opostas aos clichês do gênero não apareceram apenas numa fase tardia da obra de Tom; mesmo entre 1958 e 1963, os chamados anos heroicos da bossa nova, pode ser citada pelo menos uma dúzia de canções que são a antítese dos dogmas bossanovistas, como "Derradeira primavera", "Canção do amor demais" e "Estrada branca".

Todas essas citadas, aliás, têm letra de Vinicius de Moraes, jamais comprometido com a amenidade temática tão ligada à bossa nova. No mesmo 1958 em que consagrava os "abraços e beijinhos e carinhos sem ter fim" escrevia "Crava as garras no meu peito em dor/ E esvai em sangue todo o amor/ Toda a desilusão" para sua "Serenata do adeus".

Entre as parcerias de Tom com Chico Buarque, nem uma sequer pode ser classificada como bossa nova — e "Olha Maria" tem um estilo tão próximo ao do Vinicius não bossanovista que há espanto ao saber-se não ter sido ele o autor majoritário da letra. Deve ser por isso que o poeta foi chamado para completar os versos que Chico não conseguiu terminar.

Assim como "Retrato em branco e preto" e "Sabiá", "Olha Maria" já havia sido composta e gravada, sob o nome "Amparo", como peça instrumental com forte sabor erudito. Em suas gravações das duas primeiras parcerias com Tom Jobim, no entanto, Chico ainda recorreu a um acompanhamento de base que tornava os temas assemelhados a um samba-canção.

Já na gravação de "Olha Maria" para o álbum *Construção* (1971), com arranjo e piano do próprio Tom, a peça se apresenta em formato camerístico, sem percussão para marcar o ritmo. A música é toda desenvolvida a partir de uma célula melódica de quatro notas iguais repetidas, com variações de altura desse motivo por toda a canção.

O virtuosismo na condução harmônica de Jobim faz com que cada um dos seis blocos de letra seja musicalmente distinto, oferecendo-se a cada vez novo colorido para a reapresentação do tema. Como acompanhamento, há um arpejo em sextinas executado simultaneamente por piano e violão, composto por Tom especificamente para que houvesse essa possibilidade instrumental.

A letra apresenta um eu que, dizendo ser contrariamente a sua vontade, percebe que Maria precisa partir. A princípio ele se mostra triste e surpreso com a constatação, pois queria a mulher "presa"; conforme o decorrer da letra, no entanto, há desenvolvimento muito original para um tema simples e repisado: a partida da mulher amada — espelhando o desenvolvimento musical sofisticado para um singelo motivo de quatro notas iguais.

O eu da canção parece apaixonar-se pela ideia de Maria partindo, pela inusitada beleza que a imagem lhe oferece: a mulher não pode ter seus desejos ardentes negados, sob o risco de contrariar-se o anseio da própria natureza, a que Maria se incorpora.

> Parte, Maria
> Que estás toda nua
> Que a lua te chama
> Que estás tão mulher
> Arde, Maria
> Na chama da lua
> Maria cigana
> Maria maré

Justamente na seção com as notas mais agudas da canção, com dinâmica e tensão em crescendo, a letra menciona fuga, e os próprios versos fogem de um esquema de rimas, aparecendo agora um termo, "serra", sem correspondência fonética na estrofe: Parte cantando/ Maria fugindo/ Contra a ventania/ Brincando, dormindo/ Num colo de serra/ Num campo vazio/ Num leito de rio/ Nos braços do mar".

A certa altura da letra, são tão insistentes os pedidos para que Maria parta ("parte", "vai", "corre", "não podes perder", "anda") que a necessidade de reiteração leva à desconfiança de que não é a mulher quem está de fato aflita para abandonar o eu da canção: ele é quem precisa do prazer de ver a fuga de Maria, projetando as delícias de que ela pode desfrutar em sua ausência, na primavera da vida.

No desfecho, o eu da canção confessa que a razão para desejar tanto que Maria parta é o fato de ele só ter sua agonia para oferecer. Nunca houve um desenvolvimento tão extenso e belo para "o problema não é você, sou eu".

COTIDIANO

(Chico Buarque, 1971)
Na gravação do álbum *Construção* (1971)

    Na tradição do cancioneiro norte-americano, principalmente na fase pré-rock and roll, o título ocupa um papel importante para a rápida assimilação de uma obra; geralmente no título se sintetiza o conteúdo da canção, devendo ele aparecer em destaque na letra, usualmente no começo dela e/ou em múltiplas repetições ao longo dos versos. É assim com "My funny Valentine", "What is this thing called love?", "Night and day", "A fine romance", "The man I love", "Let's face the music and dance", e por aí vai.
    No cancioneiro do Brasil, porém, essa fórmula não costuma se aplicar, com muitas canções clássicas apresentando o título apenas uma vez ao longo da letra, e sem posição de destaque, como em "Asa branca" e "Carinhoso"; em outras tantas, o título nem aparece nos versos, servindo mais como uma explicação sobre o assunto trabalhado na letra, como em "Conversa de botequim", "Garota de Ipanema" e "Aquarela do Brasil" — curiosamente, os norte-americanos submeteram o título deste clássico à tradição deles na versão para o inglês, "corrigindo-o" para simplesmente "Brazil".
    Chico Buarque se alia a essa prática muito própria à canção brasileira: muitas vezes, os versos de sua letra até sugerem determinado título por sua recorrência, mas a opção fácil acaba sendo preterida em favor de outra menos óbvia. Assim, em vez de "Quem é você", temos "Noite dos mascarados"; em vez de "Vou voltar", "Sabiá"; em vez de "Todo dia", "Cotidiano".
    Nesta última, há exemplo modelar de como a música de uma canção deve servir ao todo da obra, sendo estúpido o julgamento isolado. Toda a melodia do samba "Cotidiano" se baseia em repetições de uma célula de três notas com movimento descendente em graus conjuntos, sendo trabalhada com pouco e óbvio desenvolvimento musical; quatro das cinco estrofes da letra apresentam conteúdo melódico e sequência de acordes idênticos, e mesmo a variação da estrofe distinta é sutil.

Se fosse uma peça instrumental, poderíamos julgar "Cotidiano" como paupérrima; acontece que a pasmaceira trazida pela previsibilidade é exatamente o conteúdo da letra, num casamento perfeito entre a música e seus versos correspondentes.

> Todo dia ela faz tudo sempre igual
> Me sacode às seis horas da manhã
> Me sorri um sorriso pontual
> E me beija com a boca de hortelã

Somos apresentados a um protagonista masculino que desde o começo da letra se mostra queixoso em relação ao enfado trazido pelo cotidiano, não havendo mudanças na rotina de cada dia. O alvo principal de seu lamento é sua mulher, mas as queixas nunca se apresentam de maneira direta: para demonstrar seu incômodo, o personagem imita o procedimento que o aborrece, insistindo em descrições do cotidiano sempre abertas com a mesma estrutura temporal ("todo dia", "seis da tarde", "toda noite"), sob a mesma melodia, como seguindo mecanicamente as ordens de um relógio. Sem que precise exprimir "estou puto" ou algo parecido, faz o ouvinte compreender perfeitamente que está bastante zangado, e o porquê de sua raiva.

A braveza com sua esposa se apresenta ao princípio como inexplicável. Afinal, se o homem acorda cedo (às seis horas da manhã), a mulher deve acordar ainda antes, para cumprir sua função de despertador, um despertador gentil (com sorriso) e carinhoso, com beijos cuidadosamente aromatizados com hortelã antes do encontro das bocas, para que o marido não sofra sentindo eventual mau hálito, em atenção que não cobra do homem de maneira recíproca.

Em seguida, trata-se a ternura e a paciência da esposa ("diz que é pra eu me cuidar", "está me esperando pro jantar") com desprezo ("essas coisas que diz toda mulher"). Na terceira, estrofe, porém, compreende-se que a responsável pelo mau humor do homem não é sua esposa: o protagonista só pensa "em poder parar", numa jornada diária que o leva a acordar às seis e a dormir depois da meia-noite, levando-o ao embrutecimento ("só penso em dizer não") e a modos taciturnos ("penso na vida pra levar" e "me calo com a boca de feijão"). Como costumeiro em uma estrutura social machista, as frustrações do homem acabam sendo descontadas em quem está mais perto e se mostra constante, a mulher.

Ela, porém, mesmo com ainda menos horas de sono, não se permite reclamar e ainda acalenta esperanças amorosas, aguardando-o (presumivelmente com o jantar pronto) no portão, louca para beijar. É nessa altura que melodia e harmonia sofrem a única ligeira alteração no tema, dando ao ouvinte a esperança de que o sexo possa finalmente desfazer a carranca do homem.

Logo em seguida, porém, volta-se à mesma seção musical repisada; versos que, isoladamente e num tratamento melódico passionalizado, poderiam sugerir gozo ("Toda noite ela diz pra eu não me afastar/ Meia-noite ela jura eterno amor/ E me aperta pra eu quase sufocar/ E me morde com a boca de pavor"), aqui apenas demonstram que mesmo o apelo do amor carnal agora só transmite tédio. A canção retoma ao começo, numa sugestão de *loop* infinito.

O público se identificou com o marasmo retratado em "Cotidiano", sendo essa canção a mais difundida do álbum *Construção* (1971), ficando entre as 20 mais executadas do ano.

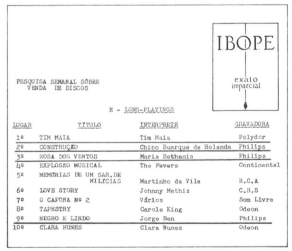

Anúncio da gravadora Phonogram, detentora da Philips,
na revista *Manchete*, em 18/12/1971, registrando
o sucesso do álbum *Construção*, de Chico Buarque.

ATRÁS DA PORTA

(Francis Hime/Chico Buarque, 1972)
Na gravação de Elis Regina para o álbum *Elis* (1972)

A parceria entre Francis Hime e Chico Buarque tem seu início com "Atrás da porta", composta e lançada em 1972. Já de saída conseguiram compor aquela que é provavelmente a canção mais lembrada quando se quer invocar o lugar-comum "Chico Buarque entende a alma feminina". Exibe-se nos versos a demonstração do abalo simultaneamente físico e espiritual que a ausência do homem pode causar a uma mulher, uma constante na obra de Chico.

A criação não foi fácil: em um só dia, numa festa com Francis executando a música repetidamente ao piano, Chico escreveu toda a letra até "reclamei baixinho" — e depois empacou. Foi preciso que o produtor Roberto Menescal enviasse a fita com a gravação parcial de Elis para o tema, já com arranjo de César Camargo Mariano, para que Chico compusesse a parte faltante da letra. Como Francis era autor de "Atrás da porta", e como voltaria a usar a manobra em outras canções, o procedimento passou a ser conhecido como "golpe do Francis", embora ele não tenha sido seu inventor.

Foi com Francis, aliás, que Chico diz ter conseguido prática no ofício de colocar letra em melodias alheias. As parcerias com Tom Jobim já haviam rendido saborosos frutos, claro, mas certa cerimônia em relação a um ídolo — além da apreciação generosa, mas sempre com análise crítica, do maestro em relação a suas letras — fez com que o número de colaborações Jobim-Buarque fosse relativamente baixo, sem multiplicar-se na razão que o potencial de qualidade da união dos cancionistas faria esperar.

Com Francis, Chico se sentiu à vontade para tornar-se um letrista profissional, numa parceria que rendeu 19 canções gravadas em 12 anos — e depois da experiência, até as parcerias com Tom, e muitos outros compositores, puderam acontecer em maior número e de maneira mais espontânea.

Musicalmente, "Atrás da porta" dá mostra dos estudos eruditos de Francis. Assim como em "Retrato em branco e preto", não há na música a divisão em algumas poucas seções que se repetem e contrastam entre si, como é o padrão na canção popular. Em vez disso, desenvolve-se uma única célula musical, com a duração de exatamente um compasso de fórmula 2/4, que se repete ao longo de toda a canção. As figuras rítmicas desse motivo são sempre mantidas (no caso, uma colcheia pontuada, seguida de duas semicolcheias ligadas, uma colcheia e uma semicolcheia), mas há variação melódica de acordo com uma progressão harmônica pouco óbvia.

A parceria de Francis e Chico é ainda mais radical, no que diz respeito a fugir das convenções da canção popular, do que "Retrato em branco e preto": na música de Tom, há ainda um bloco melódico repetido nas duas estrofes da letra, facilitando a assimilação do ouvinte. Já "Atrás da porta" evolui praticamente sem repetição até seu desfecho; mesmo seu padrão de figuras rítmicas idênticas na melodia de cada compasso, aliás, tende a ser anulado pelos intérpretes (muito acentuadamente por Elis Regina), que promovem novas divisões dos versos para valorizar a mensagem da canção — uma mensagem triste, narrando dolorosa separação e, espelhando a música sobre a qual se construiu a letra, sem repetições: mesmo o título "Atrás da porta" só aparece uma vez, e fora de posição de destaque, dividido entre dois compassos.

> E me arrastei e te arranhei
> E me agarrei nos teus cabelos
> No teus pelos, teu pijama
> Nos teus pés, ao pé da cama
> Sem carinho, sem coberta
> No tapete atrás da porta
> Reclamei baixinho

A ousadia descritiva dos versos incomodou a censura, que proibiu a expressão "nos teus pelos", trocada por "no teu peito". Deixou-se passar a muito mais picante ambiguidade de "dei pra maldizer o nosso lar", verso no qual "dei pra" pode indicar "adquiri o costume de" ou "mantive relações sexuais com outro homem a fim de".

Temos em "Atrás da porta", então, uma canção triste, lenta, sem estímulo à dança, sem um padrão de repetições musicais ou líricas, difícil para a assimilação auditiva e com mais dificuldades ainda para que o ouvinte possa "cantar junto" com o intérprete. No entanto, sendo como é, transformou-se não apenas num modelo de qualidade da canção brasileira como num grande sucesso popular, com massiva execução radiofônica.

O imponderável costumeiramente tem grande peso para determinar se uma canção se converte ou não num *hit*, mas no caso de "Atrás da porta" é possível lembrar alguns fatores que contribuíram para um sucesso popular à primeira vista improvável: Chico estava novamente em grande evidência, especialmente após o êxito de *Construção* (1971), e o eu lírico feminino oferecia novo modelo para a apreciação de seu virtuosismo lírico; da parte da intérprete original, Elis Regina, havia o fato de que no momento do lançamento da canção estava concluindo o processo de separação com Ronaldo Bôscoli, ao passo que começava um relacionamento com César Camargo Mariano — para o público, criou-se a irresistível oportunidade de confundir o texto da canção com a "história real", o que foi explorado comercialmente.

"Atrás da porta" entra para a história cultural brasileira, desse modo, como séria candidata ao posto de mais complexa (e anticomercial) canção a conseguir amplo sucesso; o próprio coautor Francis Hime se diz perfeitamente consciente de que, não fossem circunstâncias muito particulares envolvendo a aura em torno do letrista e da intérprete original do tema, seria muito improvável que sua música conseguisse a projeção alcançada.

O espírito do tempo também atuou em favor do tema, podendo ser feito um paralelo entre a mulher de "Atrás da porta" e os brasileiros amargando um regime ditatorial: embora não houvesse condições de ocultar a tristeza e até o desespero, não se poderia mais esperar do sofredor apenas passividade e resignação, devendo temer-se uma reação de fúria.

Frente e verso da capa do LP *Quando o carnaval chegar*, de 1972, com a trilha sonora do filme dirigido por Cacá Diegues.

PARTIDO ALTO

(Chico Buarque, 1972)
Na gravação de Caetano Veloso para o álbum
Caetano e Chico juntos e ao vivo (1972)

O álbum *Caetano e Chico juntos e ao vivo* (1972) foi "o maior sucesso", nas palavras do próprio Caetano Veloso. As vendas foram puxadas pela grande divulgação radiofônica de "Partido alto", canção de Chico Buarque na voz de Caetano, e da junção entre "Você não entende nada", de Caetano, e "Cotidiano", de Chico, com os dois as interpretando em dupla.

Embora com êxito comercial, a importância do álbum ainda está por ser devidamente reconhecida. É verdade, as imperfeições técnicas comuns para um álbum ao vivo gravado em 1972 estão lá, não oferecendo uma experiência auditiva límpida. Mas há dois pontos que vêm passando despercebidos pela avaliação crítica: em primeiro lugar, o álbum revolucionou o tratamento da canção de eu lírico feminino no Brasil; depois, o encontro registrado no disco inventou a MPB tal qual a entendemos hoje.

Explica-se: a sigla MPB passou a ser usada por volta de 1965. Um marco foi a vitória de "Arrastão", de Edu Lobo e Vinicius de Moraes, defendida por Elis Regina no I Festival da Música Popular Brasileira da TV Excelsior. A MPB então se referia a um grupo específico de artistas que buscava levar adiante as conquistas harmônicas da bossa nova, mas com a incorporação de outros ritmos, notadamente os de origem nordestina. Havia forte identificação da MPB com o posicionamento de esquerda, sendo comuns canções de temática engajada e nacionalista.

Quando o tropicalismo apareceu, em meados de 1967, era visto como um movimento de oposição à MPB. Mais do que os próprios artistas à frente do tropicalismo, os intelectuais a ele ligados diziam que a MPB privilegiava o conteúdo em detrimento da forma, folclorizava o subdesenvolvimento e era xenófoba, populista e mistificadora, ao prometer conscientização, mas oferecer apenas escapismo.

Em sua obra multifacetada, Chico não era o representante máximo dessa MPB nacionalista — posto ocupado por Geraldo Vandré —, mas ainda assim estava mais próximo dela do que do tropicalismo. Aqui já foi dito que a rivalidade entre Chico e Caetano, desde sempre manifestando admiração recíproca, foi algo mais alimentado por agentes externos do que um sentimento verdadeiro. Ainda assim, por alguns anos vigorou certo estranhamento entre os dois.

Também aqui foi visto que Chico já havia assimilado algo da estética tropicalista quando, em 1971, Rogério Duprat foi chamado para escrever o arranjo de "Construção". Mas o retorno de Caetano Veloso do exílio londrino, no ano seguinte, propiciaria a ocasião, ou o pretexto ideal, para a união de forças dos dois — ainda jovens, e já medalhões — nomes da canção brasileira. Era o momento certo para desfazer a impressão artificial de que eram antípodas, quando havia alvos bem mais adequados com que antagonizar. Reuniram-se então os dois em Salvador, em novembro de 1972, para espetáculo no Teatro Castro Alves.

A partir desse encontro, o tropicalismo passou a ser visto como uma tendência dentro da MPB, "perdendo a 'aura' de gênero específico e movimento antiemepebista", como escreveu Marcos Napolitano. Da assimilação do tropicalismo, a MPB se estendeu na abrangência e no tempo, englobando inclusive artistas de carreira anterior à criação da sigla (Francisco Alves se encontra hoje na prateleira da MPB) e praticantes dos mais distintos gêneros de canção.

Não é qualquer artista de música popular no Brasil, no entanto, que merece o rótulo de membro da MPB. Antes, deve-se passar por certo crivo de qualidade estabelecido pelos formadores de opinião, sujeito a mudanças com o decorrer do tempo. Quando apareceram no cenário artístico, integrantes da jovem guarda, do rock nacional dos anos 1980 e da axé music eram classificados numa categoria à parte. Passados alguns anos, no entanto, nomes díspares como Roberto Carlos, Arnaldo Antunes e Daniela Mercury "fizeram por merecer" a entrada no rol da MPB. Já as duplas sertanejas, por exemplo, ainda não conseguiram a distinção.

Pode-se ser crítico dessa acepção de MPB — Ruy Castro, por exemplo, afirma que ela deseducou o público brasileiro para a identificação da riqueza rítmica do país —, mas sem dúvida é ela que vigora.

Para além do estabelecimento de uma nomenclatura tão importante para o cancioneiro do Brasil, a união de Chico e Caetano ofereceu imediatos exemplares de alto valor estético. "Partido alto", canção concebida por Chico na variação do samba que a nomeia, mostra irreverentemente um sujeito que se põe a contestar Deus pela sua situação de marginalidade. O número foi originalmente gravado pelo MPB-4 na trilha sonora de *Quando o carnaval chegar* (1972), filme de Cacá Diegues do qual Chico foi um dos roteiristas e no qual também se arriscou como ator.

Os versos "Na barriga da miséria, eu nasci brasileiro" e "Como é que pôs no mundo essa pouca titica", foram vetados pela censura, e teve de ser feita a substituição por "nasci batuqueiro" e "pouca coisica". No refrão, são trabalhadas as paronomásias entre o verbo "negar" e o vocativo "nega", e entre a conjugação verbal "deu" e o nome "Deus".

> Diz que deu, diz que dá
> Diz que Deus dará
> Não vou duvidar, ô nega
> E se Deus não dá
> Como é que vai ficar, ô nega
> Diz que Deus diz que dá
> E se Deus negar, ô nega
> Eu vou me indignar e chega
> Deus dará, Deus dará

Repetidas vezes Caetano suavizou canções de outros compositores para lhes trazer novas possibilidades de apreciação, como em "Coração materno", de Vicente Celestino, "Felicidade", de Lupicínio Rodrigues, e "Help", de Lennon e McCartney. Em "Partido alto", Caetano adota procedimento oposto, numa interpretação agressiva; ressalta-se assim o atrevimento de versos como "Deus é um cara gozador, adora brincadeira" e "Jesus Cristo inda me paga, um dia inda me explica", que tende a ser amenizado na ligeireza do partido alto.

Com Caetano, ouve-se uma interpretação de andamento arrastado, com canto próximo ao grito e marcação de samba-rock, com guitarra distorcida. Dada a religiosidade do povo brasileiro, o sucesso popular de sua interpretação de "Partido alto" se mostra espantoso.

BÁRBARA

(Chico Buarque/Ruy Guerra, 1972)
Na gravação de Caetano Veloso e Chico Buarque para o álbum
Caetano e Chico juntos e ao vivo (1972)

A assimilação do choque estético como forma de confrontar o poder estabelecido foi uma entre as influências do tropicalismo que podem ser encontradas na obra de Chico Buarque — e de muitos outros integrantes da assim chamada MPB — a partir do começo da década de 1970. Isso influenciou diretamente a feitura de canções de eu lírico feminino.

Num contexto mundial de difusão de comportamentos libertários, contracultura, movimento hippie e revolução sexual, vinha a calhar a representação de uma figura feminina menos passiva, em comparação com o modelo anteriormente vigente em nossa canção popular. Se não se podia contestar de maneira direta a ditadura, colocar, em letra de canção, a mulher numa posição de autonomia, contestando a autoridade masculina, funcionava como ataque geral ao *status quo*. Isso incluía a exposição, em primeira pessoa, da figura feminina em posição insubmissa e praticante de comportamentos sexuais até então tomados como chocantes pela sociedade conservadora.

Foram pioneiras nesse tipo de confronto as composições de Chico Buarque e Ruy Guerra para a peça *Calabar*, lançadas no álbum *Chico canta*, de 1973. E a partir da divulgação desses temas — dois deles, "Ana de Amsterdam" e "Bárbara", foram apresentados previamente ao público no ano anterior, no álbum *Caetano e Chico juntos e ao vivo* —, o número de canções de sucesso de eu lírico feminino no Brasil disparou, sendo identificável também grande mudança no conteúdo médio das letras femininas, menos penelopeanas na representação das mulheres.[3]

A ousadia de Chico e Caetano no álbum que lançaram juntos foi além do conteúdo no que diz respeito ao eu lírico feminino, englobando também a forma e novamente influenciando a MPB. Em quatro canções do disco — "Atrás da porta", "Bárbara" e "Ana de Amsterdam", já men-

---

[3] Novamente cabe lembrar que em minha tese de doutorado para a PUC-SP, *O eu feminino na canção brasileira: desenvolvimento cultural entre 1901 e 1985*, desenvolvo o argumento com exemplos, dados e estatísticas.

cionadas, e "Esse cara", de Caetano —, emprestavam suas próprias vozes a letras de eu lírico feminino.

Depois do lançamento de *Caetano e Chico juntos e ao vivo*, o procedimento, até então raríssimo, de homens cantarem letras de eu lírico feminino se tornou corriqueiro no Brasil. E não apenas contemporâneos dos dois artistas, ou intérpretes mais novos, valeram-se do precedente aberto. Até nomes de gerações mais antigas, como João Gilberto e Cauby Peixoto, passaram a poder interpretar temas de eu tão feminino quanto "Ronda" e "Bastidores", sem que isso cause estranheza, sem que isso nem sequer seja percebido como digno de nota.

Esse feito constitui particular ousadia da canção brasileira, sendo difícil localizar pares mesmo nos Estados Unidos e na Inglaterra, países dominantes na indústria fonográfica. Se tomamos como exemplo o *standard* "The man I love", composto no longínquo 1924 pelos irmãos Gershwin e gravado por um sem-número de cantoras, a única interpretação vocal masculina que se acha nas plataformas digitais é a de... Caetano Veloso, para seu álbum de canções em língua inglesa *A foreign sound* (2004).

A decisão de interpretar canções de eu lírico feminino em *Caetano e Chico juntos e ao vivo* não foi distraída, casual ou ingênua. É muito representativa a declaração do próprio Caetano: "Aí eu disse para o Chico que ele deveria cantar 'Com açúcar, com afeto', que era uma coisa de mulher e, comigo no palco, ele cantaria uma coisa de mulher. Ele disse que tinha uma melhor, uma história homossexual de duas mulheres, e cada um faria uma, 'Bárbara'".[4]

A provocação sexual é elaborada conscientemente por Caetano e engrossada por Chico, ao apresentar como "melhor" uma canção então inédita, de potencial mais escandaloso. Também não se pode desprezar o fato de Caetano ressaltar que, "comigo no palco", Chico deveria cantar uma coisa de mulher.

O compositor baiano dominava perfeitamente a noção de que sua presença masculina no palco, enquanto Chico cantaria "coisa de mulher", tornava mais nuançada a performance, ainda mais porque aquele que se costumava valer mais obviamente de elementos femininos em sua postura pública era ele próprio, não Chico.[5] Seria como se Chico estives-

---

[4] Depoimento colhido por Marcia Cezimbra para o *Jornal do Brasil* em 16/5/1991.

[5] De acordo com termos retirados de relatório da Polícia Federal sobre a apresentação que gerou o álbum, divulgado no jornal *Tribuna da Bahia* em 6/4/2015, Chico de-

se se declarando para Caetano, embora a canção, na verdade, retratasse a declaração amorosa mútua de duas mulheres.

Temos na interpretação de "Bárbara" para o álbum *Caetano e Chico juntos e ao vivo* uma encrenca semântica: vozes de timbre masculino representam vozes femininas que se mostram apaixonadas uma pela outra, com agressividade sexual tipicamente relacionada ao masculino.

"Bárbara" é uma valsa, estilo relacionado fortemente com a burguesia europeia do século XIX: uma dança que a alta sociedade julgava aceitável para seus salões. Apresenta-se em formato ABAB, sendo que a parte A se repete com a mesma letra, funcionando como refrão, enquanto há dois blocos de letra distintos para a parte B. Logo de início, a canção apresenta em sua construção lírica traços que coadunam com a marca de bom gosto relacionada às valsas:

> Bárbara, Bárbara
> Nunca é tarde, nunca é demais
> Onde estou, onde estás
> Meu amor, vem me buscar

O próprio nome "Bárbara" traz em si a célula rítmica da valsa: um tempo forte seguido de dois fracos, na música, corresponde a uma sílaba tônica seguida de duas átonas, na grafia da palavra. Para evitar o efeito maçante da correspondência óbvia, no entanto, os compositores optam por prolongar a tônica "Bár" por dois tempos, de modo que "ba" recai no último tempo fraco do compasso, e "ra" inicia um novo compasso em tempo forte, transformando-se em sílaba tônica equivalente a "rá".

O desvio de prosódia da pronúncia "Bár-bará", considerada um erro na versificação tradicional, funciona como recurso para contornar o fato de que as curvas melódicas do tema se dão de modo a exigir oxítonas em fins de frase, o que leva à tendência, como já vimos, do abuso de termos no infinitivo. Chico e Ruy Guerra fogem do problema — só aparece o infinitivo na última palavra da parte A, "buscar" — justamente com deslocamentos de prosódia ("Bár-bará"), rimas internas ("buscar" rima com a tônica "Bár" de "Bárbara" e com a tônica "tar" de "tarde"), deslocamentos rítmicos (o segundo verso pode ser subdividido, no acompanhamento musical, como "Nunca é tar-/ -de, nunca é demais", de mo-

---

monstrava no palco "postura masculina normal", enquanto Caetano exibia "trejeitos afeminados".

do a reforçar a sílaba tônica "tar" como elemento de rima com "buscar") e uma série de assonâncias, gerando rimas improváveis que, mais uma vez, embora tecnicamente imperfeitas, exigem engenho e cuidado para a promoção de correspondências sonoras pouco óbvias, que permitem à música fluir ("nunca é demais" com "onde estás", "onde estou" com "meu amor").

O desmembramento de uma expressão clichê para a geração de novos sentidos ("tarde demais"), a troca de pontos de vista ("onde estou, onde estás"), e o apelo à ideia clássica de que, em se achando o amor, uma pessoa também pode se encontrar, contribuem para uma lírica que transmite a sensação aprazível da sofisticação, adequada a uma valsa.

A parte B começa com uma modulação de modo menor para modo maior, em uma linha melódica ascendente, o que reforça um sentimento musical de direcionamento ao sublime. O conteúdo lírico, no entanto, é brutal, contrastando fortemente com a música que acompanha os versos:

> O meu destino é caminhar assim
> Desesperada e nua
> Sabendo que no fim da noite serei tua

A essa altura, o ouvinte que chega à canção por meio do áudio registrado em disco, desconhecendo seu contexto dramático, tende a estar enlevado pelo clima da música, de modo que a alusão sexual, tão direta, dos versos pode até passar despercebida, não revelando toda a carga de contraste entre música e letra que, numa audição consciente, soa até irônica. A parte B prossegue com nova modulação, para modo menor, correspondente aos versos:

> Deixa eu te proteger do mal, dos medos e da chuva
> Acumulando de prazeres teu leito de viúva

Agora se tem um efeito contrastante entre os próprios dois versos do bloco da canção. Há um sentido de galanteio romântico em "Deixa eu te proteger do mal, dos medos e da chuva", em habilidosa disposição de dois elementos abstratos e um concreto: a proteção prometida virá em relação a ameaças interiores e exteriores, ao grandioso e ao banal, ao que sensibiliza o corpo e ao que toca a alma. Mas tão magnífica proteção se dará, vejam só, de maneira bem mundana, "Acumulando de prazeres teu leito de viúva". Por aí, o ouvinte começa a desconfiar que a velha e repisada mensagem de que "encontrando seu amor, uma pessoa se acha" não é exatamente o tema lírico da canção, que está mais próximo a "é possível descobrir-se, corpo e alma, por meio do ato sexual".

A repetição do refrão para o ouvinte que já começa a sentir estranhamento revela novos sentidos. "Nunca é tarde" para o quê? "Nunca é demais" o quê? Se na primeira audição do refrão, a resposta mais provável se mostra como algo relacionado ao elevado sentimento amoroso, na segunda passagem pelo bloco A começa a parecer que se está mesmo falando de sexo.

Além disso, se a canção começa com o vocativo "Bárbara", seguido de conteúdo romântico, pensa-se mais obviamente que aquele que se expressa é um personagem masculino; a imagem típica do homem, no entanto, não condiz com o pedido tão passivo de "vem me buscar". Então há um homem atipicamente frágil na canção, dialogando com a personagem de Bárbara? Ou é o vocativo "Bárbara" uma fala da própria personagem-título, como a pensar em voz alta, referindo-se a si mesma? Ou ainda seria a canção um diálogo sexual entre duas mulheres?

As dúvidas se dissipam com a repetição do bloco musical B, pareado com novos versos:

> Vamos ceder enfim à tentação das nossas bocas cruas
> E mergulhar no poço escuro de nós duas

A censura proibiu a gravação em disco da palavra "duas", por revelar na canção um relacionamento homossexual feminino. Na gravação de *Caetano e Chico juntos e ao vivo*, o termo é abafado com a inserção de aplausos artificiais. Seguem-se os versos:

> Vamos viver agonizando uma paixão vadia
> Maravilhosa e transbordante, feito uma hemorragia

A carga sexual da canção é coroada de maneira hiperbólica, com oximoros (palavras de sentido oposto que parecem excluir-se mutuamente) resvalando no mórbido. Propõe-se "viver agonizando" a "hemorragia maravilhosa" do sexo homossexual feminino.

Na última repetição do refrão, o canto vem em intensidade muito maior, com a dinâmica musical acompanhando a revelação de sentidos que a canção gradativamente leva ao ouvinte. E com tudo isso, o governo achou que poderia conter Bárbara lhe censurando uma palavra.

Frente e verso da capa do LP *Caetano e Chico juntos e ao vivo*, de 1972, gravado no Teatro Castro Alves, em Salvador.

TATUAGEM

(Chico Buarque/Ruy Guerra, 1972)
Na gravação do álbum *Chico canta* (1973)

Em outubro de 1973, estava tudo pronto para a estreia de *Calabar: o elogio da traição*, peça escrita por Chico Buarque e Ruy Guerra, com produção de Fernando Torres e direção de Fernando Peixoto. O texto já havia sido inclusive aprovado pela censura. Poucos dias antes da data marcada para a primeira sessão, no entanto, resolveram mudar de ideia quanto à liberação da peça, e um enorme prejuízo se tornou inevitável — para o bolso do produtor e para a arte nacional.

A história se punha a discutir se era mesmo um traidor Domingos Fernandes Calabar, senhor de engenho que, no episódio da invasão do Brasil pelos holandeses, no século XVII, inicialmente combateu ao lado dos portugueses, para depois mudar de lado. Com atraso — a censura não queria comer barriga como no episódio de "Apesar de você" —, alguém notou no enredo semelhança com a história de Carlos Lamarca, que em 1969 deixou o Exército para se unir à guerrilha, acabando executado, assim como Calabar.

A peça só teria sua primeira montagem em 1980, e daí se firmou como obra de permanência da dramaturgia nacional. Seja pela qualidade do texto e de suas canções, pela agudeza na escolha do símbolo histórico ou pela transformação da peça em referência das arbitrariedades da censura no regime militar, o fato é que *Calabar* vem mostrando longa vida: a peça é constantemente relembrada em montagens profissionais ou amadoras, e o livro com seu texto, adotado no programa de muitas escolas, já está na 39ª edição.

As canções de *Calabar* — com música de Chico, e letra em parceria de Chico com Ruy Guerra — também resistem ao tempo, mesmo quando desvinculadas do contexto dramático. Foi permitido a Chico o consolo de, ainda em 1973, gravar e lançar um álbum com a trilha sonora da peça, ainda que o título *Chico canta Calabar* estivesse proibido. Também foram vetadas as letras de "Vence na vida quem diz sim" e "Ana de Amsterdam", que apareceram em versões instrumentais, embora (vá entender) a última já tivesse sido gravada sem interferência no álbum *Caetano e Chico juntos e ao vivo*.

Ainda foram censuradas determinadas passagens das letras de várias canções, sendo substituídas na gravação por versos menos ofensivos à moral e aos bons costumes, ou simplesmente suprimidas, gerando um corte abrupto na interpretação e um silêncio significativo. A capa programada para o álbum, com o nome "Calabar" pichado num muro, também foi interditada, pois estava proibida qualquer referência visual ao personagem histórico. Por fim, o próprio fato de a peça ter sido censurada foi censurado para divulgação.

Mesmo tão mutilado, o álbum, que acabou ficando com o *nonsense* título de *Chico canta*, ainda prevaleceu por sua força. É desse disco o primeiro trabalho conjunto entre Chico e Edu Lobo, responsável pelos arranjos.

Temos em *Calabar* a primeira evidência brasileira de uma realidade que já se verificara no cancioneiro norte-americano: o potencial que o teatro musical traz à expressão cancionista em eu lírico feminino, aqui reforçado pela vontade artística de afronta ao *status quo*, parcialmente obstruída pela ação da censura. Pois além do número significativo de canções femininas, deve-se notar o fato de as letras dessas canções serem todas sexualmente sugestivas, quando não contundentemente eróticas.

São seis (!) canções mostrando a voz de personagem mulher se exprimindo em primeira pessoa: "Ana de Amsterdam" (embora apareça em *Chico canta* em versão instrumental), "Bárbara", "Cala a boca, Bárbara", "Não existe pecado ao sul do equador", "Tatuagem" e "Tira as mãos de mim".

No samba-canção "Tatuagem", o eu feminino da canção quer se fundir ao corpo do ser amado, prevendo daí consequências benéficas (a doação de coragem, a iluminação, o repouso, o propiciar do riso) e outras à primeira vista ruins, mas que são transformadas em fonte de prazer num jogo sexual de sadomasoquismo explorado por toda a letra ("me perpetuar em tua escrava", "Que te retalha em postas/ Mas no fundo gostas" etc.).

> Quero ficar no teu corpo feito tatuagem
> Que é pra te dar coragem
> Pra seguir viagem
> Quando a noite vem

CHICO BUARQUE

CHICO CANTA

6349 093
STEREO
Série de Luxo

LADO 1

PRÓLOGO (2:53)
(Chico Buarque-Ruy Guerra)
CALA A BOCA BÁRBARA (4:18)
(Chico Buarque-Ruy Guerra)
TATUAGEM (2:50)
(Chico Buarque-Ruy Guerra)
ANNA DE AMSTERDAM - (2:32)
(Chico Buarque-Ruy Guerra)
BÁRBARA (2:51)
(Chico Buarque-Ruy Guerra)

LADO 2

NÃO EXISTE PECADO AO SUL DO EQUADOR/
BOI VOADOR NÃO PODE (3:58)
(Chico Buarque-Ruy Guerra)
FADO TROPICAL (4:11)
(Chico Buarque-Ruy Guerra)
TIRA AS MÃOS DE MIM (2:30)
(Chico Buarque-Ruy Guerra)
COBRA DE VIDRO (1:31)
(Chico Buarque-Ruy Guerra)
VENCE NA VIDA QUEM DIZ SIM (1:56)
(Chico Buarque-Ruy Guerra)
FORTALEZA (0:52)
(Chico Buarque-Ruy Guerra)

FICHA TÉCNICA
COORDENAÇÃO GERAL: Ruy Guerra
DIREÇÃO DA PRODUÇÃO: Roberto Menescal
DIREÇÃO DE ESTÚDIO: Sérgio M. de Carvalho
TÉCNICO DE GRAVAÇÃO: Luigi
ESTÚDIO: Phonogram
ARRANJOS: Edu Lobo
REGÊNCIA: Mário Tavares
CAPA: Regina Vater
FOTOS CAPA EXTERNA: Gianfranco
INTERNA: Sérgio da Motta
ENCARTE: Hugo Denizart

produzido e distribuído pelo
● CBD PHONOGRAM ●

Frente e verso da capa do LP *Chico canta*, de 1973,
com a trilha sonora da peça *Calabar*.
A capa original do disco e a peça foram vetadas pela censura.

Nesse início da canção, já se nota um primor de inventividade sonora: a tônica "vem", do quarto verso, casa com as sílabas átonas "gem" nos três primeiros versos, propiciando uma original extensão de rima; a sílaba "cor" se encontra tanto em "corpo" quanto em "coragem"; o "Que é" na abertura do segundo verso ecoa o "Quero" do primeiro — e assim por diante, com o prazer dos encontros sonoros remetendo às delícias da conjugação carnal.

Adiante, em "Repousar frouxa, murcha, farta/ Morta de cansaço", a exaustão sexual aludida na letra encontra correspondência tanto na languidez das figuras de sonoridade empregadas (aliterações, assonâncias e homoteleutos em apenas dois versos!) quanto na melodia, que oscila em duas notas repetidas para depois repousar na tônica, a nota mais grave da canção, simulando a fadiga pós-orgasmo.

Ruy Guerra afirma que não se lembra de quem compôs quais versos para as canções de *Calabar* e, mesmo se lembrasse, não caberia fazer publicamente essa distinção numa obra em parceria. Próxima dos dois autores, no entanto, Olivia Hime acha que "Quero brincar no teu corpo feito bailarina" mostra o estilo de Chico, enquanto o naturalismo de "cicatriz risonha e corrosiva" tem a cara de Ruy Guerra. Será?

NÃO EXISTE PECADO AO SUL DO EQUADOR

(Chico Buarque/Ruy Guerra, 1972)
Na gravação de Ney Matogrosso para o álbum *Feitiço* (1978)

"O Brasil não é um país sério", diz a frase atribuída a Charles de Gaulle. Não se sabe se o então presidente francês falou mesmo isso, mas Chico Buarque e Ruy Guerra se saíram com uma variação para *Calabar* (1973): não existe pecado do lado de baixo do equador.

No contexto da peça, "Não existe pecado ao sul do equador" (o título é ligeiramente distinto do verso que abre a canção) é cantada pela personagem Ana, uma prostituta holandesa que se mostra intimidante porque altamente consciente de sua posição social, capaz de descrever-se a si mesma e a seu ofício sem traço de autocomplacência. É a mesma personagem que dialoga com Bárbara na canção que leva o nome desta, e que expõe seu cartão de visitas em "Ana de Amsterdam".

Mesmo desvinculada da cena dramática, em apreciação por pessoa que não conhece o texto de *Calabar* e está ouvindo um fonograma, fica claro que "Não existe pecado ao sul do equador" é um convite a uma orgia.

> Não existe pecado do lado de baixo do equador
> Vamos fazer um pecado rasgado, suado, a todo vapor
> Me deixa ser teu escracho, capacho, teu cacho
> Um riacho de amor

Pouco adiantou a censura vetar o verso "Vamos fazer um pecado safado debaixo do meu cobertor"; seu substituto, "rasgado, suado, a todo vapor", mais sutil ao evitar menção a safadeza e a cobertor, ficou tão bom que, mesmo depois de extinto o departamento de censura, continuou a ser cantado por Chico em suas interpretações do tema, em alternância com o trecho original, censurado.

A principal argumentação do eu da canção para que seu interlocutor ceda ao apelo para o pecado carnal está no fato de que, no Brasil, faz-se sacanagem impunemente. A suruba aparece como símbolo para a falência das instituições brasileiras. No contexto da peça, a simbologia se reforça pela implicação de que este não é um país sério desde o século XVII. Toda a canção se apresenta, numa imagem de grande poder de síntese por parte dos autores, como grande "lição de esculacho".

A letra segue mencionando a prostituição entre os pratos típicos do Brasil, em descrição bastante gráfica do ato sexual.

> Deixa a tristeza pra lá, vem comer, me jantar
> Sarapatel, caruru, tucupi, tacacá
> Vê se me usa, me abusa, lambuza
> [...]
> Vê se me esgota, me bota na mesa
> Que a tua holandesa
> Não pode esperar

As aliterações ("tucupi, tacacá") e rimas internas na voz do eu da canção mostram uma personagem articulada, tornando mais chocante a exibição de seu ofício: Ana não é prostituta por coitadinha sem opção na vida, mas sim porque mergulhar na safadeza é o mais adequado para o ambiente em que se encontra, o Brasil.

A canção teve seu registro original no álbum *Chico canta* (1973), a trilha sonora da interditada peça *Calabar*, sem muita repercussão. Na gravação de Ney Matogrosso para o álbum *Feitiço* (1978), teve seu foco para apreciação trocado. Se no registro de Chico Buarque, em frevo acelerado, a canção transmitia a sensação predominante de deboche, ou do "esculacho" mencionado na letra, na versão de Ney se desacelera o andamento e se transforma o frevo numa canção *disco*, exatamente o gênero musical bombando nas paradas de sucesso da época; o resultado é a passagem do escárnio para uma celebração hedonista sem culpa. Em seu canto de registro agudíssimo para uma voz masculina, Ney transmite a sensação de que *realmente* não há pecado no sexo livre, e isso se mostra como bom.

A batida repetitiva do gênero *disco* já é por si só bastante sexualmente sugestiva. No contexto de abertura "lenta, gradual e segura" do fim da década de 1970 no Brasil, o tema pôde perder um pouco seu caráter político e se mostrar de fato como um convite a uma festa permissiva. Há no fonograma duas passagens majoritariamente instrumentais em que, somadas, Ney fica por um minuto e quarenta e cinco segundos participando apenas com a emissão de gritos, gemidos e pedidos de "vem", em simulação orgástica.

O carisma quase mágico de Ney já havia feito com que, na época de seu grupo Secos e Molhados, fosse conquistado um público amplo, incluindo avós e crianças, mesmo com suas performances rebolativas em pouca roupa. Cinco anos depois, apesar de toda a carga sexual reforçada por Ney — ou seria justamente por causa dela? —, o cantor conseguia mais um *hit*, levando "Não existe pecado ao sul do equador" ao posto de uma das 10 canções mais executadas do ano.

A faixa serviu de abertura para a novela global *Pecado rasgado* (1978), de título retirado de sua letra, e gerou um hilário clipe em que Ney rebola ao lado do grupo Os Trapalhões.

Manuscrito da letra de "Cálice", de Gilberto Gil e Chico Buarque.

CÁLICE

(Gilberto Gil/Chico Buarque, 1973)
Na gravação de Milton Nascimento e Chico Buarque para o álbum *Chico Buarque* (1978)

A Phonogram promoveu, em maio de 1973, um evento cuja ideia central era o encontro de artistas de seu elenco para apresentações conjuntas. Batizado de *Phono 73*, o festival rendeu duplas inusitadas, como Caetano Veloso e Odair José. Para Chico Buarque e Gilberto Gil, foi atribuída a missão de compor e apresentar uma canção inédita. Dessa encomenda, surgiu "Cálice".

No dia do show, no entanto, a dupla recebeu a notícia de que a canção havia sido censurada. Como desobediência cívica, resolveram interpretá-la mesmo assim, apenas pronunciando a palavra "cálice" junto a sílabas sem sentido e a termos desconexos como "arroz à grega". Ainda assim, Chico viu os microfones do palco sendo cortados um a um — não se sabe ao certo se por ação de fiscais do governo ou por funcionários da própria gravadora.

A canção só seria liberada cinco anos depois, quando entrou no álbum simplesmente chamado *Chico Buarque* (1978), também conhecido como "disco da samambaia", em dueto de Chico com Milton Nascimento. Em ano de muita exposição para suas canções, "Cálice", ao lado de "Não existe pecado ao sul do equador", na voz de Ney Matogrosso, e de "Folhetim", interpretada por Gal Costa, integrou a trinca de composições de autoria de Chico que ficou entre as 20 mais executadas em 1978.

Foi de Gil a primeira ideia. Inspirado pelo fato de estarem na Semana Santa, levou para o encontro de composição, na casa de Chico, o refrão já musicado ("Pai, afasta de mim esse cálice/ De vinho tinto de sangue"), com o primeiro verso repetido duas vezes em frases melódicas cada vez mais agudas, para intensificar o sentimento de agonia. Também já estavam prontos oito versos decassílabos, ainda por ganhar melodia. A intenção de Gil era que, ao aludir-se ao cálice da simbologia cristã, representativo do sofrimento físico e espiritual de Jesus Cristo, fosse trazida à tona a tortura, impingida a Cristo na Via-Crúcis, mas também a adversários da ditadura militar então vigente.

Ao ouvir o trabalho de Gil, Chico notou o que até então vinha passando despercebido pelo próprio parceiro: cálice também poderia ser entendido como "cale-se". Assim, a canção invocava um pedido de proteção a Deus, tanto em relação à violência do governo quanto a seu aparato de censura. A ambiguidade de "cálice", porém, devia estar presente no subconsciente de Gil, pois a primeira estrofe da canção, composta por ele, já mencionava a imposição do silêncio.

> Como beber dessa bebida amarga
> Tragar a dor, engolir a labuta
> Mesmo calada a boca, resta o peito
> Silêncio na cidade não se escuta
> De que me vale ser filho da santa
> Melhor seria ser filho da outra
> Outra realidade menos morta
> Tanta mentira, tanta força bruta

Num contexto em que se é obrigado a aturar amargura, dor, mentira, força bruta e supressão das liberdades, aparece a informação de que "resta o peito", do qual se entende o coração, órgão por sua vez associado ao sentimento. A ideia de "silêncio na cidade não se escuta" era a de que a censura resultava inútil, porque seria impossível conter a revolta internalizada em cada cidadão. Numa quebra espirituosa das rimas perfeitas em "uta" nos versos pares, Gil escreve "filho da outra", um eufemismo para a noção de que, no panorama aterrador do Brasil de então, melhor seria ser filho da puta.

A partir desse primeiro material, os dois trabalharam juntos musicando os decassílabos trazidos por Gil, em melodia que seria repetida nas outras estrofes do tema, intercaladas com o refrão. Na gravação para o álbum de 1978, Milton Nascimento canta a parte da letra composta por Gil, enquanto Chico interpreta seus próprios versos. Sabendo desse fato, é curioso notar a diferença de estilo formal entre os dois compositores: enquanto Gil compõe seu rimário de maneira mais livre, Chico obedece a um rígido esquema abbacddc para as rimas nas suas estrofes de oito decassílabos.

Depois do pontapé inicial de Gil, com sua intenção subjacente desvendada por Chico, os parceiros compuseram os demais versos carregados de imagens figuradas, em relação aos quais Chico, zombeteiro, afirma nem ele mesmo saber o que quis dizer. Todo o restante da letra carrega, no entanto, a ideia da inevitabilidade da insurreição ante a tirania do silêncio forçado.

O arranjo de Magro traz ainda mais camadas de significado ao tema. A canção se inicia apenas com vozes em coro, lembrando o canto litúrgico; conforme se desenvolve, com versos ganhando contundência ("Quero lançar um grito desumano", "Ver emergir o monstro da lagoa", "De muito gorda, a porca já não anda", "Mesmo calado o peito, resta a cuca/ Dos bêbados do centro da cidade"), entra progressivamente a instrumentação de violão, baixo, bateria, piano e guitarra distorcida.

No desfecho, voltam a restar apenas vozes, e os versos, cada vez mais agressivos ("Quero cheirar fumaça de óleo diesel") são entremeados por gritos de "cale-se!". Os cantores enfim se calam, e resta o silêncio atordoante.

LP com a trilha sonora do filme *Joana francesa*, de 1973, estrelado por Jeanne Moreau.

JOANA FRANCESA

(Chico Buarque, 1973)
Na gravação de Jeanne Moreau para o álbum com a trilha sonora do filme *Joana francesa* (1973)

A maneira com que Chico Buarque explora a sexualidade em suas letras de primeira pessoa feminina traz marca estética distintiva e original. Há uma quebra de paradigma em relação às mulheres do antigo cancioneiro do Brasil, comumente exibidas esperando passivas por seus homens.

O lamento pelo abandono não costumava passar pela ausência de contato físico, estando mais relacionado a um casto protesto pela falta da troca de cuidados: nessa representação, ocupava a mulher, na relação amorosa, o papel alternado de mãe e filha. Para o letrista antigo (em quase todas as ocasiões um homem), a situação mais confortável para retratar uma mulher em primeira pessoa, nas raras vezes em que essa situação se apresentava, era a de mostrar uma personagem queixosa por não ser provida (de afetos e de confortos materiais) e por não ter a quem dar sua atenção.

A lírica feminina de Chico Buarque também se distingue das canções anteriores nas quais a sexualidade da mulher já aparecia claramente como tema a explorar, mas geralmente em tom malicioso, relacionada à ambientação boêmia, a trocadilhos e a um tom geral de chiste ("Zizinha", "Como 'vais' você", "Mamãe eu quero", "Escandalosa" etc.). Nas canções de Chico, o desejo sexual feminino aparece de maneira bastante clara, frequentemente crua, e sem dar motivos para risadinhas de homens facilmente excitáveis.

Boa parte do que famosamente se atribui à abstrata capacidade da compreensão da alma feminina por Chico Buarque pode ser ligada a uma característica pontual, mas muito inovadora para a canção brasileira: sua disposição recorrente dos desejos sexuais femininos como integrantes de um pacote de carências, confundindo-se com sentimentos os mais puros e ternos. A típica mulher buarqueana ainda sofre por seu homem, por ele se mostra vulnerável e não raro dele se mostra dependente; mas além de ser cuidada e de cuidar, além de desejar segurança e afeto, ela precisa estar satisfeita sexualmente e tem consciência disso, exprimindo essa necessidade e cobrando seu homem quanto a ela.

No cancioneiro do Brasil, a explicitação da sexualidade feminina passou a não estar mais associada exclusivamente às damas assíduas em bares e cabarés; as mulheres cheias de tesão, reprimido ou não, nas letras de Chico podiam ser qualquer uma das boas esposas ou filhas dos ouvintes masculinos — daí vêm tanto seu potencial de afronta quanto muito do entusiasmo com que essas canções foram recebidas pela audiência feminina.

"Joana francesa", canção escrita por Chico para o filme homônimo de Cacá Diegues (1973), apresenta-se como mais um dos temas do compositor em que o instinto maternal em relação ao homem amado e o desejo sexual tratado com naturalidade aparecem de maneira indissociável. A um meigo "Vem molhar meu colo/ Vou te consolar" se segue "Vem, mulato mole/ Dançar dans mes bras [em meus braços]", no qual o dançar aparece como símbolo do encontro sexual.

É verdade que, no filme, a personagem de Joana, interpretada por Jeanne Moreau, é a proprietária de um prostíbulo — uma protagonista que se adequa à tradição do interesse de Chico por figuras à margem da sociedade, como uma dona de bordel aqui cantando um enlace amoroso com um homem mulato na década de 1930 —, mas tal informação não se apresenta para quem ouve a canção desvinculada de seu contexto dramático, permitindo-se uma identificação mais próxima e ampla com o público feminino.

A canção mistura francês e português, gerando rimas entre as duas línguas ("vou te consolar" com "dans mes bras", entre outras) e trechos nos quais os fonemas cantados podem ser entendidos tanto em português quanto em francês ("d'accord" [tudo bem] ou "acorda", "o mar me arrebatou" ou "o mar, marée, bateau [maré, barco]"). Esse último recurso, anos depois, foi extensamente explorado por Paulo César Pinheiro em "Nonsense", canção de sua parceria com Guinga.

No começo da letra de "Joana francesa", a referência algo obscura a "morrer demais" pode ser mais bem compreendida ao se lembrar da expressão francesa "la petite mort" [a pequena morte], ligada ao período refratário pós-orgasmo. Assim, os versos aludem a um gozo sexual demasiadamente intenso, o que se confirma em "Geme de loucura e de torpor".

Tu ris, tu mens trop [Você ri, você mente demais]
Tu pleures, tu meurs trop [Você chora, você morre demais]
Tu as le tropique [Você tem o trópico]
Dans le sang et sur la peau [No sangue e na pele]
Geme de loucura e de torpor
Já é madrugada
Acorda, acorda, acorda, acorda, acorda

Formalmente, "Joana francesa" é uma valsa em modelo AABA, com sofisticada modulação na parte B, numa das mais belas músicas para canção compostas por Chico. As frases melódicas que ascendem e descendem remetem ao movimento do mar, recurso anteriormente explorado, entre outros compositores, por Dorival Caymmi, em "O mar", e por Claude Debussy — não por acaso um artista francês —, em "La mer".

Curiosamente, percebe-se em "Joana francesa" a contradição de uma canção de ninar em que se pede à pessoa para quem se canta que fique acordada — e aqui há uma semelhança inusitada com "Stay awake", da trilha sonora do filme *Mary Poppins* (1964). A temática paradoxal, no entanto, casa-se perfeitamente com a "loucura" e o "prazer" convivendo com a "preguiça" e o "torpor" na letra. Num só tempo, deseja-se o repouso do sono e o ardor do sexo, para a conjugação plena entre dois amantes.

FLOR DA IDADE

(Chico Buarque, 1973)
Na gravação do álbum *Chico Buarque & Maria Bethânia ao vivo* (1975)

Afirmações taxativas e rankings envolvendo a assim chamada MPB são sempre problemáticos, dando margem a polêmicas; afinal, preferências particulares não podem ser desprezadas, e ninguém conhece todos os títulos do cancioneiro de um país. No que diz respeito, no entanto, a "Flor da idade" — composta para o filme *Vai trabalhar, vagabundo* (1973), de Hugo Carvana, e depois reaproveitada na peça *Gota d'água* (1975), parceria de Chico com Paulo Pontes —, este pesquisador, até prova em contrário, sustenta a sentença: trata-se da maior demonstração de virtuosismo no emprego de figuras de sonoridade da história da canção brasileira.

Lamenta-se que "Flor da idade" só tenha sido registrada em estúdio por Chico na trilha sonora do filme de Carvana, mas em álbum só apareça na voz do compositor em versões ao vivo, sendo a mais satisfatória a de *Chico Buarque & Maria Bethânia ao vivo* (1975), com arranjo do Terra Trio e do maestro Gaya. Na gravação para esse álbum, a valsa ligeira é adornada com uma orquestra inteira de cordas, madeiras e metais acompanhando a instrumentação de base com percussão, contrabaixo e violão.

A melodia vocal é composta com muitas notas repetidas, ressaltando-se a própria musicalidade das palavras, que se apresentam num festival de assonâncias, aliterações, paronomásias e rimas internas.

> A gente faz hora, faz fila na vila do meio-dia
> Pra ver Maria
> A gente almoça e só se coça e se roça e só se vicia

A recorrência das figuras de sonoridade torna certas passagens de difícil reprodução, mas o bom cantor Chico Buarque as diz com naturalidade e dicção perfeita. E ainda mais espantoso é perceber que "Flor da idade" está muito distante de um exercício no estilo "três pratos de trigo para três tigres tristes" — se fosse, já haveria méritos pela extensão do trava-línguas. Toda a canção, no plano do conteúdo, trata coesamente dos primeiros contatos com o amor em suas diferentes acepções, e das sensações conflitantes trazidas por essa descoberta.

Em toda uma letra de espantosa habilidade no manejo da música intrínseca às palavras, destacam-se o verso "Despudorada, dada, à danada agrada andar seminua" e a estrutura que encerra cada uma das três primeiras estrofes: nela, o primeiro amor aparece descrito com imagens em paronomásia, sendo que as palavras dispostas se distinguem sempre apenas pela adição de um "r" entre as letras: "Ai, a primeira festa, a primeira fresta, o primeiro amor" (e aqui o "r" acrescido abre justamente uma fresta na palavra "festa"!); "Ai, o primeiro copo, o primeiro corpo, o primeiro amor"; "Ai, a primeira dama, o primeiro drama, o primeiro amor".

A quarta estrofe da letra é a única que aparece com uma seção musical distinta, mas sempre se mantendo o padrão de muitas notas repetidas para a valorização da mensagem — no geral, quanto mais angulosa a melodia, mais há a possibilidade de distração do ouvinte em relação ao conteúdo da letra. A instrumentação aparece com a dinâmica em crescendo, para um final grandioso com letra remetendo ao canônico poema "Quadrilha", de Carlos Drummond de Andrade.

Na recriação de Chico, vê-se uma ampla gama de resultados possíveis para o tema da descoberta do amor, que havia sido até então trabalhado na letra.

>   Carlos amava Dora que amava Lia que amava Léa
>   [que amava Paulo que amava Juca que amava Dora
>   [que amava
>   Carlos amava Dora que amava Rita que amava Dito
>   [que amava Rita que amava Dito que amava Rita
>   [que amava
>   Carlos amava Dora que amava Pedro que amava tanto
>   [que amava a filha que amava Carlos que amava Dora
>   [que amava toda a quadrilha

Além do amor não correspondido constante do poema de Drummond, aqui se apresentam: o amor homossexual ("Dora que amava Lia que amava Léa", "Paulo que amava Juca"); o amor monogâmico ("Rita que amava Dito que amava Rita que amava Dito"); o amor intransitivo, em nova referência literária, desta vez ao romance de Mário de Andrade

phonogram
COMPANHIA BRASILEIRA DE DISCOS PHONOGRAM
J. C. MÜLLER CHAVES
SECRETÁRIO GERAL

Rio de Janeiro, 27 de junho de 1975.

Ilmº Sr.
Dr. Rogperio Nunes
MD Diretor da Divisão de Censura de
Diversões Públicas do
Departamento de Polícia Federal

FICHADO
S. A. DCDP

Senhor Diretor:

A COMPANHIA BRASILEIRA DE DISCOS PHONOGRAM, com sede nesta cidade do Rio de Janeiro, à Av. Rio Branco 311, 4º andar, por seu Secretário Geral que esta subscreve, e considerando a conversação telefônica havida entre o signatário desta e V.S.a, na qual V.S.a manifestou admitir o reéxame do texto poético de "FLOR DA IDADE", com vistas a sua liberação para gravação, vem requerer a mencionada liberação, anexando uma cópia da gravação feita ao vivo, no "show" do Canecão, e que é a que será utilizada no disco, anexando três exemplares do texto poético e, finalmente, cópia de esclarecimento feito pelo próprio autor - Francisco Buarque de Hollanda - a respeito de sua composição.

Confiante no deferimento do pleiteado a Requerente aproveita o ensejo para reiterar seus protestos de alto apreço e consideração.

Atenciosamente,

J.C. Müller Chaves

Rio, 13 de abril de 1975

Caro João Carlos

Um pequeno esclarecimento sobre a minha canção "Flor da Idade" talvez lhe seja útil junto à Censura. Como sabemos, a interdição da música se deve ao seu trecho final, o da quadrilha. Cabe explicar o seguinte: "Flor da Idade" foi composta, e liberada, para o filme "Vai trabalhar, vagabundo" e ilustra uma cena em que o protagonista, xpxpx após longa ausência, vai ao encontro de seus parentes e amigos de infância. A canção ainda volta no encerramento do filme, quando todas as personagens, homens, mulheres, velhos e crianças tomam um bonde e se despedem do público. Pensei num tema muito alegre e ao mesmo tempo nostálgico da infância e da adolescência, da flor da idade. Foi assim que recorri à famosa "Quadrilha", de Carlos Drummond de Andrade":

João amava Teresa que amava Raimundo
que amava Maria que amava Joaquim que amava Lili
que não amava ninguém.
João foi para os Estados Unidos. Teresa para o convento,
Raimundo morreu de desastre. Maria ficou para tia,
Joaquim suicidou-se e Lili casou com J. Pinto Fernandes
que não tinha entrado na história.

Parafraseando o poeta, troquei os nomes das personagens sem me preocupar com a formação de casais menino/menina, pois não se tratava de namoro, mas de uma cena de confraternização geral, uma festa ingênua numa vila de subúrbio carioca. Portanto, jamais imaginei que se pudesse encontrar referências a homossexualismo ou incesto (Pedro amava a filha) naqueles versos. Como também não vejo nenhuma conotação sexual na quadrilha de Drummond. Indo mais longe, consultei o completíssimo dicionário Caldas Aulete, onde o verbete "amar" (14 linhas) não traz qualquer alusão a sexo (há sexo em "fazer amor", mas nem "fazer amor" existe de fato em nosso idioma; é galicismo). No Caldas Aulete vemos "amar" como "sentir amor ou ternura por, ter afeição, dedicação, devoção, ou querer bem a: Amar os filhos. Amar a pátria. Amar a Deus", etc.

Como eu amo particularmente esta canção, amaria que você tentasse mais uma vez sua liberação. Um abraço,

Chico Buarque

P.S. Transcrevo o trecho final de "Flor da Idade":
Carlos amava Dora que amava Lia que amava Léa que amava Paulo
que amava Juca que amava Dora que amava
Carlos amava Dora que amava Rita que amava Dito que amava Rita
que amava Dito que amava Rita que amava
Carlos amava Dora que amava tanto que amava Pedro que amava a
filha que amava Carlos que amava Dora que amava toda a quadrilha

Requerimento da gravadora Phonogram e de Chico Buarque
para que a censura liberasse a canção "Flor da idade".

("Dora que amava", "Rita que amava"); o amor filial com insinuação de incesto ("Pedro que amava tanto que amava a filha"); o amor completamente livre ("Dora que amava toda a quadrilha").

É claro que a censura não veria graça em tanto amor assim, mas Chico buscou o dicionário para provar que "amor" não necessariamente está ligado a erotismo.

ACORDA, AMOR

(Leonel Paiva/Julinho da Adelaide, 1974)
Na gravação do álbum *Sinal fechado* (1974)

Chico Buarque fez a censura passar vexame no episódio da interdição de "Apesar de você", que só veio quando a canção já havia vendido 100 mil cópias. Como consequência, Chico passou a sofrer marcação cerrada. Depois da peça *Calabar* (1973), a situação se tornou insustentável: duas em cada três canções apresentadas ao governo eram proibidas. Mesmo naquelas de mais puro lirismo, sem nenhuma sombra de conteúdo político, como em "Atrás da porta", o governo achava algum trecho para vetar.

A solução de Chico para conseguir dar sequência a sua carreira foi gravar um álbum apenas interpretando canções de outros compositores, com o sugestivo título de *Sinal fechado* (1974). No repertório, conviviam números de colegas de geração (Caetano Veloso, Gilberto Gil, Toquinho, Paulinho da Viola, Walter Franco), de nomes ligados à bossa nova (Tom Jobim, Vinicius de Moraes) e de antigos mestres da canção brasileira (Noel Rosa, Nelson Cavaquinho, Jackson do Pandeiro, Geraldo Pereira, Dorival Caymmi). De quebra, apresentava-se uma dupla de novos compositores, Leonel Paiva e Julinho da Adelaide.

Estes eram apenas personagens fictícios criados por Chico para testar a hipótese de que, sem ser encimadas com o nome Chico Buarque para acender o alerta vermelho na censura, as letras não mereceriam tanta atenção do governo, e até conteúdo crítico quem sabe pudesse passar. A estratégia deu certo, e "Acorda, amor" foi aprovada, abrindo espaço para outras composições da lavra de Julinho: "Jorge Maravilha" e "Milagre brasileiro".

Chico chegou ao requinte de entrar na pele do personagem para conceder entrevista ao jornal *Última Hora*. Entre outras passagens espantosas, Julinho tecia elogios à censura, demonstrava ciúme em relação a Chico Buarque e dizia não querer aparecer em fotografias, pois tinha uma cicatriz ganha quando recebeu na cabeça um pedaço do violão que Sér-

Frente e verso da capa do LP *Sinal fechado*, de 1974, em que Chico Buarque interpreta outros compositores, incluindo Julinho da Adelaide, pseudônimo que ele criou para driblar a censura.

gio Ricardo havia lançado à plateia no festival de 1967. Seu meio-irmão Leonel Paiva não seria um real compositor, apenas entrando na parceria por consideração familiar.

A farsa acabou em 1975, quando o *Jornal do Brasil* desmascarou o personagem em reportagem sobre a censura, deixando Julinho apenas com três canções no currículo e humilhando o governo. Como consequência, a Polícia Federal passou a exigir que fossem anexados números de CPF e RG nas canções submetidas para apreciação.

No contexto da época, é mesmo impressionante que uma canção com o conteúdo de "Acorda, amor" tenha conseguido ser aprovada sem restrições, para tornar-se sucesso radiofônico. Musicalmente, o samba se apresenta numa harmonia simples, condizente com o nulo treinamento formal do personagem Julinho, crescido nas favelas do Rio de Janeiro — mas ironicamente está no formato AABA, típico da canção norte-americana. A melodia traz contratempos e síncopes remetendo ao estilo de Geraldo Pereira, outro consagrado sambista do morro.

A letra apresenta um personagem acordando a mulher para contar-lhe um pesadelo que, logo depois, mostra-se realidade.

> Acorda, amor
> Eu tive um pesadelo agora
> Sonhei que tinha gente lá fora
> Batendo no portão, que aflição
> [...]
>
> Acorda, amor
> Não é mais pesadelo nada
> Tem gente já no vão da escada
> Fazendo confusão, que aflição

A polícia obviamente aparece como o elemento invasor, remetendo ao episódio vivido pelo próprio Chico em dezembro de 1968. Ela, no entanto, jamais é nomeada na canção, aparecendo elementos alusivos como "a dura", "muito escura viatura" e "os homens". Também há o som de uma sirene no arranjo de Perinho Albuquerque, numa rara aparição na discografia de Chico Buarque, geralmente mais conservador na edição de suas faixas, daquilo que Sérgio Molina chama de "música de montagem" — processos de sobreposições, fusões, cortes e colagens não passíveis de transcrição em partitura.

Numa circunstância em que a polícia, a instituição supostamente encarregada da defesa do cidadão, aparece como entidade ameaçadora, resta o recurso irônico do refrão, "Chame o ladrão". E havendo cada vez mais violência estatal, qualquer um está sujeito a ser vítima: "Não demora/ Dia desses chega a sua hora". A letra vai ainda além, com referência ao desaparecimento e ao assassinato dos adversários políticos da ditadura.

> Se eu demorar uns meses
> Convém, às vezes, você sofrer
> Mas depois de um ano eu não vindo
> Ponha a roupa de domingo
> E pode me esquecer

E mesmo com tanta contundência, só porque não levava a assinatura de Chico Buarque, a canção pôde ser divulgada como sarcástico protesto contra as arbitrariedades do regime militar.

GOTA D'ÁGUA

(Chico Buarque, 1975)
Na gravação de Simone para o álbum *Gotas d'água* (1975)

Depois de *Roda viva* (1968) e *Calabar* (1973), a terceira incursão de Chico Buarque pela dramaturgia foi *Gota d'água*, escrita em parceria com Paulo Pontes. Estreada em 1975, com direção de Gianni Ratto, e Bibi Ferreira no papel principal, a peça readapta *Medeia* (431 a.C.), de Eurípedes, para a realidade contemporânea do subúrbio carioca, na forma de um longo poema dialogado em mais de 4 mil versos.

Na história, Joana vê seu marido (sem "papel passado"), o sambista Jasão, trocá-la por Alma, filha de um rico empresário. Como vingança, decide matar os filhos que teve com Jasão, para proporcionar-lhe a maior dor imaginável — não reclamem: depois de quase 2.500 anos desde o lançamento da história original, deixa de ser *spoiler*. A adaptação brasileira ainda coloca a protagonista sob luz um pouco menos desfavorável, fazendo Joana se matar depois de assassinar os filhos, ao passo que no original grego Medeia fica viva para ver o sofrimento de Jasão.

Para Chico, o sucesso de público e crítica da peça está relacionado à ambientação numa vila de classe média baixa, com teor crítico à concentração de renda do capitalismo, justamente num momento para o Brasil em que começava a fazer água o "milagre econômico" propagandeado pela ditadura militar.

A peça recebeu a recomendação especial da Associação Paulista de Críticos de Arte e o prêmio Molière de melhor texto teatral de 1975; os autores, no entanto, não compareceram para receber a distinção, pois consideraram a competição injusta num ano em que peças como *Abajur lilás*, de Plínio Marcos, e *Rasga coração*, de Oduvaldo Vianna Filho, foram vetadas pela censura.

"Gota d'água", a canção, aparece na peça como o sucesso radiofônico composto por Jasão, propiciando a ele o começo da ascensão social a se completar pelo casamento com Alma. Ironicamente, no próprio samba que compôs está enraizada sua ruína, podendo a letra servir como aviso ameaçador de Joana sobre as consequências vindouras se viesse a ser mesmo trocada por outra mulher, bem posicionada socialmente.

> Deixa em paz meu coração
> Que ele é um pote até aqui de mágoa
> E qualquer desatenção, faça não
> Pode ser a gota d'água

A letra pode ser apreciada em pelo menos três camadas de assimilação distintas: mais imediatamente, no contexto da peça; depois, na situação por que passava o Brasil na época da criação do drama, "Gota d'água" pode ser vista como aviso aos detentores do poder de que o governo militar estava prestes a cair (como de fato aconteceria dez anos depois), pois seria insustentável o acúmulo incessante de atrocidades perpetradas pela ditadura; em panorama mais amplo e atemporal, os versos servem como aviso da iminência do fim da passividade para qualquer um que esteja com o coração como "um pote até aqui de mágoa".

Assim, a canção mantém sua relevância mesmo desvinculada de ambiente dramático e da época de um regime de exceção, tendo múltiplas regravações no decorrer dos anos, inclusive uma recente do próprio autor Chico Buarque, para o álbum *Caravanas ao vivo* (2018).

Como convém a uma ameaça, o texto de "Gota d'água" é curto: se os versos se alongassem demais, o alerta soaria como blá-blá-blá de quem ladra, mas não morde. Disposta de maneira concisa, a conversa se mostra de fato assustadora. Primeiramente são mencionados os sacrifícios que o eu da canção já fez: a doação de seu corpo e sua alegria, o estancamento de seu sangue fervente; depois, pede-se ao interlocutor que atente para os elementos a denunciar a situação intolerável: a voz desgastada e a veia saltante, faltando pouco para que a história termine mal; por fim, há a ordem direta para que o eu da canção tenha seu coração deixado em paz, pois agora o mínimo gesto de desatenção será fatal. É tudo o que basta.

A interpretação mais célebre de "Gota d'água" é a de Simone, ainda em 1975, com acompanhamento instrumental e vocal da turma relacionada ao Clube da Esquina (Milton Nascimento, Wagner Tiso, Toninho Horta, Nivaldo Ornelas e Novelli). A repetição do verso final, "Pode ser a gota d'água", em gradação crescente de altura e com nota alongada no desfecho, passa a impressão ao ouvinte de que o condicional "pode ser" é apenas retórico, pois a insurreição já está consumada.

Gianni Ratto   *Luciano Luciani*   *Dori Caymmi*   *Walter Bacci*

CASA GRANDE apresenta

BIBI FERREIRA

Oswaldo Loureiro   Luiz Linhares   Roberto Bomfim

em

GOTA D'ÁGUA

de

PAULO PONTES   CHICO BUARQUE

com

Bete Mendes . Carlos Leite

Sonia Oiticica

Isolda / Norma / Roberto / Selma / Isaac / Angelito / Maria / Geraldo
Cresta / Suely / Roney / Lopes / Bardavid / Melo / Alves / Rosa

Guardas   Ari de Oliveira – Alexandre de Almeida
Crianças   Artur Luiz – Ana Maria
Grupo de Dança – Romario Pulcheri – Abdalla Helayel – Célia Maracajá – Monica Chaves – Carlos Moreira – Lysander Barbosa – Maria Topolovszk – Zeca Machado – Deley Gazinnelli – Petty Marciano
Orquestra – Joca Moraes – Luizão Paiva – Foguete – Guilherme Dias Gomes – Zé Nogueira – Henrique Autran – Vital Farias.

Coreografia   Luciano Luciani
Direção Musical   Dori Caymmi
Cen. e Figs.   Walter Bacci

(Artista exclusiva da Rede Globo de Televisão)   Direção Geral GIANNI RATTO

Grupo de dança – Petty, Carlos, Maria, Zeca, Romário, Mônica, Lysander, Abdalla, Célia e Deley   Orquestra: Vital, Foguete, Luizão, Joca, Henrique, Zé e Guilherme

Programa da peça *Gota d'água*, de Chico Buarque e Paulo Pontes, que estreou no Teatro Tereza Rachel no Rio de Janeiro em 26/12/1975 e se manteve em cartaz por várias temporadas.

Frente e verso da capa do LP *Gota d'água*, de 1977, com as músicas da peça interpretadas por Bibi Ferreira.

SEM AÇÚCAR

(Chico Buarque, 1975)
Na gravação de Chico Buarque e Maria Bethânia para o álbum
Chico Buarque & Maria Bethânia ao vivo (1975)

"Sem açúcar" foi composta especialmente por Chico Buarque para a interpretação de Maria Bethânia na temporada de shows que os dois realizaram em conjunto em 1975. Assim, a gravação original do tema vem do álbum *Chico Buarque & Maria Bethânia ao vivo*, lançado no mesmo ano, sem haver registro prévio em estúdio. A menor capacidade de apuro técnico na gravação ao vivo não causa prejuízo à faixa, pois a interpretação de Bethânia é definitiva, com o poder e a dramaticidade de sua voz transmitindo todo o amargor indicado no título da canção.

No álbum, a canção antecede "Com açúcar, com afeto", deixando ainda mais explícito o fato de que a primeira é uma espécie de releitura violenta da segunda. Em ambas, temos a figura da mulher resignada ante o comportamento reprovável do homem, mas em "Sem açúcar" não há qualquer ternura nos versos, como se o eu feminino da canção estivesse embrutecido pelos anos de tratamento objetificante.

Além de aludir a "Com açúcar, com afeto", "Sem açúcar" também tem intertextualidade com "Cotidiano", servindo como o contraponto feminino desta. O motivo melódico de "Cotidiano" aparece repetido à exaustão por uma flauta no arranjo de "Sem açúcar", para não deixar dúvidas ao ouvinte sobre o parentesco entre as canções. Checando o primeiro verso das duas, nota-se logo o contraste: se na canção de eu masculino vem a queixa de que "Todo dia ela faz tudo sempre igual", na letra feminina a constatação é de que "Todo dia ele faz diferente".

Enquanto em "Cotidiano" há um motivo renitente de três notas, "Sem açúcar" tem desenvolvimento melódico mais imprevisível, como convém a uma canção sobre comportamento errante. A inconstância do antagonista masculino é a única constância apontada na letra; para acompanhar esse fato, a canção se desenvolve num formato AAA, sempre com versos de rimas cruzadas — havendo, portanto, tanto na música como na letra, uma apresentação reiterada de elementos que, por si sós, são inesperados. Todos os versos da canção têm oito sílabas poéticas, com exceção do verso inicial, que não por acaso é "Todo dia ele faz diferente", de nove sílabas poéticas.

A divisão de Maria Bethânia para a melodia é cheia de pausas, inclusive no interior de cada verso, pois o que se quer destacar é a brutalidade da situação retratada; já em "Cotidiano" há frases longas e ligadas, para realçar a sensação de pasmaceira.

A mulher apresentada em "Sem açúcar" se mostra tão vulnerável e maltratada que se torna ainda mais absurdo, lembrando as críticas recentes a "Com açúcar, com afeto", julgar a canção como evidenciadora do machismo de Chico Buarque (felizmente isso ainda não ocorreu, pelo menos não com repercussão midiática). Há homens que, sim, dispensam a suas mulheres o tratamento retratado na canção, mas eles não se orgulham disso fazendo canções em primeira pessoa feminina, ainda mais com vocabulário tão violento.

E é justamente por existirem esses homens — antes da canção, na época de sua feitura e hoje, 50 anos depois — que a criação de Chico permanece relevante como exposição crítica do desequilíbrio de poder nas relações conjugais entre homem e mulher, milenarmente verificável e ainda presente. Nas palavras de Adélia Bezerra de Meneses, a canção "vale por um tratado sobre a condição feminina sob a sociedade patriarcal". Note-se, quem o diz é uma mulher, professora da USP.

> Dia útil ele me bate
> Dia santo ele me alisa
> Longe dele eu tremo de amor
> Na presença dele me calo
> Eu de dia sou sua flor
> Eu de noite sou seu cavalo

O eu da canção não tem nenhuma certeza em relação ao homem por quem espera: ele pode voltar da rua ou não; dar à mulher presentes, beijos e chocolates, ou a cobrir de porrada. Se em "Dia útil ele me bate/ Dia santo ele me alisa", fica evidente, porém, que os dias de maus-tratos são mais recorrentes do que os dias de carinho, um carinho muito particular no qual o homem nada compartilha ("Sua boca é um cadeado"), impõe o silêncio da mulher para o cumprimento das vontades masculinas, revela-se assustador e faz do consumo de álcool algo sagrado. Ainda assim, a mulher treme de amor em sua ausência, pois cativa e incapaz de imaginar-se em situação melhor.

Há contradição aparente entre "Eu de noite sou seu cavalo" (o que se pode imaginar da metáfora é que o homem monta na mulher) e "E meu corpo é uma fogueira/ Enquanto ele dorme pesado/ Eu rolo sozinha na esteira": numa hora parece haver entre o casal relações sexuais constantes, noutra a mulher parece se ressentir da falta dessas relações. Mas recorrendo novamente a Meneses, não há diferença entre as duas imagens, com "tudo convergindo para 'Ele nem me adivinha os desejos'. A vida da mulher é reativa às atitudes masculinas, é toda aferida aos atos do homem, num leque que se abre da privação ao acúmulo — dependente, exclusivamente, da soberana vontade do macho".

PASSAREDO

(Francis Hime/Chico Buarque, 1975)
Na gravação para o álbum *Meus caros amigos* (1976)

Depois de escreverem juntos "Atrás da porta" e "Valsa rancho", a parceria entre Francis Hime e Chico Buarque engrenou de vez na composição da trilha para o filme *A noiva da cidade* (1978), de Alex Viany. Para a película, os dois compuseram entre 1975 e 1976 a faixa-título, "Desembolada", "Passaredo" e "Quadrilha" — infelizmente, com os percalços de produção no Brasil para uma arte custosa como o cinema, o filme só estreou anos depois, quando suas canções já haviam ganhado o mundo.

É comum, mesmo entre cancionistas de primeiro time, quando apresentados a uma música para letrar, acrescentar ou suprimir uma notinha ou outra, mudar figuras de tempo para ajuste da prosódia... Como Francis é testemunha, Chico não faz parte do time, fazendo questão de trabalhar com a melodia exatamente tal qual lhe é apresentada, por mais que a tarefa seja desafiadora.

Impondo-se esse rigor, constantemente as letras sob encomenda demoram para sair. A escrita dos versos em si não costuma tomar tanto tempo, sempre segundo o relato de Francis. Chico, porém, precisa antes de uma ideia central para desenrolar seu trabalho, ideia esta que pode levar muitas audições da música para aparecer, ou simplesmente pode não vir, como ficou sabendo, entre outros potenciais parceiros que ficaram a ver navios, o grande Astor Piazzolla.

Das canções feitas para *A noiva da cidade*, a que se tornou mais famosa foi a toada "Passaredo"; a partir da gravação original do grupo MPB-4, ainda em 1975, incluída na trilha sonora da série infantil *Sítio do pica-pau amarelo* (1977), a canção ganhou múltiplos registros, nos mais distintos arranjos, muitos deles do próprio coautor Francis, que usou o tema para batizar seu segundo álbum solo em 1977.

Francis deixa seus parceiros letristas absolutamente livres para desenvolver seu ofício, não dando nenhum palpite prévio sobre possibilidades de título ou temática. E tudo o que sua música, a princípio, sugeria a Chico era "um clima para passarinho". E aí se ficou durante um bom tempo, até que se conseguiu encaixar numa frase melódica o verso "o homem vem aí". Depois disso, o andamento do trabalho se deu sem muitas dificuldades, estando estabelecido o centro da canção.

> Bico calado
> Toma cuidado
> Que o homem vem aí
> O homem vem aí
> O homem vem aí

"Bico calado" é uma expressão de pedido de silêncio que remete diretamente a pássaros, pelo uso de "bico". Assim, em "Passaredo" há uma ordem para que as aves tomem cuidado com a presença predatória do homem; no contexto da época, porém, também estava cifrado o alerta para as arbitrariedades da ditadura militar, não podendo ser divulgadas certas ideias em público. Mais "uma das ambiguidades geniais de Chico", nas palavras de seu parceiro.

A partir dessa base, foi tratar de elencar aves — com a ajuda de Rubem Braga, "nosso ornitólogo de plantão", Tom Jobim e enciclopédias — de maneira eufônica, e o jogo com a sonoridade das palavras é justamente especialidade de Chico. Junto aos nomes dos pássaros, dispuseram-se termos com a finalidade de espanto ("ei", "oi", "ai", "foge", "vai", "xô", "some", "anda", "te esconde", "voa").

Em entrevista, para programa televisivo, que já entrou para o folclore da canção brasileira, Chico disse "Eu não entendo nada de bicho. Aliás, não gosto de bicho. Pra falar a verdade, eu detesto bicho". Como se deve separar sempre o autor da obra, isso — assim como sua acepção política — não torna "Passaredo" menos relevante como real marco da militância de preservação ecológica no cancioneiro do Brasil.

Musicalmente, em "Passaredo" Francis desenvolve mais uma vez uma célula simples, de apenas cinco notas, com variações de altura e habilidosa condução harmônica. A melodia apresenta desafios para os intérpretes, começando numa sétima maior, algo muito pouco usual, levando a alterações por cantores menos preparados.

Se em sua concepção original a canção já sugeria pássaros, Francis ainda posteriormente escreveu, para a interpretação de Chico no álbum *Meus caros amigos* (1976), toda uma abertura com três flautas que sugere vividamente ao ouvinte uma revoada de aves. Para Guinga, que entende de beleza, a introdução é a mais bonita de todo o cancioneiro do país.

Novamente de maneira incomum, a música não termina na tônica. A repetição do tema de flautas usado na introdução, desta vez sobre acorde menor, somada aos três avisos de "o homem vem aí", proporciona um desfecho soturno para uma canção que se inicia de maneira leve e aérea.

Frente e verso da capa do LP *Chico Buarque & Maria Bethânia ao vivo*, com o show gravado no Canecão, no Rio de Janeiro, em 1975, estampando a letra de "Vai levando", parceria de Chico com Caetano Veloso.

OLHOS NOS OLHOS

(Chico Buarque, 1975)
Na gravação de Maria Bethânia para o álbum *Pássaro proibido* (1976)

Como observa Carlos Rennó, frequentemente Chico gosta de empregar vocábulos raros, colocando na boca dos intérpretes e dos admiradores que cantarolam em casa termos como "gelosia", "miúra", "silentemente" etc. Em "Olhos nos olhos", porém, o samba-canção transcorre todo com palavras e expressões muito simples, incluindo "meu bem", "tantas águas rolaram", um "'cê" no lugar de "você" e até um singelíssimo "quis morrer de ciúme".

Juntando-se a coloquialidade, o apelo universal da temática do amor (mal) superado e a interpretação antológica de Maria Bethânia — logo ao terminar "Olhos nos olhos", Chico achou que tinha a "cara de Bethânia", tornando-se a canção um número de fato quase obrigatório nos shows da artista —, conseguiu-se em 1976 um sucesso de penetração inclusive nas rádios AM, geralmente sem espaço para a assim chamada MPB.

"Olhos nos olhos" — e aqui ele deu à canção o título obviamente sugerido pela letra — tornou-se inclusive mais uma das expressões de Chico tornadas correntes no Brasil, para designar algo como "quando você não puder mais fugir da verdade".

A simplicidade da canção, no entanto, é apenas aparente, estando sujeita a múltiplas camadas de interpretação; o ouvinte pode ser sensibilizado de maneiras distintas, sem que a letra perca a coesão temática. "Olhos nos olhos" é frequentemente associada a uma "volta por cima" narrada por um eu lírico feminino.

> Quando você me quiser rever
> Já vai me encontrar refeita, pode crer
> Olhos nos olhos, quero ver o que você faz
> Ao sentir que sem você eu passo bem demais

Alberto Lima conseguiu um belo achado ao apontar que a protagonista da canção pode ser entendida como a mesma de "Atrás da porta", após ter superado a dor da separação para poder mostrar-se independente e com voz forte e serena para exaltar sua liberdade.

Há de se convir, porém, que se "a dor da separação" tivesse mesmo sido totalmente superada, não haveria a necessidade de dirigir-se ao antigo amante. A personagem, na verdade, parece não estar resolvida quanto aos próprios sentimentos, e usa estratégias de manipulação para que o personagem volte a se relacionar com ela, de alguma forma, pelo menos mais uma vez.

No campo da linguística e da comunicação conhecido como análise do discurso, catalogam-se a tentação, a sedução e a provocação como três das mais comuns estratégias de manipulação. Em "Olhos nos olhos", todas elas são empregadas. Podemos entender "'Cê sabe que a casa é sempre sua, venha sim" como um sedutor "Você é tão bom que merece me ter de novo mesmo depois de me ter deixado", ou como um tentador "Se você vier, não vai se arrepender"; a provocação aparece em diversas partes da letra, com seu ápice acontecendo na passagem "Quantos homens me amaram/ Bem mais e melhor que você": o "amaram" pode indicar tanto um sentimento terno quanto um altamente provocador, por apelar à virilidade do homem heterossexual, "você não é bom de cama".

A alternância de tons permeia toda a letra, causando a impressão de que as estratégias manipulativas são adotadas inconscientemente pelo eu feminino da canção. Mostrando a artista de primeiríssima linha que é, Bethânia consegue transmitir ao ouvinte cada um dos sentimentos conflitantes da protagonista. O começo da interpretação aparece em tom melancólico ("Quando você me deixou, meu bem/ Me disse pra ser feliz e passar bem), passa pelo ressentido ("Quis morrer de ciúme, quase enlouqueci"), pelo resignado ("Mas depois, como era de costume, obedeci"), pelo assertivo ("Já vai me encontrar refeita, pode crer"), pelo irado ("Olhos nos olhos, quero ver o que você faz/ Ao sentir que sem você eu passo bem demais"), pelo tom de contentamento pessoal ("Venho até remoçando"), pelo maldoso ("me amaram bem mais e melhor que você"), pelo esperançoso ("Quando talvez precisar de mim"), pelo convidativo ("'Cê sabe que a casa é sempre sua, venha sim") e pelo desafiador ("Quero ver como suporta me ver tão feliz").

O "venha sim" de Bethânia aparece fora da melodia da canção, sendo simplesmente declamado, transmitindo fortemente sinceridade; não parece que a protagonista estava lançando uma pegadinha para depois desafiá-lo com um "quero ver como suporta", mas sim há a sensação de que a personagem está confusa e, no turbilhão de sentimentos, adota posturas contraditórias, das quais se arrepende imediatamente. Ainda assim, continua buscando contato com o ex — qualquer um que passou por desilusão amorosa fatalmente se identificará.

A música acompanha a ambivalência transmitida pela letra. Na passagem "E que venho até remoçando/ Me pego cantando/ Sem mais nem porquê", há uma modulação do tom maior para seu relativo menor, caindo o "porquê" num acorde diminuto: tudo isso transmite um clima musical de tristeza e tensão absolutamente contrastante com a aparente felicidade dos versos. Além disso, a melodia da canção não termina com a tônica, sugerindo uma história não resolvida, que ainda terá novos capítulos.

MEU CARO AMIGO

(Francis Hime/Chico Buarque, 1976)
Na gravação para o álbum *Meus caros amigos* (1976)

A canção "Meu caro amigo" foi escrita por Francis Hime e Chico Buarque para o diretor de teatro Augusto Boal, então exilado em Lisboa e frequentemente queixoso da falta de notícias dos amigos no país que deixara. O recado sobre as condições brasileiras do momento atravessou o oceano, sendo recebida com deleite por Boal, mas também reverberou internamente: o álbum *Meus caros amigos* (1976), no qual a canção foi lançada, fez sucesso massivo, com mais de 500 mil cópias vendidas, e tanto "Meu caro amigo" quanto "O que será (À flor da terra)", a faixa de abertura do disco, ficaram entre as cinco mais executadas do ano.

Para a apreciação de "Meu caro amigo" pela censura, Chico usou estratégia que repetiria algumas vezes: a partir da aprovação de determinado texto, nada lhe poderia ser acrescentado, mas não havia nenhuma norma quanto à supressão de passagens. Assim, foram colocadas estrofes adicionais na letra escrita, de modo a dar a entender que girava em torno da cobrança de uma dívida. Descartados os versos extras, a canção se mostrava como mensagem de esperança, apesar da situação adversa com a continuidade do regime militar.

> Meu caro amigo me perdoe, por favor
> Se eu não lhe faço uma visita
> Mas como agora apareceu um portador
> Mando notícias nessa fita
> Aqui na terra 'tão jogando futebol
> Tem muito samba, muito choro e rock'n'roll
> Uns dias chove, noutros dias bate sol
> Mas o que eu quero é lhe dizer que a coisa aqui tá preta
> Muita mutreta pra levar a situação
> Que a gente vai levando de teimoso e de pirraça
> E a gente vai tomando que, também, sem a cachaça
> Ninguém segura esse rojão

Impressiona saber que a letra, com rígido esquema que inclui o posicionamento idêntico de rima interna em suas quatro estrofes, foi concebida num esquema quase improvisado. Chico tentava trabalhar numa melodia romântica de Francis, para a qual não conseguia encontrar ideia. "Só pra relaxar", perguntou ao parceiro se ele não teria um choro para se divertirem um pouquinho.

Francis havia acabado de compor a trilha sonora do filme *Um homem célebre* (1974), de Miguel Faria Jr., baseado no conto homônimo de Machado de Assis. Na obra, o personagem Pestana acalenta o sonho de ser reconhecido como compositor "sério", mas o que lhe vem com facilidade, e com grande sucesso de público a selar o destino do músico, são mesmo as polcas e os choros.

Como autor da trilha, Francis tinha, portanto, vários choros à disposição, os quais foi tocando ao piano para o parceiro. O "Choro nº 1" foi o escolhido por Chico, e mesmo com a abundância de notas típica do gênero, dificultando o processo de tornar a música uma canção, a letra foi composta numa sentada só, sem prescindir-se do padrão de qualidade buarqueano.

Foi aproveitada apenas a parte A do choro, que se repete quatro vezes na canção, ficando sua parte B guardada como um belo segredo a ser descoberto por quem ouve sua execução somente ao piano por Francis — e, em forma instrumental, "Meu caro amigo" se tornou o tema mais recente a tornar-se de fato incontornável nas rodas de choro de todo o país.

Como curiosidade, cabe dizer que a música romântica com a qual Chico estava sofrendo para trabalhar acabou nunca sendo letrada por ele, tornando-se posteriormente canção na primeira parceria de Francis com sua esposa Olivia, "Meu melhor amigo".

O final da letra de "Meu caro amigo" aproxima a realidade do universo artístico, quando Chico nominalmente cita seu parceiro Francis, sua então esposa Marieta e Cecília — o que servia de pista para quem, ao ouvir a canção na época de seu lançamento, desejasse saber o destinatário da letra, sendo este o nome da mulher de Boal.

No desfecho do fonograma para o álbum *Meus caros amigos*, de 1976, depois de concluída a parte cantada, os ouvintes ainda são premiados com o virtuosismo vertiginoso do tema introdutório repetido em andamento cada vez mais acelerado. O *dream team* de instrumentistas incluía, entre outros músicos, o próprio Francis ao piano, Dino 7 Cordas no violão baixo, Joel Nascimento no bandolim, Abel Ferreira no clarinete e Altamiro Carrilho na flauta.

Um adendo: invejosos, com mais visibilidade na era da Internet, costumam lembrar-se de "Meu caro amigo". Mencionam a rima de "futebol" com "rock'n'roll", pronunciado "roquenról" no fonograma, como evidência de que Chico é letrista superestimado. Trata-se, evidentemente, de burrice. Se ele quisesse rimar "futebol" com a melhor pronúncia do rei Charles para "rock'n'roll", teria o respaldo de toda a tradição de versificação em língua portuguesa para rimar um som vocálico aberto com seu equivalente fechado.

E Chico Buarque sabe disso: para ficar no mesmo álbum de "Meu caro amigo", Chico rima, em "O que será (À flor da terra)", "alcovas" com "trovas", "tocas" com "bocas", "becos" com "botecos" — e a recorrência desse mesmo tipo de rima comprova mais uma vez, aliás, sua habilidade. Assim, pode-se gostar ou não do gracejo, mas está claro que Chico usou "roquenról" em vez de "rock'n'roll" por opção estilística, não como muleta.

Frente e verso da capa do LP *Meus caros amigos*, de 1976,
que trazia três parcerias de Chico Buarque com Francis Hime:
"A noiva da cidade", "Passaredo" e "Meu caro amigo".

O QUE SERÁ (À FLOR DA TERRA)/
O QUE SERÁ (À FLOR DA PELE)

(Chico Buarque, 1976)
Nas gravações de Chico Buarque e Milton Nascimento para os álbuns *Meus caros amigos*, de Chico (1976), e *Geraes*, de Milton (1976)

No que diz respeito à aclamação, "O que será" rivaliza apenas com "Construção" como candidata ao título de ponto mais elevado na carreira de Chico Buarque como cancionista. Trata-se de um momento privilegiado da história cultural brasileira, em que uma obra de alta densidade artística pôde ser apreciada massivamente. As versões "À flor da terra" e "À flor da pele" são letras distintas (embora de mesma estrutura) para melodias com mínimas diferenças — ainda há uma terceira versão, "Abertura", não estando à altura das duas primeiras.

A canção surgiu como encomenda de Bruno Barreto para o grande sucesso do cinema nacional *Dona Flor e seus dois maridos* (1976), baseado no romance homônimo de Jorge Amado. Ritmicamente, Chico a concebeu como um "cubaião", por misturar o baião brasileiro com uma levada típica da ilha do Caribe.

"O que será" se enquadra na categoria das canções-lista na tradição de Cole Porter, elencando-se elementos que caracterizam "o que será", sem que jamais seja definido o que, afinal, é — Chico achou graça quando teve acesso a um documento com a análise de censores para a letra, já que ele mesmo não vê sentido em debater a resposta para a pergunta repetida nos versos.

Milton Nascimento aparece em dueto com Chico, por motivo casual, em ambas as versões de que aqui se trata. Os dois estavam ensaiando em diferentes salas do mesmo estúdio, quando Milton pôde ouvir "O que será"; entusiasmado com a canção, ofereceu-se como intérprete, no que foi prontamente aceito. A versão "À flor da pele" foi gravada para o álbum *Geraes* (1976), de Milton, enquanto "À flor da terra" aparece em *Meus caros amigos* (1976), de Chico.

Há valoroso papel do arranjador Francis Hime para o sucesso artístico dos fonogramas, conseguindo criar climas muito distintos para as versões que, melódica e liricamente, são similares. Em "À flor da pele",

Francis elaborou para a introdução uma melodia de curva ascendente na qual, conforme as notas vão ficando mais agudas, também se tornam alongadas, gerando um perfil passionalizado: Milton canta a passagem sem palavras, e de modo a fazer queixos caírem. O ritmo da canção é lento e, contando-se um interlúdio com variação do tema central executada por trompete, o arranjo faz a melodia passear por quatro tons diferentes em sucessivas modulações.

> O que será que me dá
> Que me queima por dentro, será que me dá
> Que me perturba o sono, será que me dá
> Que todos os tremores me vêm agitar
> Que todos os ardores me vêm atiçar
> Que todos os suores me vêm encharcar
> Que todos os meus nervos estão a rogar
> Que todos os meus órgãos estão a clamar
> E uma aflição medonha me faz implorar
> O que não tem vergonha, nem nunca terá
> O que não tem governo, nem nunca terá
> O que não tem juízo

Perceba-se a beleza da gradação ascendente que parte de tremores agitando até um naturalista clamor de órgãos. As rimas externas pobres no infinitivo são compensadas pelas rimas internas, apenas interrompidas quando a angústia é tanta, envolvendo nervos e órgãos, que não há como manter a compostura e o padrão.

Como curiosidade, a primeira estrofe qual cantada por Milton, e depois reproduzida na transcrição oficial da letra, apresenta os versos "E que me faz mendigo, me faz suplicar/ O que não tem medida, nem nunca terá". Na gravação original para o filme de Bruno Barreto, porém, Simone canta "E que me faz *mendiga*", gerando mais uma rima interna toante com "medida" e evidenciando a canção como de eu lírico feminino, o que se ajusta ao contexto dramático de representação dos sentimentos da personagem Dona Flor.

Com a licença de Chico, que acha bobagem procurar resposta para o que será, pode-se perceber, até pelo subtítulo "À flor da pele", que a sucessão de perguntas gira em torno da temática do desejo sexual — o que, mais uma vez, é corroborado pelo contexto dramático do filme *Dona Flor*. O padrão de exploração da sexualidade feminina em primeira pessoa na obra de Chico aparece aqui elevado ao paroxismo: equipara--se o tesão ao divino, por apontar para o imponderável e inexprimível.

Em "À flor da terra", o andamento se mostra mais rápido; a condução rítmica, mais marcada; as modulações passeiam agora por "apenas" três tons diferentes — e pensar que uma canção dessa complexidade estava na boca do povo, a quarta mais executada de 1976. A melodia que serviu de introdução para "À flor da pele" reaparece como contraponto executado nas cordas para o que cantam Chico e Milton.

> O que será que será
> Que andam suspirando pelas alcovas
> Que andam sussurrando em versos e trovas
> Que andam combinando no breu das tocas
> Que anda nas cabeças, anda nas bocas
> Que andam acendendo velas nos becos
> Que estão falando alto pelos botecos
> Que gritam nos mercados, que com certeza
> Está na natureza, será que será
> O que não tem certeza, nem nunca terá
> O que não tem conserto, nem nunca terá
> O que não tem tamanho

Aqui são as rimas internas no gerúndio, consideradas fáceis, que são compensadas pela raridade das rimas externas, alternando sons fechados e abertos, e pela paronomásia entre "bocas" e "becos". Mais uma vez há uma gradação ascendente que parte de suspiros nas alcovas até gritos nos mercados, para envolver enfim toda a natureza.

As considerações sobre o que será, nesta versão, partem de um material mais enigmático. Uma interpretação psicanalítica poderia falar das pulsões humanas; uma interpretação marxista poderia mencionar o motor da história. Ou talvez seja melhor, como já aconselhou o autor, esquecer as tentativas de desvendar o que não tem tamanho, para apenas desfrutar a majestade de "O que será".

ANGÉLICA

(Miltinho/Chico Buarque, 1977)
Na gravação do Quarteto em Cy para o álbum *Querelas do Brasil* (1978)

O estudante de economia Stuart Angel Jones era membro do MR-8, organização de luta armada contra a ditadura militar da qual também fizeram parte, entre outros nomes, Carlos Lamarca, Fernando Gabeira, Franklin Martins, Cid Benjamin e César Benjamin. Em 14 de junho de 1971, Stuart foi preso, aos 25 anos, sob a acusação de participar do sequestro do embaixador norte-americano Charles Elbrick, ocorrido em setembro de 1969, em ação do MR-8 com fins de libertação de presos políticos pelo regime militar no Brasil.

Conforme se veio a saber posteriormente, por relato de Alex Polari, preso no mesmo local, Stuart foi levado à Base Aérea do Galeão; lá, foi torturado por militares que queriam saber o paradeiro de Lamarca, então líder do MR-8. Como se recusou a falar, foi amarrado a um carro e arrastado pelo quartel, sendo também obrigado a colocar a boca no escapamento do veículo para aspirar gases tóxicos. Com o corpo esfolado, foi posto no chão do pátio da base, onde morreu pedindo por água.

Stuart tinha dupla cidadania, brasileira e norte-americana, por ser filho do norte-americano Norman Angel Jones e da estilista brasileira Zuzu Angel, de renome mundial. Zuzu se empenhou em saber do paradeiro do filho; depois de receber, em carta de Polari, as pavorosas notícias sobre a tortura e morte de Stuart pelos militares, passou a buscar incessantemente informações sobre onde estava o corpo do filho.

Sua notoriedade internacional foi usada para cobranças públicas em relação aos militares, pedindo que assumissem o assassinato de Stuart e lhe dessem a possibilidade de enterrar o filho. Criou coleções com motivos de anjos feridos, manchas vermelhas e pássaros engaiolados; entregou a Henry Kissinger, então secretário de Estado norte-americano em visita ao Brasil, um dossiê com dados sobre a morte do filho; em certa ocasião, tomou num avião o microfone de bordo da mão de uma aeromoça, para anunciar que o avião estava descendo no Rio de Janeiro, Brasil, país onde se torturavam e matavam jovens estudantes.

Amiga de Chico Buarque, Zuzu frequentemente passava na casa do compositor para informá-lo sobre sua luta. Em abril de 1975, deixou com Chico um bilhete com instruções para que fosse publicado caso alguma coisa acontecesse com ela; nele, dizia que se aparecesse "morta, por acidente, assalto ou outro qualquer meio, terá sido obra dos mesmos assassinos do meu amado filho". Dali a um ano, a estilista morreu em acidente de carro que, décadas depois, seria assumido como de responsabilidade dos agentes de repressão da ditadura.

Junto com Paulo Pontes e Zuenir Ventura, Chico produziu cópias do bilhete-testamento de Zuzu, distribuindo-as para parlamentares e veículos da mídia. No ano seguinte, compôs "Angélica", numa das únicas situações em que o título de uma canção sua faz alusão a uma pessoa real.

Com notório medo de palco, entre 1966 e 1974 Chico só fez shows ao lado do MPB-4. Depois da morte de Zuzu, o compositor se lembrou de uma peça instrumental que Miltinho, um dos integrantes do grupo, costumeiramente tocava, sugerindo que Chico pusesse letra. Durante anos, Chico não pôde atender ao pedido; a melodia ancorada num arpejo de violão com uso de cordas soltas, porém, proporcionou-lhe um clima angélico adequado para homenagear a amiga assassinada.

> Quem é essa mulher
> Que canta sempre esse estribilho
> Só queria embalar meu filho
> Que mora na escuridão do mar

A canção se apresenta em quatro seções musicais idênticas, para as quais Chico escreveu estrofes de quatro versos, mantendo uma mesma estrutura: no primeiro verso de cada estrofe, sempre aparece a pergunta "Quem é essa mulher"; no segundo, um "que canta" seguido de complementos distintos ("sempre esse estribilho", "sempre esse lamento", "sempre o mesmo arranjo", "como dobra um sino"); no terceiro, os desejos da mulher ("Só queria embalar meu filho", "Só queria lembrar o tormento", "Só queria agasalhar meu anjo", "Queria cantar por meu menino"); no quarto, informações adicionais sobre o filho ("Que [o filho] mora na escuridão do mar", "Que [o tormento] fez meu filho suspirar", "E deixar seu corpo descansar", "Que ele já não pode mais cantar").

O padrão repetitivo de música e letra evidentemente espelha a busca obstinada de Zuzu pelo corpo do filho. O verso "Que mora na escuridão do mar" é de uma literariedade tenebrosa, pois um dos destinos especulados para o corpo de Stuart — nunca se soube exatamente o que foi feito dele — é o mesmo de outras vítimas da ditadura: ter sido atirado de um helicóptero para o alto-mar.

A canção foi lançada pelo Quarteto em Cy no show *Cobra de vidro* (1977), realizado em conjunto com o MPB-4, e posteriormente gravada no álbum *Querelas do Brasil* (1978), em interpretação definitiva. A gravação é particularmente tocante em sua disposição de vozes do arranjo: há canto em coro nos dois primeiros versos de cada estrofe, escritos em terceira pessoa, passando para canto solo nos dois últimos versos de cada estrofe, escritos em primeira pessoa no eu lírico feminino: a identificação com o sofrimento materno traz beleza pavorosa à canção.

Depois de tantas letras em que lançou mão do eu lírico feminino para tratar de romance e erotismo, Chico se mostra capaz de também compor um tema materno, distante da pieguice. "Angélica" permanece como documento de uma "página infeliz da nossa história", mas também se adequa à representação de qualquer mãe que passa pela mais triste das experiências, a perda de um filho.

JOÃO E MARIA

(Sivuca/Chico Buarque, 1977)
Na gravação de Nara Leão e Chico Buarque para o álbum
Os meus amigos são um barato (1977)

Quando em 1977 entregou para Chico Buarque a música do que viria a se tornar a canção "João e Maria", Sivuca contou que a havia composto 30 anos antes. Saber que a valsinha datava de quando tinha apenas três anos remeteu Chico a seus tempos de criança, inspirando-o para escrever a letra.

O que Sivuca esqueceu de contar foi que o tema entregue a Chico já havia sido gravado, ainda na década de 1950, com letra do compositor pernambucano Rui de Moraes e Silva, sob o título "Amanhecendo". Foi a própria intérprete original da canção, de nome Nadja Maria, quem contou a velha novidade a Chico, já nos anos 1990. Na primeira oportunidade que teve de encontrar o parceiro Sivuca, o compositor gracejou sobre a sacanagem que era ter sido dada a ele "música usada" — pelo que consta, o autor da letra original levou na esportiva quando soube que sua "Amanhecendo" havia anoitecido: "está em boas mãos", disse, referindo-se a Chico.

Mesmo partindo de música de segunda mão, "João e Maria" mostra enorme permanência. Depois da temporada com Maria Bethânia, em 1975, Chico se retirou dos palcos, só voltando às turnês em 1988; desde então, sua parceria com Sivuca apareceu em praticamente todos os shows que fez, geralmente no encerramento.

De modo geral, a audiência de uma apresentação de Chico Buarque, durante a execução das canções, mantém-se no silêncio respeitoso que se espera diante de um figurão da chamada MPB — não o silêncio religioso dos espetáculos de João Gilberto, mas ainda assim relativa quietude, interrompida ocasionalmente por um "eu te amo" entre os números.

Em "João e Maria", no entanto, ainda mais porque já se está no clima de liberalidade de fim de festa, a plateia não se contém e canta junto com Chico, cada verso, do início ao fim. Como entender o apelo da canção para um *grand finale*?

Mais uma vez, há fenômenos ligados à apreciação artística não passíveis de explicação plena; é razoavelmente seguro afirmar, porém, que boa parte da sensibilização coletiva gerada por "João e Maria" provém da habilidade com que Chico recria o universo infantil numa canção que não é destinada especificamente a crianças, pegando o público adulto pela emoção nostálgica, um sentimento universalmente compartilhado. E ao se ouvir a graciosidade brincalhona da valsa de Sivuca, parece mesmo impossível que uma letra para ela tratasse de outra coisa.

A canção, que se desenvolve na estrutura A1-A2-B-A2, foi a resposta de Chico a uma encomenda de Nara Leão para seu álbum *Os meus amigos são um barato* (1977), no qual faz duetos com os autores das canções que interpreta. Pouco antes disso, seu então marido Cacá Diegues havia chamado a atenção de Nara para o fato de que seus filhos usavam o tempo pretérito nas brincadeiras inventadas: "agora eu era a princesa", "agora eu era o mocinho" etc. Por incrível coincidência, Chico depois lhe entregaria uma canção com exatamente a mesma estrutura verbal, batizada por Chico como "passado onírico".

> Agora eu era o herói
> E o meu cavalo só falava inglês
> A noiva do cowboy
> Era você
> Além das outras três

Os elementos a despertar a empolgação infantil parecem assimilados a partir do cinema (alusões a filmes de faroeste; "um rock para as matinês"; a aura em torno da língua inglesa, indecifrável para as crianças), dos contos de fada ("eu era o rei", "princesa que eu fiz coroar") e das brincadeiras de rua (bodoque, pião).

A canção fornece pistas, no entanto, como na passagem "E era tão linda de se admirar/ Que andava nua pelo meu país", que não apresenta a história de um namorico entre duas crianças, como poderia pensar-se numa análise superficial. Antes pode ser entendida como a simbologia de um amor tão puro que remetia aos mais inocentes tempos de infância; depois, acabou-se repentinamente como um faz de conta, ao desgastar-se com as inevitáveis mudanças da vida. Nesse contexto, versos que isoladamente seriam banais, como "A gente era obrigada a ser feliz" e "Era uma noite que não tem mais fim", soam profundamente comoventes.

Curiosamente, nos shows de Chico Buarque, o trecho da canção em que o público aumenta a intensidade do canto, chegando ao fortíssimo, é justamente o desfecho, sobre os versos "Pois você sumiu no mundo/

Sem me avisar/ E agora eu era um louco a perguntar/ O que é que a vida vai fazer de mim" — canta-se a passagem desoladora com a empolgação de quem estivesse falando da conquista de um prêmio. Isso é possível porque, apesar da mudança de tom da letra, a música apenas repete a ligeireza do bloco musical já apresentado, em notas curtas.

E assim "João e Maria" se une a certa tradição de canções festivas brasileiras — basta lembrar do "Boas festas" de Assis Valente, dos versos "Já faz tempo que eu pedi/ Mas o meu Papai Noel não vem/ Com certeza já morreu/ Ou então felicidade é brinquedo que não tem" — em que há a beleza de força própria da canção popular, com a qual é permitido estar feliz pela possibilidade de cantar a tristeza.

MANINHA

(Chico Buarque, 1977)
Na gravação de Chico Buarque, Miúcha e Tom Jobim para o álbum *Miúcha & Antonio Carlos Jobim* (1977)

"Maninha" e "João e Maria" são canções irmãs: ambas são valsinhas compostas no mesmo 1977, com versos que remetem a um passado idealizado, com sabor infantil, que sofre posterior deturpação por um elemento incontrolável.

Mas há importantes diferenças: "João e Maria" é parceria de Sivuca e Chico Buarque; a música expõe um tema (A1), reapresenta-o duas vezes com ligeiras variações (A2) e mostra uma seção contrastante (B); sua temática parece mesmo girar em torno do amor romântico. Já "Maninha" foi composta inteiramente por Chico Buarque, música e letra; apresenta-se em três blocos musicais idênticos (AAA); sua letra, de semelhante tom nostálgico, pode facilmente ser interpretada com contornos políticos.

"Maninha" foi lançada no álbum *Miúcha & Antonio Carlos Jobim* (1977); apesar do título da canção, e do fato de cantá-la em dueto com Miúcha na faixa (com breve vocal de Tom Jobim), Chico afirma que o tema não tem a ver com sua irmã, servindo "maninha" como um vocativo de afinidade semelhante a "querida" ou "meu bem". Na definição de Chico, "Maninha" é uma canção zangada com disfarce de delicadeza.

> Se lembra da fogueira
> Se lembra dos balões
> Se lembra dos luares dos sertões
> A roupa no varal
> Feriado nacional
> E as estrelas salpicadas nas canções
> Se lembra quando toda modinha
> Falava de amor
> Pois nunca mais cantei, ó maninha
> Depois que ele chegou

A começar por Tom Jobim, surgiram especulações, típicas da época, sobre quem seria o nefasto "ele" da canção: "Ele! Ele! Ele é o general", gracejava o maestro. O contexto da época, somada à escolha vocabular para o verso "A me *torturar*", passa a impressão de que a brincadeira de Tom trazia o proverbial fundo de verdade.

A canção pode permanecer, porém, quando interpretada em termos mais amplos, numa temática próxima à de "João e Maria" (ou, indo mais longe, à de "Roda viva"), sendo "ele" a entidade externa mundana que inexoravelmente destrói as impossíveis certezas e seguranças que criamos para nós mesmos. O passado, em recordações, reaparece mais belo do que no instante em que foi vivido; e não seria tendência muito humana colocar a culpa num externo "ele" pelas frustrações de nossa própria responsabilidade? — ou isso tudo é divagação, e o Chico estava falando do general mesmo. A graça está na ambivalência.

(Curiosamente, foi logo essa a canção que a Rede Globo escolheu, usando-a na trilha sonora da novela *Espelho mágico*, de 1977, para interromper um boicote que vinha vigorando desde 1971: depois que Chico e outros artistas retiraram conjuntamente, em cima da hora, suas inscrições para um festival que a emissora estava promovendo, as criações do compositor ficaram temporariamente barradas na Globo.)

Na primeira estrofe, depois da "fogueira" e "balões" reminiscentes de festas juninas interioranas, há citações a dois clássicos da canção brasileira: "Luar do sertão" (Catulo da Paixão Cearense, 1914) e "Chão de estrelas" (Sílvio Caldas e Orestes Barbosa, 1937), dos versos "Nossas roupas comuns dependuradas/ Na corda, qual bandeiras agitadas [...]/ A mostrar que nos morros malvestidos/ É sempre feriado nacional" e "Mas a lua, furando nosso zinco/ Salpicava de estrelas nosso chão". São canções anteriores ao nascimento de Chico, reforçando-se o caráter imaginário da descrição do passado na letra, um passado que o autor não viveu. E é justamente o canto que aparece impossibilitado ao fim do trecho.

Na segunda estrofe, as belezas da natureza compõem o elemento obstruído pela passagem de "ele", com alusões a "jaqueira" (em rima interestrófica como "fogueira", da primeira seção), "fruta", "capim", "jasmim", "jardim" e "flor", todos transformados em "erva daninha". Até os medos ("passos no porão" e "assombração"), dispostos num contexto bucólico, aparecem como gostosa lembrança da inocência infantil.

Na seção final, há uma troca de perspectiva, iniciada com o belo oximoro "Se lembra do futuro". Só consultando o próprio autor conseguiríamos saber com certeza, mas o que se segue parece uma resposta ao artigo de Walnice Nogueira Galvão criticando a recorrência da entidade imaginária "o dia que virá" na MPB. O eu da canção admite que a postura citada por Galvão é infantil e de pouca serventia imediata ("Eu era tão criança e ainda sou/ Querendo acreditar/ Que o dia vai raiar/ Só porque uma cantiga anunciou").

Consciente disso, o protagonista conclui sua declaração, e justamente numa cantiga, dizendo "Que um dia ele vai embora, maninha/ Pra nunca mais voltar", sem que veja necessidade de dizer como "ele" vai embora, nem de onde vem a segurança para a afirmação de que nunca mais voltará. A aparente contradição só pode ser entendida como um desagravo às esperanças ingênuas e ao poder transformador da arte.

STEREO
6349.321
Série de Luxo

Os Saltimbancos

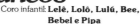

Personagens: **Miucha** (a galinha) **Nara Leão** (a gata)   Coro infantil: **Lelê, Lolô, Lulú, Bee,**
Ruy (o cão) **Magro** (o jumento)   **Bebel e Pipa**

Lado 1
1 - "Bicharia"
    (Enriquez-Bardotti-Chico Buarque)
2 - "O Jumento"
    (Enriquez-Bardotti-Chico Buarque)
3 - "Um Dia de Cão"
    (Enriquez-Bardotti-Chico Buarque)
4 - "A Galinha"
    (Enriquez-Bardotti-Chico Buarque)
5 - "História de uma Gata"
    (Enriquez-Bardotti-Chico Buarque)
6 - "A Cidade Ideal"
    (Enriquez-Bardotti-Chico Buarque)

Lado 2
1 - "Minha Canção"
    (Enriquez-Bardotti-Chico Buarque)
2 - "A Pousada do Bom Barão"
    (Enriquez-Bardotti-Chico Buarque)
3 - "A Batalha"   (Instrumental)
    (Enriquez)
4 - "Todos Juntos"
    (Enriquez-Bardotti-Chico Buarque)
5 - "Esconde Esconde"
    (Enriquez-Bardotti-Chico Buarque)
6 - "Todos Juntos"   (Reprise)
    (Enriquez-Bardotti-Chico Buarque)
7 - "Bicharia"   (Reprise)
    (Enriquez-Bardotti-Chico Buarque)

Produzido e Dirigido por SERGIO DE CARVALHO e CHICO BUARQUE

Frente e verso da capa do LP *Os saltimbancos*, de 1977,
com Ruy e Magro (do MPB-4), Miúcha, Nara Leão
e um coro de vozes infantis que incluía Sílvia Buarque
e Bebel Gilberto, entre outras meninas.

HISTÓRIA DE UMA GATA

(Enriquez/Bardotti — versão de Chico Buarque, 1977)
Na gravação de Nara Leão para o álbum *Os saltimbancos* (1977)

No mesmo ano em que compôs "João e Maria" e "Maninha", duas canções voltadas ao público adulto embebidas do universo infantil, Chico Buarque lançou *Os saltimbancos* (1977), um musical voltado ao público infantil, mas com simbologia referente a uma questão bem adulta: a luta de classes.

O trabalho foi uma adaptação do álbum italiano *Il Musicanti*, de 1976, com música de Luiz Enriquez e letras de Sergio Bardotti, que por sua vez era inspirado no conto "Os músicos de Bremen", dos irmãos Grimm. Na história, o Jumento representa os camponeses; o Cachorro, os militares de baixa patente; a Galinha, os operários da indústria; a Gata, os artistas.

Fortes porque juntos, tomando consciência de pertencimento à mesma classe trabalhadora, conseguem tomar o poder das mãos do barão (também chamado de "patrão"), o humano que detinha os meios de produção.

Era bastante para as crianças assimilarem, mas o álbum, lançado em março de 1977, conseguiu enorme sucesso, com Magro e Ruy, do MPB-4, fazendo respectivamente as vozes do Jumento e do Cachorro, enquanto Miúcha interpretou a Galinha, e Nara Leão, a Gata. A primeira montagem para o teatro só estreou posteriormente, em setembro, com Miúcha mantendo a personagem Galinha do álbum, e Grande Otelo, Pedro Paulo Rangel e Marieta Severo ocupando, respectivamente, os papéis de Jumento, Cachorro e Gata.

A partir desse lançamento há quase 50 anos, as canções de *Os saltimbancos* continuam sendo aprendidas até hoje por novas gerações de crianças, enquanto montagens profissionais e amadoras do enredo reaparecem frequentemente nos palcos. Isso no Brasil, porque na Itália o musical não deu em nada, como relembra Bardotti, que diz não guardar nem sequer uma cópia do disco.

Pela falta de fonte, fica difícil comparar os trabalhos nas duas línguas, mas Bardotti diz que a tradução é melhor do que o original. Modesto, Chico afirma que a Itália já tinha um mercado repleto de canções para crianças, enquanto no Brasil havia demanda sem muita oferta; além disso, diz que as crianças não se ligam muito nas mensagens das letras, curtindo mais as melodias e a sonoridade das palavras — a partir daí, o compositor lembra a experiência pessoal de canções que aprendeu na infância, somente parando para pensar em seu significado quando adulto.

Seja como for, *Os saltimbancos* atendeu a todos os critérios, pois havia ali belas melodias, versos com o hábil emprego de figuras de sonoridade típico de Chico e uma mensagem recebida com vibração pelos pais brasileiros, ainda na ditadura militar e, afinal, com o poder de comprar discos para os filhos ou levá-los a uma peça de teatro infantil.

E se as crianças, de 1977 ou de hoje, depois de ouvir o álbum não estão em condições de palestrar sobre a simbologia da união dos movimentos sociais contra o poderio da figura burguesa opressora, ou qualquer coisa do tipo, conseguem perfeitamente ser tocadas por uma noção ampla de liberdade e de vitória contra um ser mandão.

É assim em "História de uma gata", provavelmente a canção mais reproduzida de *Os saltimbancos*. Entremeado pelas estrofes em que Nara canta as desventuras de sua personagem, aparece um refrão com características de hino (as duas primeiras notas formam um intervalo de quarta justa, o mesmo do Hino Nacional Brasileiro e da Marselhesa), cantado por um coro infantil composto, tanto no álbum quanto na primeira montagem da peça, por filhos dos adultos ligados ao trabalho ou dos amigos destes, como Sílvia Buarque, Bebel Gilberto e Isabel Diegues.

> Nós, gatos, já nascemos pobres
> Porém, já nascemos livres
> Senhor, senhora ou senhorio
> Felino, não reconhecerás

Diferentemente de seus colegas animais, a Gata não passou por condições cruéis de exploração de sua força de trabalho. Nos versos de introdução, que imitam o som de um miado ao juntar o pronome "me" com a vogal "a", a gata sintetiza sua condição sob tutela: "Me alimentaram/ Me acariciaram/ Me aliciaram/ Me acostumaram".

Mesmo na redoma de um apartamento, com as vantagens assépticas de "Detefon, almofada e trato" e da fartura na alimentação, a Gata não resiste ao apelo boêmio de seus colegas gatos de rua e se junta a eles para uma noitada. Como castigo, é impedida de voltar para seu mundo de segurança e conforto, mas acaba por encontrar sua identidade "pela rua virando lata" e cantando.

No final de *Os saltimbancos*, assim como não havia, a princípio, razões para a Gata deixar as condições em que vivia, ela também não tem serventia direta para a construção da vida pós-revolução. Depois de servir para reverberar as denúncias das injustiças num regime arbitrário, a arte pode permanecer não por causas utilitárias, mas pela força e verdade da beleza.

TROCANDO EM MIÚDOS

(Francis Hime/Chico Buarque, 1977)
Na gravação do álbum *Chico Buarque* (1978)

Em "Trocando em miúdos", houve a necessidade de apelo, mais uma vez, ao chamado "golpe do Francis". Já que Chico Buarque estava custando a terminar a letra para a música que lhe havia sido entregue, Francis Hime gravou toda a base instrumental da canção, com grandioso arranjo de cordas, como forma de pressão para conseguir mais uma faixa em seu álbum *Passaredo* (1977).

Parecia que a estratégia desta vez não daria certo, mas, no último dia agendado para gravações, Chico entrou no estúdio trazendo a letra — Francis se lembra de apenas uma vez em que seu golpe falhou com o parceiro, numa música que seria aproveitada décadas depois, preservando grande parte do arranjo original, para a canção "Breu e Graal", ganhando letra de Thiago Amud.

Na voz de Francis, "Trocando em miúdos" foi a primeira faixa de trabalho de *Passaredo*, seu disco mais bem-sucedido comercialmente, constando inclusive na trilha sonora da novela global *O astro*, ainda em 1977. Mas na versão gravada no ano seguinte para o álbum *Chico Buarque*, o arranjador (mais uma vez, o próprio Francis) se beneficiaria do fato de já conhecer o conteúdo da letra.

Enquanto na gravação para seu próprio álbum Francis usou uma levada entre bossa nova e samba-canção, sugerindo uma amenidade não condizente com o texto mencionando derretimento de alianças e marcas de amor em lençóis, na faixa para o álbum de Chico há um arranjo mais solene: a instrumentação traz apenas piano, orquestra de cordas e flautas, estas em marcante contraponto com a melodia cantada, sem acompanhamento percussivo e com andamento oscilante. Depois de terminada a letra, aparece um tema instrumental (já usado por Francis na introdução de "Atrás da porta" em seu álbum de 1973) que não termina repousando na tônica, mas sim num dissonante intervalo de segunda maior em relação a esta, causando um desfecho de grande tensão.

A letra apresenta a história da separação de um casal; o eu da canção, embora não haja nenhuma confirmação gramatical quanto a isto, parece ser um homem, por hábitos mais associados ao masculino no imaginário coletivo: é o protagonista que está deixando o lar, sugere à pessoa a quem está deixando que aceite ajuda do futuro amor para o aluguel, menciona "saideira" etc.

> Eu vou lhe deixar a medida do Bonfim
> Não me valeu
> Mas fico com o disco do Pixinguinha, sim?
> O resto é seu

Ao longo de toda a canção, mostram-se elementos concretos sendo justapostos a sensações abstratas para compor um painel desolador da separação: assim, causa dor tanto pensar em "tudo o que fomos nós", "as nossas melhores lembranças" e "aquela esperança" quanto recordar a inútil "medida do Bonfim", "aquela aliança" e "as marcas de amor nos nossos lençóis".

Para mitigar o sofrimento, o protagonista quer se desfazer de tudo o que está associado à vida conjunta do casal, e a disposição dos elementos se mostra de triste beleza tanto pela já mencionada junção de elementos concretos e abstratos quanto pela habitual riqueza linguística de Chico, usando recursos como rimas internas ("ajuda" e "Neruda") e paronomásias ("sobras" e "sombras").

A princípio, o personagem diz querer guardar dos momentos juntos apenas um disco do Pixinguinha, pedindo-o humildemente ("sim?"); depois, acrescenta aos seus desejos de posse um livro de Pablo Neruda — cuja menção foi suficiente para que a censura questionasse quais as intenções da citação do poeta chileno, que havia sido membro do Partido Comunista de seu país —, mas parece querê-lo mais porque o magoou o fato de a mulher nunca se haver disposto a lê-lo.

Mesmo querendo despojar-se de tudo, é preciso coragem para a decisão da partida ("uma saideira"), sendo impossível desvencilhar-se dos elementos mínimos para sobrevivência ("carteira de identidade") e da sensação contraditória de que, embora a despedida esteja acontecendo num momento posterior ao ideal, resta ainda muita saudade. Com a vívida representação da ambivalência que acompanha a decisão de separação de um casal, tem-se mais um número magistral de Chico, ecoando um sentimento compartilhado universalmente.

No que diz respeito à música, Francis é hábil ao usar um misto de técnicas: a estrutura da canção é tradicional para a canção popular, contrastando três vezes uma seção em modo maior com outra em modo menor, esta com pequenas variações a cada aparição (a fórmula seria algo como A-B1-A-B2-A-B3); na melodia se nota, porém, a noção de desenvolvimento típica da música de concerto, com uma célula de cinco notas sendo trabalhada ao longo da composição, antecedida sempre de quatro notas iguais e seguida de um pequeno comentário musical. Assim, combinam-se uma estratégia para que ouvintes possam memorizar facilmente o tema com outra que dá margem a sofisticada elaboração musical.

Nas partes em modo maior, mesmo um texto muito triste se apresenta ao ouvinte como mais ligado a uma melancolia nostálgica ("Aquela esperança de tudo se ajeitar/ Pode esquecer"), enquanto nos trechos em modo menor se sobressai a sensação de ressentimento ("Mas devo dizer que não vou lhe dar/ O enorme prazer de me ver chorar").

A interpretação de Chico é séria candidata ao posto de melhor de sua carreira; para quem se filia à tradição vocal comedida da bossa nova, impressiona a carga dramática de trechos como "Meu peito tão dilacerado", no qual o próprio canto também se apresenta rasgado, e "Mas devo dizer que não vou lhe dar/ O enorme prazer de me ver chorar", na qual o tom de choro na voz do cantor denuncia a impossibilidade de cumprimento da resolução anunciada na letra.

ÓPERA

(Adaptação de Chico Buarque para excertos musicais
de Bizet, Verdi e Wagner, 1977)
Na gravação do álbum *Ópera do malandro* (1979)

Até o momento da escrita deste livro, a *Ópera do malandro* (1978) foi a última incursão de Chico Buarque pela dramaturgia. A história se passa na década de 1940, no Rio de Janeiro, com um enredo simbólico do fim da malandragem romântica, substituída pela bandidagem profissional com penetração nas altas esferas do poder.

Somos apresentados a Duran e Vitória, casal que administra uma cadeia de bordéis na Lapa, empregando centenas de mulheres. Para poderem exercer sua atividade sem problemas, a dupla paga frequentes propinas ao inspetor Chaves, guardião da moral e dos bons costumes na cidade. Teresinha, filha de Duran e Vitória, foi criada para conseguir um casamento vantajoso, mas acaba se casando, para horror dos pais, com Max Overseas, um perfeito malandro, líder de uma quadrilha de contrabandistas. Para completar a balbúrdia, Max é amigo de infância do inspetor Chaves, mas acaba engravidando a filha dele, Lúcia, enquanto casado com Teresinha.

A peça surgiu da vontade do Luís Antonio Martinez Corrêa de adaptar a *Ópera dos mendigos* (1729), de John Gay; como Chico já tinha projeto semelhante, de adaptação da *Ópera dos três vinténs* (1928), de Bertolt Brecht, as ideias se uniram para a criação da *Ópera do malandro*. A peça estreou no Rio de Janeiro, em junho de 1978, com elenco incluindo, entre outros, Ary Fontoura, Maria Alice Vergueiro, Marieta Severo, Otávio Augusto, Elba Ramalho e Emiliano Queiroz, com direção de Luís Antonio, irmão de Zé Celso.

Mais do que em outros dramas de Chico, a *Ópera do malandro* é uma peça em que se privilegiam os números musicais, aproximando-se do conceito clássico de ópera: contando as adições da montagem paulistana, que estreou em outubro de 1979, são 17 canções, todas escritas exclusivamente por Chico, também responsável único pelo texto. Algumas dessas canções apareceram previamente em discos de artistas diversos, mas a maioria delas foi preservada para os palcos antes de constar no álbum homônimo à peça, lançado apenas em dezembro de 1979, com um elenco estelar de cantores e arranjos de Francis Hime.

Francis se lembra de que a faixa mais trabalhosa para gravação foi a "Ópera", de mais de nove minutos, dentro da própria *Ópera do malandro*: "Havia uns quarenta músicos gravando em dois estúdios contíguos, e era tudo gravado junto. Se alguém errasse, tinha que retomar. Às cinco e meia da manhã, o produtor, Sérgio Carvalho, dizia, 'gente, agora não dá mais'. Os músicos ganhavam por período, então ele teve de ir para dentro da sala de gravação".

Na peça, a "Ópera" aparece no desfecho: a confusão instalada pela briga entre os protagonistas é tão grande, com populares tomando as ruas em passeata, que se faz necessária uma intervenção do tipo *Deus ex machina* para que todos se acertem, aproveitando para alavancar seu *status*. É o que se chamaria contemporaneamente de "acabar em pizza".

Nessa conciliação, os protagonistas aparecem cantando em português sobre excertos melódicos das óperas *Rigoletto*, *Aida* e *La Traviata*, de Verdi, *Carmen*, de Bizet, e *Tannhäuser*, de Wagner. Na gravação para o álbum *Ópera do malandro*, as vozes empregadas na faixa foram as dos cantores líricos Alexandre Trick, Diva Pierante, Glória Queiróz e Paulo Fortes. O efeito de um bando de picaretas cantando seus conchavos com a pompa operística marca o ponto máximo da comicidade na obra cancionista de Chico Buarque.

Teresinha potencializa os ganhos de contrabando de seu marido Max, criando uma estrutura empresarial que engloba parcerias com multinacionais como a Shell e a Coca-Cola, e juntando capital suficiente para os dois se tornarem banqueiros; vendo a posição alcançada por Max, o inspetor Chaves faz as pazes com o antigo amigo, tornando a oferecer seus préstimos; o filho de Lúcia é adotado por um dos capangas de Max, com quem a filha de Chaves se casa; Max finalmente consegue ficar em bons termos com os sogros, que também pedem perdão a Teresinha, em troca de resguardo financeiro e da obediência aos dogmas cristãos.

    VITÓRIA —
Só tenho um único
Breve reparo
A tão preclaro
Genro viril
É o esquecimento
Do sacramento

Afinal
Se casou
Só no civil
[...]

MAX —
Mas nesse ínterim
Mudei de crença
Já peço a bênção
No santo altar

VITÓRIA —
Que maravilha
Não perco a filha
E um varão
Bonitão
Eu vou ganhar

Por fim, as funcionárias de Duran resolvem participar da evolução, passando a amar em escala industrial; todos cantam juntos as benesses da nova era, numa hilária lista díspar neobarroca, com elementos que vão de pasta de dentes a dispositivos de guerra.

TODOS —
O Sol nasceu
No mar de Copacabana
Pra quem viveu
Só de café e banana
Tem gilete, Kibon
Lanchonete, Neon
Petróleo
Cinemascope, sapólio
Ban-Lon
Shampoo, tevê
Cigarros longos e finos
Blindex fumê
Já tem Napalm e Kolynos
Tem cassete e ray-ban
Camionete e sedan

Que sonho
Corcel, Brasília, Plutônio
Shazam
Que orgia
Que magia
Reina a paz
No meu país
Ai, meu Deus do céu
Me sinto tão feliz

O painel desolador, e ainda infelizmente familiar, de bandidos controlando o poder com a força do capital, enquanto se aplaca a ira da população com o acesso a bens de consumo, é atacado com o humor implacável, arma do artista.

Chico Buarque

FEIJOADA COMPLETA
(Chico Buarque)
do filme "Se Segura, Malandro"

Mulher
Você vai gostar
Tô levando uns amigos pra conversar
Eles vão com uma fome que nem se contem
Eles vão com uma sede de anteontem
Salta cerveja estupidamente gelada prum batalhão
E vamos botar água no feijão
Mulher
Não vá se afobar
Não tem que pôr a mesa, nem dá lugar
Ponha os pratos no chão, e o chão tá posto
E prepare as linguiças pro tira-gosto
Uca, açúcar, cumbuca de gelo, limão
E vamos botar água no feijão
Mulher
Você vai fritar
Um montão de torresmo pra acompanhar
Arroz branco, farofa e a maniqueta
A laranja Bahia, ou da seleta
Joga o paio, carne-seca, toucinho no caldeirão
E vamos botar água no feijão
Mulher
Depois de salgar
Faça um bom refogado, que é pra engrossar
Aproveite a gordura da frigideira
Pra melhor temperar a couve mineira
Diz que tá dura, pendura a fatura no nosso irmão
E vamos botar água no feijão

Voz - Chico Buarque
Piano - Francis Hime
Violão - Manoel de Conceição
Violão 7 - Neco
Cavaquinho - Alceu
Flauta - Jorginho
Clarinete - Netinho
Trombone - Raul de Barros
Trumpete - Márcio
Cuíca - Nelson
Surdo - Gordinho
Apito - Geraldo
Ganzá - Canegal
Reqinque - Doutor
Caixa e agogô - Wilson das Neves
Arranjo e regência - Francis Hime

CÁLICE
(Gilberto Gil - Chico Buarque)

Pai, afasta de mim esse cálice
Pai, afasta de mim esse cálice
Pai, afasta de mim esse cálice
De vinho tinto de sangue
Como beber dessa bebida amarga
Tragar a dor, engolir a labuta
Mesmo calada a boca, resta o peito
Silêncio na cidade não se escuta
De que me vale ser filho da santa
Melhor seria ser filho da outra
Outra realidade menos morta
Tanta mentira, tanta força bruta
Como é difícil acordar calado
Se na calada da noite eu me dano
Quero lançar um grito desumano
Que é uma maneira de ser escutado
Esse silêncio todo me atordoa
Atordoado, eu permaneço atento
Na arquibancada pra a qualquer momento
Ver emergir o monstro da lagoa
De muito gorda a porca já não anda
De muito usada a faca já não corta
Como é difícil, pai, abrir a porta
Essa palavra presa na garganta
Esse pileque homérico no mundo
De que adianta ter boa vontade
Mesmo calado o peito, resta a cuca
Dos bêbados do centro da cidade
Talvez o mundo não seja pequeno
Nem seja a vida um fato consumado
Quero inventar o meu próprio pecado
Quero morrer do meu próprio veneno
Quero perder de vez tua cabeça
Minha cabeça perder teu juízo
Quero cheirar fumaça de óleo diesel
Me embriagar até que alguém me esqueça

Voz - Chico Buarque e Milton Nascimento
(gentilmente cedido pela ODEON)
Vocal - MPB4
Piano - Magro
Violão - Mitinho
Guitarra - Luiz Cláudio Ramos
Baixo - Bebeto
Bateria - Mário Negrão
Arranjo e regência - Magro

TROCANDO EM MIÚDOS
(Francis Hime - Chico Buarque)

Eu vou lhe deixar a medida do Bonfim
Não me valeu
Mas fico com o disco do Pixinguinha, sim?
O resto é seu
Trocando em miúdos, pode guardar
As sobras de tudo que chamam lar
As sombras de tudo que fomos nós
As marcas do amor nos nossos lençóis
As nossas melhores lembranças
Aquela esperança de tudo se ajeitar
Pode esquecer
Aquela aliança, você pode empenhar
Ou derreter
Mas devo dizer que não vou lhe dar
O enorme prazer de me ver chorar
Nem vou lhe cobrar pelo seu estrago
Meu peito tão dilacerado
Aliás
Aceite uma ajuda do seu futuro amor
Pro aluguel
Devolva o Neruda que você me tomou
E nunca leu
Eu bato o portão sem fazer alarde
Eu levo a carteira de identidade
Uma saideira, muita saudade
E a leve impressão de que já vou tarde

Voz - Chico Buarque
Piano - Francis Hime
Flauta - Celso e Jorginho
Cordas - Phonogram
Arranjo e regência - Francis Hime

O MEU AMOR
(Chico Buarque)
da peça "Ópera do Malandro"

Teresinha:
O meu amor
Tem um jeito manso que é só seu
E que me deixa louca
Quando me beija a boca
A minha pele toda fica arrepiada
E me beija com calma e a fundo
Até minh'alma se sentir beijada
Lúcia:
O meu amor
Tem um jeito manso que é só seu
Que rouba os meus sentidos
Viola os meus ouvidos
Com tantos segredos lindos e indecentes
Depois brinca comigo
Ri do meu umbigo
E me crava os dentes
As duas:
Eu sou sua menina, viu?
E ele é o meu rapaz
Meu corpo é testemunha
Do bem que ele me faz
Lúcia:
Meu amor
Tem um jeito manso que é só seu
De me deixar maluca
Quando me roça a nuca
E quase me machuca com a barba mal feita
E de pousar as coxas entre as minhas coxas
Quando ele se deita
Teresinha:
O meu amor
Tem um jeito manso que é só seu
De me fazer rodeios
De me beijar os seios
Me beijar o ventre
Desfruta do meu corpo
Como se meu corpo fosse a sua casa
As duas:
Eu sou sua menina, viu?
E ele é o meu rapaz
Meu corpo é testemunha
Do bem que ele me faz

Voz de Teresinha - Marieta Severo
Voz de Lúcia - Elba Ramalho (gentilmente cedida pela CBS)
Piano - Francis Hime
Violão - Artur Verocai e Jorge Lima
Baixo - Luizão
Bateria - Pedrinho
Percussão - Chiquinho, Djalma e Chacal
Trumpete - Márcio
Trombone - Maciel
Clarinete - Marko e Jayme
Flauta - Copinha, Celso e Franklin
Cordas - Phonogram
Arranjo e regência - Francis Hime

HOMENAGEM AO MALANDRO
(Chico Buarque)
da peça "Ópera do Malandro"

Eu fui fazer um samba em homenagem
A nata da malandragem
Que conheço de outros carnavais
Eu fui à Lapa e perdi a viagem
Que aquela tal malandragem
Não existe mais
Agora já não é normal
O que dá de malandro regular, profissional
Malandro com aparato de malandro oficial
Malandro candidato a malandro federal
Malandro com retrato na coluna social
Malandro com contrato, com gravata e capital
Que nunca se dá mal
Mas o malandro pra valer
— não espalha
Aposentou a navalha
Tem mulher e filho e trabalha
Dizem as más línguas que ele até trabalha
Mora lá longe e chacoalha
Num trem da Central

Voz - Chico Buarque
Piano - Magro
Violão - Mitinho
Baixo - Bebeto
Bateria - Mário Negrão
Sax tenor - Bija e Luisinho
Sax alto - Jorginho
Clarinete - Marko Ruiz
Trombone - Maciel
Arranjo e regência - Magro

Lado 1

1 - "FEIJOADA COMPLETA"
(Chico Buarque) - 2.50
2 - "CÁLICE"
participação vocal: MILTON NASCIMENTO
(gentilmente cedido pela EMI-ODEON)
(Gilberto Gil-Chico Buarque) - 4.00
3 - "TROCANDO EM MIÚDOS"
(Francis Hime-Chico Buarque) - 3.20
4 - "O MEU AMOR"
MARIETA SEVERO e ELBA RAMALHO
(gentilmente cedida pela CBS)
(Chico Buarque) - 4.00
5 - "HOMENAGEM AO MALANDRO"
(Chico Buarque) - 2.50

Total: 16.30

Lado 2

1 - "ATÉ O FIM"
(Chico Buarque) - 2.24
2 - "PEDAÇO DE MIM"
participação vocal: ZIZI POSSI
(Chico Buarque) - 3.16
3 - "PIVETE"
(Francis Hime-Chico Buarque) - 2.27
4 - "PEQUENA SERENATA DIURNA"
(Silvio Rodriguez) - 2.21
5 - "TANTO MAR"
(Chico Buarque) - 1.54
6 - "APESAR DE VOCÊ"
(Chico Buarque) - 3.53

Total: 16.15

Este encarte pertence ao LP Chico Buarque,
não pode ser vendido separadamente.

Capa e encarte do LP *Chico Buarque*, de 1978,
que trazia três temas da *Ópera do malandro*: "O meu amor",
"Homenagem ao malandro" e "Pedaço de mim".

HOMENAGEM AO MALANDRO

(Chico Buarque, 1977)
Na gravação de Moreira da Silva para o álbum
Ópera do malandro (1979)

A figura clássica do malandro aparece definida nos sambas da chamada Época de Ouro da canção do Brasil (1929-1945), por compositores como Wilson Batista, Geraldo Pereira e Noel Rosa. Personagem tipicamente brasileiro — sendo associado de modo particular ao carioca, e de maneira ainda mais precisa ao bairro da Lapa —, o malandro se caracteriza pela habilidade com que, mesmo dado a trambiques e evitando o trabalho, consegue despertar simpatia com sua lábia e sua astúcia. O famoso jeitinho brasileiro está diretamente ligado à malandragem.

O malandro circula preferencialmente nos ambientes boêmios dos bares, bordéis e rodas de samba, tendo fama de bom bebedor, bom amante e bom de briga; não se prende a nenhuma ocupação e a nenhuma mulher, estando sempre pronto a ludibriar algum mané com sua esperteza e capacidade de reagir rapidamente a situações adversas. A indumentária consagrada do vaidoso malandro, sempre galante e bem-vestido, inclui chapéu-panamá, camisa listrada, sapato bicolor e navalha.

As instituições são desafiadas pelo malandro, que até certo ponto consegue desviar de suas garras. O bom humor, a sutileza e a ação individual são outros traços da sua personalidade: na visão romântica, um membro de quadrilha, um assaltante ou um simples homicida jamais poderiam ser confundidos com o malandro, dedicado a pequenos golpes e à apreciação da vida fácil.

Em sua peça *Ópera do malandro* (1978), Chico Buarque retrata o momento histórico em que a tradicional malandragem passa a não ter vez, numa sociedade em que o sistema está corrompido pela atuação dos chamados criminosos de colarinho branco, lidando com quantias inimagináveis para o modesto malandro.

Duas canções aparecem como síntese da peça: a primeira, "O malandro", é uma versão livre de Chico para número em alemão de Kurt Weill e Bertolt Brecht, compondo uma parábola na qual um malandro, pelo simples ato de tomar uma dose de cachaça sem pagar, causa prejuízos milionários que atingem até a política externa norte-americana, sendo no final, como o lado mais fraco, responsabilizado por toda a situação.

Na segunda, "Homenagem ao malandro", mais direta, o eu da canção se propõe a fazer um samba de celebração da malandragem; para isso, empenha-se numa pesquisa de campo na Lapa, descobrindo que seu intuito é impossível, porque a malandragem tal qual se conhecia acabou. A homenagem ao malandro configura, portanto, um réquiem que passou por transmutação: em vez da esperada música triste e lenta, temos, malandramente, um samba rasgado.

Depois de ser lançada na voz do próprio autor em seu álbum *Chico Buarque* (1978), a canção no registro do disco *Ópera do malandro* (1979) foi adequadamente entregue a Moreira da Silva, o popularizador do samba de breque, que desde a década de 1930 personificava o malandro arquetípico em incontáveis sambas, sempre em caprichado figurino malandríssimo.

> Agora já não é normal
> O que dá de malandro regular, profissional
> Malandro com aparato de malandro oficial
> Malandro candidato a malandro federal
> Malandro com retrato na coluna social
> Malandro com contrato, com gravata e capital
> Que nunca se dá mal

A enumeração exaustiva das características do novo malandro — em frases melódicas cada vez mais agudas criando um clímax na simbólica palavra "capital", tão ligada à burguesia — reproduzem a proliferação da malandragem institucionalizada, exterminadora da malandragem romântica. O cansaço causado pela constatação de que a figura renovada está em todas as esferas do poder também encontra eco nas insistentes rimas externas em "al" e nas rimas internas em "ato".

O usurpador do título de malandro, para espanto do eu da canção, profissionalizou a roubalheira, penetrou definitivamente nas instituições ("malandro oficial"), tem cargos políticos ("malandro federal" lembra, evidentemente, "deputado federal"), prefere a alta sociedade à boemia ("coluna social") e se mostra intocável para o alcance da lei.

O verdadeiro malandro dos tempos antigos — confidencia o eu da canção, pedindo que o ouvinte guarde segredo, para não prejudicar sua reputação — agora está reduzido a uma vida suburbana com toda a "tralha" decorrente, incluindo uma relação monogâmica, filhos e (horror dos horrores!) emprego regular, para o qual se dirige tendo de misturar-se a outros trabalhadores num trem desconfortável.

O ouvinte é tomado por uma sensação nostálgica em relação aos tempos em que no máximo seria feito de otário perdendo alguns trocos para um malandro boa-praça, em vez de imerso inexoravelmente num sistema corrupto.

TERESINHA

(Chico Buarque, 1977)
Na gravação de Maria Bethânia para o álbum *Pássaro da manhã* (1977)

A cantiga "Terezinha de Jesus" data de tempos remotos, sendo seus primeiros registros localizados na Ilha da Madeira, território português, no século XIX. Os oito primeiros versos, redondilhas maiores musicadas em tom menor e compasso ternário, são sempre os mesmos, com desdobramentos sendo adicionados com o passar dos anos e com a transmissão oral da cantiga por diferentes lugares.

> Terezinha de Jesus
> De uma queda foi ao chão
> Acudiu três cavalheiros
> Todos três chapéu na mão
>
> O primeiro foi seu pai
> O segundo, seu irmão
> O terceiro foi aquele
> Que a Tereza deu a mão

Como de hábito para peças folclóricas, as origens da cantiga passam por explicações várias e divergentes. Há quem diga que a história remonta ao século XII, a uma Tereza filha do segundo rei de Portugal; depois de dar à luz três filhos, teve seu casamento anulado ("De uma queda foi ao chão"), porque o marido era seu primo em primeiro grau, recolhendo-se então ao convento.

Outra versão, apelando a dados menos antigos, apontam que a cantiga faz referência a Santa Terezinha de Lisieux (1873-1897), e que os três personagens masculinos são o Pai, o Filho e o Espírito Santo, daí o erro de concordância de "*Acudiu* três cavalheiros", pois Deus é uno e trino.

Há ainda os mais literais, para quem a queda de Terezinha representa um tombo mesmo, "deu a mão" se refere ao casamento, e o aparente erro de concordância do "acudiu três" é apenas herança do português arcaico. Acredita-se no que se quer.

Seja como for, foi nessa peça do folclore português que Chico Buarque se baseou para compor "Teresinha", escrita para sua *Ópera do malandro* (1978) e lançada por Maria Bethânia no álbum *Pássaro da manhã* (1977). Adélia Bezerra de Meneses informa que, além do evidente amparo em "Terezinha de Jesus", a "Teresinha" de Chico Buarque deve seu esquema narrativo básico a "Barbara's Lied", da *Ópera dos três vinténs* (1928), de Bertolt Brecht, que ao lado da *Ópera dos mendigos* (1729), de John Gay, figura justamente como a base para o texto da *Ópera do malandro*.

Assim como na cantiga originária, os versos da "Teresinha" de Chico são redondilhas maiores; a música também transcorre em tom menor e compasso ternário, com as sete primeiras notas (equivalentes ao primeiro verso) sendo iguais em tempo e altura nas duas canções, para posterior desenvolvimento de Chico em sua composição.

Os personagens masculinos das duas criações são equivalentes, sendo apenas o terceiro que consegue desposar Teresinha. A cada um se dedica uma estrofe, sendo todas idênticas musicalmente e repletas de paralelismos verbais, numa estrutura de canção AAA. No contexto dramático da canção, a protagonista está explicando para os pais por que se casou com um pretendente indesejado: por amor.

> O primeiro me chegou
> Como quem vem do florista
> [...]
> O segundo me chegou
> Como quem chega do bar
> [...]
> O terceiro me chegou
> Como quem chega do nada

Tal como em "Terezinha de Jesus", o primeiro pretendente se mostra paternal, no papel de protetor e provedor, donde só poderia resultar uma relação incestuosa, logo impossível. A Teresinha são oferecidos presentes ("bicho de pelúcia" e "broche de ametista"), histórias que colocam o personagem masculino em posição ascendente ("Me contou suas viagens/ E as vantagens que ele tinha") e um posicionamento encastelado ("Me chamava de rainha"). Trata-se do famoso bonzinho que não consegue a mulher desejada ("tocou meu coração", mas "não me negava nada").

Com o segundo pretendente, dá-se o oposto. Repressor, ele se mostra o proverbial cafajeste que consegue atrair as mulheres, mas não o suficiente para Teresinha, pois a assusta ("arranhou meu coração", mas "não me entregava nada"): é chegado ao álcool, mostra-se ciumento ("Indagou o meu passado", "Vasculhou minha gaveta") e quer confinar a mulher às atividades domésticas ("cheirou minha comida").

Já com o terceiro, não há tempo para racionalizações e análises de compatibilidade, insignificantes ante o desejo mútuo. Ninguém realmente pode vir "do nada", sem passado relevante e sem repertório prévio; apenas pode, do ponto de vista de outra pessoa, aparentar assim tê-lo feito, por alguma razão. No caso de Teresinha, a enorme paixão a torna indiferente a quaisquer impeditivos pragmáticos relacionados à união do casal. A conquista completa de Teresinha passa pelo sexo ("Se deitou na minha cama/ E me chama de mulher"): só depois de conhecê-la no sentido bíblico é que o homem consegue se instalar feito um posseiro em seu coração.

No cancioneiro de Chico Buarque, recorrentemente se anulam as diferenças entre o amor romântico e a pulsão sexual para a representação feminina em primeira pessoa. Há aí uma quebra de paradigma antiquíssimo, com efeito de desafio, por extensão, a todo o *establishment*.

FOLHETIM

(Chico Buarque, 1977)
Na gravação de Gal Costa para o álbum *Água viva* (1978)

    Gal Costa já era uma cantora consagrada, com 11 anos de carreira fonográfica e 12 álbuns no currículo, quando pela primeira vez colocou uma canção de Chico Buarque em seu repertório. Quando Chico lhe entregou "Folhetim", dizendo que a havia composto especificamente pensando em sua voz, a artista não pôde resistir, e antecipou em seu álbum *Água viva* (1978) o lançamento fonográfico da canção presente no repertório da peça *Ópera do malandro* (1978).

    A canção impulsionou as vendas do disco, sendo o maior sucesso do álbum e ficando em 15º lugar entre as faixas mais executadas do ano. A partir daí, as canções do compositor se tornaram constantes na voz da cantora, que inclusive dedicou um álbum, *Mina d'água do meu canto* (1995), apenas às canções de Chico e Caetano Veloso.

    "Folhetim" é um bolero com clima de cabaré, escolha condizente com a temática da letra, com estrutura no formato AABA de 32 compassos típico da canção norte-americana. No arranjo para o álbum *Água viva*, temos mais um exemplo em que o arranjador, Perinho Albuquerque, cria uma melodia que se incorpora à composição: o tema de sax-alto, executado por Jorginho Ferreira da Silva, seria replicado em outras gravações da canção, e aparece transcrito por Almir Chediak no *songbook* de Chico Buarque.

    No contexto da peça, sabe-se que o eu da canção em "Folhetim" é uma prostituta que oferece seus serviços ao cliente de maneira desdenhosa, não negando ser uma ilusão efêmera para a vaidade do homem.

> Se acaso me quiseres
> Sou dessas mulheres
> Que só dizem sim
> Por uma coisa à toa
> Uma noitada boa
> Um cinema, um botequim

Escutando a canção isoladamente, no entanto, o ouvinte pode pensar que se está apresentando não necessariamente uma garota de programa, mas uma mulher liberta das convenções sociais que recomendam certo pudor ao tratar de sexo, ainda mais quando em modalidade casual e vinculada à aceitação de bom grado de presentes. O homem de "Folhetim" poderia muito bem ser um *sugar daddy*, na terminologia de hoje.

Em qualquer um dos casos, o espírito da canção se mantém: por meio da ascendência sexual, a mulher consegue o domínio da figura masculina, dispensando mentiras e eufemismos por confiar que, mesmo depois de ter noção do procedimento pelo qual será descartado, o homem recorrerá a ela.

Na condução habilidosa de Chico Buarque, justamente na passagem "E te farei, vaidoso, supor/ Que és o maior e que me possuis", a palavra "maior" é ancorada num acorde fora da tonalidade da canção: o ouvinte sente o ego do personagem masculino inflando. A seguir, volta-se ao tom de lá bemol maior para a repetição da seção musical A, na qual o homem é repelido como "página virada". A grande intérprete Gal Costa aqui modifica a divisão da melodia, que tal qual escrita provocaria o deslocamento de prosódia "paGIna virada", muito semelhante a "vagina virada" — a canção é sexual, mas não seria para tanto.

"Folhetim" tem parentesco com "Love for sale", canção composta por Cole Porter para o musical *The New Yorkers*, de 1930. Em ambas, o eu feminino se recusa a vitimizar-se pela sua profissão, anunciando seus préstimos profissionais como apenas mais uma comerciante, de maneira clara. Na canção de Porter, no entanto, a voz da protagonista se mostra ainda mais crua, tratando seu corpo como mercadoria equivalente a comida numa feira.

> Love for sale [Amor à venda]
> Appetizing young love for sale [Amor apetitoso e novinho à venda]
> Love that's fresh and still unspoiled [Amor fresquinho
> [e sem marcas de uso]
> Love that's only slightly soiled [Amor só com uma sujeirinha leve]
> Love for sale [Amor à venda]

Assim que "Love for sale" foi lançada, críticos dos jornais *New York Evening World* e *New York Herald Tribune* fizeram questão de escrever que a canção era de péssimo gosto e que deveria ser censurada. De fato, tornou-se um *standard* apesar de proibida para radiodifusão, ganhando fama apenas pelo alarde na peça e pela venda de discos com diferentes versões registradas. Para tentar suavizar o escândalo, trocou-se a intérprete na montagem do musical, substituindo-se uma atriz branca por uma negra.

Muitos anos depois, uma figura esclarecida como Alec Wilder, compositor e pesquisador, diria em seu seminal livro *American Popular Song* (1972), sobre "Love for sale", que a tentativa de Cole Porter de embelezar uma profissão sem nenhum encanto o deixava constrangido.

É difícil, no entanto, achar elementos na letra de "Love for sale", assim como na de "Folhetim", que corroborem as razões para esse tipo de embaraço reacionário. As protagonistas de ambas as canções não dão tons virtuosos a seu ofício, apenas não precisam demonstrar autocomiseração.

Nesse sentido — restringindo-se aqui a análise à temática, sem entrar em julgamentos estéticos —, uma canção recente como "Troca de calçada", do repertório de Marília Mendonça, parece um regresso do ponto de vista comportamental, com o moralismo de apresentar uma prostituta que só faz o que faz por falta de opção, porque passou por adversidades na vida, mas já sonhou em se casar e não queria ser uma vergonha para sua família.

Ao tratar a venda do corpo como o negócio de um bem qualquer, paradoxalmente Porter e Chico humanizam seus personagens marginalizados, por não os retratar de maneira unidimensional, como se a ocupação profissional definisse o caráter.

O MEU AMOR

(Chico Buarque, 1977)
Na gravação de Marieta Severo e Elba Ramalho para o álbum
Chico Buarque (1978)

O conhecido fetiche masculino de ver duas mulheres brigando por sua causa está amplamente registrado na história da canção popular. Para citar somente dois exemplos simbólicos, não por acaso compostos por homens, nos Estados Unidos há o *standard* "You can have him", de Irving Berlin, no qual duas mulheres, fingindo menosprezar o objeto da disputa, apenas mostram o quanto estão interessadas nele, numa materialização do "quem desdenha quer comprar".

Na Época de Ouro da canção brasileira, encontramos a impressionante "Tu qué tomá meu home", de Ary Barroso e Olegário Mariano. A letra traz a naturalização, acentuada pela música em maxixe animado e ligeiro, da violência contra mulher, num discurso em primeira pessoa feminina: "Por Deus, me deixa sossegar/ Tu que tomou meu home/ Mas meu home eu não te dou/ Eu gosto é de levar pancada/ E até de passar fome/ Por amor do meu amor [...]/ Não queira me encrencar/ Mulher malvada e má/ Você me deixa a vida desgraçada".

"O meu amor" é uma canção entre o bolero e o beguine composta para a peça *Ópera do malandro* (1978) e lançada no álbum *Chico Buarque* (1978), nas vozes de Marieta Severo e Elba Ramalho. Chico, seu autor, combina a velha temática da disputa feminina por um homem com a tradicional forma da canção-lista: surpreendentemente, o resultado passa longe do conservador, ao tomar como medida de valia do macho sua capacidade de dar prazer a uma mulher na cama. A ideia da santidade do amor feminino se mostra brutalmente substituída pelo apelo carnal, e quem aparece de maneira objetificada é a figura masculina.

Francis Hime escreveu dois arranjos para as mesmas intérpretes da canção, sendo que no álbum com a trilha sonora da *Ópera do malandro* (1979) há um cativante tema introdutório que se desenvolve em contraponto com a melodia cantada por Marieta e Elba; a gravação anterior, no entanto, ainda nos parece mais satisfatória, principalmente por estar um tom acima, em registro mais confortável para que as intérpretes possam demonstrar seus dotes dramáticos.

O componente provocador da canção aparecia aumentado pelo fato de ser amplamente sabido que uma das mulheres a cantar aquele tema erótico era justamente Marieta Severo, então mulher do compositor; já para Elba, a canção é de suma importância em sua carreira, pois a partir do sucesso da gravação é que decidiu privilegiar sua atuação como cantora em detrimento da carreira de atriz, lançando seu primeiro álbum em 1979.

> O meu amor
> Tem um jeito manso que é só seu
> E que me deixa louca
> Quando me beija a boca
> A minha pele toda fica arrepiada
> E me beija com calma e fundo
> Até minh'alma se sentir beijada, ai

Todas as quatro estrofes da canção partem dos mesmos dois versos com afirmação genérica ("O meu amor/ Tem um jeito manso que é só seu") para depois, em estrutura dedutiva, serem listadas especificações para o tal jeito do homem amado. Ironicamente, no entanto, os exemplos dados passam longe de demonstrar mansidão, dispondo em vez disso um grau crescente de contundência sexual.

Na primeira estrofe, a personagem Teresinha (no contexto dramático, em contenda com Lúcia, que acaba de apresentar-se informando estar grávida de Max, marido da outra) ainda demonstra algum recato e ternura, fundindo descrição de prazer físico com a espiritualidade da imagem de uma alma se sentindo beijada.

Para tentar suplantar a rival, a segunda mulher não opta por elencar as qualidades de cavalheiro do homem em disputa, nem uma possível postura de atenção e carinho, tampouco sua aptidão para fazer rir ou prover o lar; o que aparece como prova de maior amor é a capacidade de provocar o gozo, e assim se ouve uma escalada de explicitação de manobras relacionadas ao ato sexual.

Na letra originalmente submetida à censura, o final da gradação ascendente aparece em "Me beijar o ventre/ Me beijar o sexo/ E o mundo sai rodando/ E tudo vai ficando solto e desconexo, ai", tendo de ser trocado, por imposição governamental, pelos menos ousados versos "Me beijar o ventre/ E me deixar em brasa/ Desfruta do meu corpo/ Como se o meu corpo fosse a sua casa, ai". Aparentemente, o tiro da censura saiu pela culatra, pois Chico gostou da variação mais pudica a ponto de, muitos anos após o fim do veto, continuar cantando em seus shows a versão lançada em disco.

No refrão, cantado em uníssono pelas personagens de Lúcia e Teresinha, aparece primeiramente uma escolha léxica pueril ("Eu sou sua menina, viu?/ Ele é o meu rapaz"), seguida de uma síntese da ideia buarqueana da sexualidade incorporada ao espírito ("Meu corpo é testemunha/ Do bem que ele me faz").

Forma-se, assim, rico contraste acompanhado pelo desenho da melodia: no "viu?" de fecho do primeiro verso do refrão, atinge-se a nota mais aguda da canção, como se as personagens se sentissem flutuando pelo enlevo de uma paixão adolescente, de "menina"; depois disso, a curva melódica ganha contorno descendente, até repousar em tônica na nota correspondente à palavra "faz", a última e mais grave do refrão. Cria-se um efeito lírico-musical (já usado de maneira mais sutil em "Com açúcar, com afeto") de afastamento das alturas celestiais do amor romântico, indo-se em movimento descendente ao solo mundano para a consumação do ato sexual.

PEDAÇO DE MIM

(Chico Buarque, 1977)
Na gravação de Chico Buarque e Zizi Possi para o álbum
Chico Buarque (1978)

Um episódio jornalístico mostra como, até nos momentos mais líricos de Chico Buarque, acham material para pegar em seu pé, por razões que não podem ser outras senão seu posicionamento político. Em 2011, anos antes de se converter em entusiasta da esquerda, Reinaldo Azevedo escreveu, para sua coluna na versão digital da revista *Veja*, terrível denúncia sobre "Pedaço de mim", canção de Chico Buarque para sua peça *Ópera do malandro* (1978).

O jornalista relatou que, em momento ébrio, magnanimamente confessou a um amigo gostar de algumas músicas de Chico, que até tinha "coisa legal" em seu currículo. Como exemplo, cantarolou "Que a saudade é o revés de um parto/ A saudade é arrumar o quarto/ Do filho que já morreu". Seu amigo então afirmou que esse excerto não era do compositor, mas sim de ninguém menos do que Shakespeare, e como prova lhe enviou tradução de José Roberto Siqueira para trecho da peça *Rei João* (1623): "Dor enche o quarto do meu filho ausente,/ deita em sua cama, anda a meu lado/ sua graça assume, sua fala repete/ me faz lembrar todos os seus encantos,/ preenche as roupas ocas com sua forma". Em êxtase, Azevedo concluía sua coluna conclamando Chico a devolver "Pedaço de mim" a Shakespeare.

Para perceber que a contemplação do quarto de um filho morto traz dor aos pais não é preciso o brilhantismo de um Shakespeare, de um Chico Buarque ou de um Reinaldo Azevedo. O que interessa é *como* se trabalha poeticamente essa ideia. Sem perceber, o jornalista fez um enorme elogio a Chico, mostrando que o mero cancionista pode ser mais sintético e melhor do que Shakespeare.

"Pedaço de mim" constou do disco com a trilha sonora da *Ópera do malandro* (1979), na voz de Francis Hime (também arranjador da faixa) e Gal Costa; antecipadamente, porém (assim como "Homenagem ao malandro" e "O meu amor"), apareceu no álbum *Chico Buarque* (1978), em dueto do autor com a estreante Zizi Possi, sob arranjo de Milton Nascimento. Nessa versão para seu álbum solo, em contraponto com o solene arranjo orquestral de Francis, há um clima intimista na instrumentação de apenas violão, baixo elétrico, piano e bandolim.

A canção se apresenta em cinco estrofes de melodia igual (exceto por uma ligeiríssima variação nas duas últimas notas da canção, correspondentes à palavra "adeus"), mas com diferenças na condução dos acordes. As quatro primeiras estrofes são cantadas alternadamente por Zizi e Chico, enquanto a última os dois cantam juntos, com abertura de vozes, proporcionando um ápice emotivo condizente com a despedida anunciada nos versos.

A ideia central da letra é a de que, ante a impossibilidade de se estar com o ser amado, seria melhor apagá-lo da memória, para evitar o tormento maior da saudade. Anos depois, essa seria também a base do enredo de *Brilho eterno de uma mente sem lembranças* (2004), filme de Michel Gondry.

Os dois primeiros versos de cada estrofe são cantados com 15 notas iguais, num tom altamente declamatório.

> Oh, pedaço de mim
> Oh, metade afastada de mim
> Leva o teu olhar
> Que a saudade é o pior tormento
> É pior do que o esquecimento
> É pior do que se entrevar

Justamente na altura do terceiro verso, quando em todas as estrofes aparece a palavra "leva" (com a exceção da última, com a variação em paronomásia "lava"), a melodia deixa a insistente nota para traçar curva parabólica até o quarto verso, como se a música também ajudasse a arremessar para longe a terrível saudade que se apodera do eu da canção.

As estrofes são dispostas em construção verbal de mesma estrutura. O primeiro verso é sempre "Oh, pedaço de mim"; o segundo, uma qualificação suplementar para o termo "metade de mim", um clichê para designar o ser amado, em belíssima gradação que começa em "afastada" e passa por "exilada", "arrancada" e "amputada" para chegar a "adorada", implicando que o ato de adorar é mais brutal do que afastar, exilar, arrancar e amputar.

No terceiro verso de cada estrofe, há um pedido para que o ser amado desapareça como se o eu da canção nunca o tivesse conhecido: "leva o teu olhar", "leva os teus sinais", "leva o vulto teu", "leva o que há de ti" e, por fim, "lava os olhos meus", trazendo a contraditória noção de que só a perda completa do objeto adorado, passando pelos sentidos e pela mente, terá o poder de interrupção do pranto.

Por fim, nos últimos três versos de cada estrofe há definições para a saudade, sempre de alto poder imagético. Talvez ainda mais terrivelmente belos do que o "revés de um parto" da estima de Reinaldo Azevedo sejam os versos "Que a saudade dói como um barco/ Que aos poucos descreve um arco/ E evita atracar no cais". Há aí uma forte capacidade de condensação metonímica no uso de "dói como um barco", quando o que se entende é algo próximo a "dói de maneira equivalente à sensação de uma pessoa que aguarda um barco, que aos poucos descreve um arco e evita atracar no cais, sendo a chegada de um barco justamente um símbolo da concretização de uma esperança".

Curiosamente, em seu contexto dramático essa canção se opõe totalmente às personalidades que a cantam na peça, Teresinha e Max — principalmente este, pouquíssimo dado a lirismos e melancolias. Não importa: a força da canção torna possível nova suspensão de descrença dentro do já ficcional universo do teatro.

GENI E O ZEPELIM

(Chico Buarque, 1977)
Na gravação do álbum *Ópera do malandro* (1979)

Entre as não muitas composições de Chico Buarque com função predominantemente narrativa, "Geni e o zepelim" teve a maior repercussão popular. A canção foi escrita para a *Ópera do malandro* (1978), tendo seu lançamento fonográfico no álbum com a trilha sonora da peça, de 1979. O tema funciona como parábola para ilustrar a hipocrisia da sociedade que se põe a bajular uma figura marginalizada quando é de seu interesse, para, uma vez passada a necessidade, voltar a dispensar-lhe tratamento desumano.

O enredo da canção se baseia na história da prostituta do conto "Bola de sebo", de Guy de Maupassant. Embora "Geni e o zepelim" seja narrada em terceira pessoa, no contexto da peça para a qual foi escrita quem a interpreta é a própria personagem Geni — com nome de batismo Genivaldo, sendo seu travestismo fato não possível de se saber por quem só escuta a canção fora da situação dramática.

Geni, na peça, está em situação similar à da história que conta, pois sabe o paradeiro de Max Overseas, criminoso procurado. Consciente de que sua posição vantajosa não se prorrogará por muito, trata de aproveitar pedindo favores e dinheiro, e obrigando os interessados pela informação de que dispõe a assistir a um pequeno show, cujo único número é justamente "Geni e o zepelim".

Como é usual para as canções narrativas, as estrofes (quatro) da letra são acompanhadas por seções musicais de melodia idêntica. Os versos são sempre redondilhas maiores com esquema de rima aabccb, sobre base musical fornecida por um arpejo em compasso ternário no violão.

O refrão, cantado ao fim de cada uma das estrofes, aparece com acentuada função catártica: o ritmo é fortemente marcado por percussão, enquanto um coro grita os versos — das 40 notas que compõem o refrão, 33 delas são notas dó da mesma altura. Na coloquialidade chula, perde-se o padrão de rimas, e o único verso fora do modelo de sete sílabas poéticas é o categórico "Maldita Geni".

>Joga pedra na Geni
>Joga pedra na Geni
>Ela é feita pra apanhar
>Ela é boa de cuspir
>Ela dá pra qualquer um
>Maldita Geni

Seguindo um esquema narrativo clássico, na primeira estrofe se apresenta a protagonista Geni. Pouco além de sua disposição sexual se mostra da personagem, com reiterados exemplos de seus clientes, também figuras marginalizadas na sociedade: "nego torto", "errantes", "cegos", "retirantes", "detentos", "loucas", "lazarentos" etc.

Foram censurados os versos "Dá-se assim desde menina/ Das lésbicas, concubina/ Dos pederastas, amásio", que entregavam a sexualidade ambígua da protagonista, sendo trocados por "Dá-se assim desde menina/ Na garagem, na cantina/ Atrás do tanque, no mato". E mais uma vez, a substituição improvisada acabou se tornando solução definitiva após o fim da censura: embora menos chocantes, os versos compostos posteriormente se mostram mais ricos na caracterização de Geni, por deixarem entender que, além de fazer sexo com qualquer pessoa, a personagem também o pratica em qualquer lugar.

Na segunda estrofe, entra o antagonista, comandante de um "enorme zepelim", pouco sutil símbolo fálico, e com ele o conflito. Ao se deparar com o "horror e iniquidade" da cidade onde se passa a história, impõe como condição para não bombardeá-la o recebimento dos serviços sexuais de Geni, para espanto dos cidadãos de bem do local.

Na terceira estrofe, há o clímax, pois Geni, conhecida por dar para qualquer um, recusa-se a deitar justamente com "homem tão nobre". Para dissuadi-la, entram em cena os mais ilustres habitantes da cidade; sua mão é beijada, passa de "maldita" a "bendita", e a cortejam as forças política ("o prefeito de joelhos"), religiosa ("o bispo de olhos vermelhos") e financeira ("o banqueiro com um milhão") do local.

Na última estrofe, o desfecho: Geni cede aos apelos, contém seu "asco" e se entrega ao zepelim do comandante. Em menos de um dia, porém, uma vez expirada sua utilidade, a perseguição contra Geni volta recrudescida, acrescendo-se bosta ao lançamento de pedras.

Para desgosto de Chico, enquanto a canção fazia sucesso radiofônico, houve episódios registrados em que prostitutas foram atacadas por homens gritando o refrão "Joga bosta na Geni", numa triste demonstração da própria hipocrisia denunciada na letra, pois certamente pessoas dessa estirpe não deixam de recorrer ao serviço de garotas de programa. Embora lamentando tais acontecimentos, o compositor afirmou que o artista não pode se autocensurar pensando em possíveis desvios de interpretação de sua obra.

Frente e verso da capa do LP *Ópera do malandro*, de 1979,
com as composições da peça de Chico Buarque
que estreou no Rio de Janeiro em 26/7/1978,
dirigida por Luís Antonio Martinez Corrêa.

PIVETE

(Francis Hime/Chico Buarque, 1978)
Na gravação do álbum *Chico Buarque* (1978)

"Pivete" é outra canção cuja letra de Chico Buarque requereu o "golpe do Francis" para ser entregue, em cima da hora. E mais uma vez, depois de registrá-la em seu próprio álbum *Se porém fosse portanto*, de 1978, Francis Hime teve de se virar, e depressa, para escrever um diferente arranjo, já que Chico também a quis gravar para seu álbum *Chico Buarque*, do mesmo ano.

Na versão na voz de seu letrista, a canção aparece um tom acima, e ganha uma introdução, com tema executado em flauta e clarinete, que se incorporou à música de maneira a até aparecer na partitura de "Pivete" transcrita por Almir Chediak para o *songbook* de Chico Buarque.

Usualmente, as canções populares mais amenas se prestam a maior elaboração melódica e harmônica, enquanto as mais agitadas privilegiam o trabalho rítmico, apresentando também tessitura mais compacta; num estilo muito próprio, Francis tem em seu repertório números que, embora numa levada "pra cima", contêm encrencas harmônicas, em sequência de acordes pouco previsível.

É o caso justamente de "Pivete", música que Francis classifica como entre o samba, o xaxado e o lundu. Em cena da qual este pesquisador foi testemunha ocular, Francis tocava a canção em sua festa de 80 anos; com a permissividade de execução fora de ambiente profissional, parou para comentar que "essa harmonia é muito louca", como se analisasse pela primeira vez uma obra de outro compositor.

Em "Pivete", a música não para muito tempo numa tonalidade só. Chico foi sagaz para perceber essa característica, escrevendo uma letra sobre personagem que "zanza", verbo fundamental para a canção. Ao mesmo tempo que se ouve a subida e a descida de tons, o pivete dobra esquinas, sobe morros e desce pelas ruas do Rio de Janeiro. Não há um esquema fixo de rimas, que aparecem, junto a homoteleutos ("carioca" e "Caneca", "boca" e "mutuca"), cá e lá, qual o personagem retratado.

> Dobra a carioca, olerê
> Desce a Frei Caneca, olará
> Se manda pra Tijuca
> Sobe o Borel
> Meio se maloca
> Agita numa boca
> Descola uma mutuca
> E um papel

A característica alegre e dançante da música, com acento no contratempo, faz com que o pivete não pareça ameaçador — mesmo evoluindo do canivete, no início da canção, para a bereta, nos últimos versos. Do mesmo modo, o protagonista não aparece como merecedor de pena, ainda que batalhando na sarjeta.

Num país em que menores de idade em situação de rua são tratados como inconvenientes a serem reprimidos, quando não eliminados, a atenção para essas crianças e jovens como seres irrequietos e multifacetados aparece como dever para o cronista/cancionista sensível, longe de retrato alarmista ou representação vitimizadora, ambos reduções problemáticas.

Mais digno é apresentá-los com a complexidade comum a todos os humanos, ainda que não seja possível nomeá-los, sendo tratados na canção simplesmente como "pivete" ou como personagens famosos em referência aos quais são apelidados por relação de semelhança: negro como Pelé, com as pernas tortas de Mané Garrincha, intrépido ao volante como Emerson Fittipaldi. Não por acaso, todos esses são esportistas, sendo o esporte o mecanismo dos sonhos para a ascensão de classe independente da educação formal — embora o automobilismo já tenha um caráter excludente de entrada.

Ações são enumeradas de maneira frenética: logo ao início da canção, "ele" aparece no sinal fechado vendendo chiclete, trabalhando como engraxate, batalhando um trocado e apontando um canivete. Como é impossível praticar todas essas atividades ao mesmo tempo, torna-se claro que o pivete da canção é um símbolo de todos os pivetes do Brasil, ou uma apresentação, em condensação temporal, das incontáveis atividades a que esses garotos têm de se dedicar para garantir suas vidas, numa polivalência que não deixa de ser admirável.

No reduzido espaço da canção, faz-se impressionante a multiplicidade de elementos a compor o painel temático, não sendo evitadas áreas espinhosas como o consumo de drogas ("Descola uma mutuca/ E um papel") e a criminalidade como recurso para o sustento próprio. A apresentação do desejo do garoto suburbano, sob efeito relaxante da maconha, pela vida na zona sul carioca é de concisão poética modelar: "Sonha aquela mina, olerê/ Prancha, parafina, olará".

A canção foi regravada por Chico no álbum *Paratodos*, de 1993, ano da chacina da Candelária. Quase 50 anos após seu lançamento, continua desalentadoramente atual.

UMA CANÇÃO DESNATURADA

(Chico Buarque, 1979)
Na gravação de Chico Buarque e Marlene para o álbum
Ópera do malandro (1979)

No texto e nas canções de sua *Ópera do malandro* (1978), Chico Buarque promoveu um ataque sistemático às instituições e convenções sociais: sobrou para as forças políticas, a polícia, a igreja, os industriais, o empresariado, a hipocrisia das elites, a força da amizade, a pureza do amor, o matrimônio — precedendo entre os clássicos da MPB, e com seleção de alvos mais ampla, o álbum *Cabeça dinossauro* (1986), dos Titãs, notório pela virulência contra os poderes estabelecidos.

Entre todas as canções da peça de Chico, nenhuma soa tão aterradora quanto "Uma canção desnaturada", adicionada ao repertório na montagem paulistana da peça, em 1979, e cantada no álbum com a trilha sonora da *Ópera do malandro* (1979) por Marlene e Chico Buarque. Afinal, políticos em geral não gozam de boa fama, a polícia impõe medo em grande parte da população, empresários muitas vezes são vistos como mesquinhos, casamentos acabam em divórcio...

Mas o amor filial é considerado santo mesmo entre os mais contumazes ateus, uma instituição reverenciada não só pelos cidadãos impolutos e pagadores de impostos, mas também pelos assaltantes, corruptos, mafiosos e homicidas. E é esse o amor que "Uma canção desnaturada" despedaça para os ouvintes, numa canção em que dois pais amaldiçoam sua filha.

No contexto da peça, Vitória e Duran estão encolerizados porque Teresinha se casou com o malandro contrabandista Max Overseas, quando esperavam um matrimônio que proporcionasse a toda a família o reconhecimento na alta sociedade. Assim como em "Pedaço de mim", a apreciação de "Uma canção desnaturada" exige uma nova suspensão de descrença dentro da suspensão de descrença já exigida para o contemplar de uma obra ficcional: o clima grave ao extremo do número contrasta fortemente com o tom farsesco da *Ópera do malandro*.

Mostrando ser prioritariamente cancionista, Chico Buarque sacrifica a coesão da peça em favor da obtenção de um conjunto variado de canções, tanto nos ritmos usados — samba, reggae, bolero, beguine, valsa, tango, fox, xaxado — quanto no tom das letras, indo do francamente cômico ao trágico, passando pela brutalidade verbal de "Uma canção desnaturada".

Musicalmente, a canção é uma modinha em compasso ternário, com arranjo de cordas de Francis Hime ressaltando seu tom solene. Suas quatro estrofes são muito semelhantes melódica e harmonicamente, ficando a tessitura restrita na maior parte da música ao intervalo de uma sexta menor, só ultrapassando (em meio-tom) uma oitava justa no clímax antecedendo o desfecho. Sem grandes movimentações e saltos musicais, ressalta-se o aspecto discursivo da canção; os versos iniciais de cada estrofe são quase recitados, não havendo simetria entre eles.

> Por que cresceste, curuminha
> Assim depressa, e estabanada
> Saíste maquilada
> Dentro do meu vestido
> Se fosse permitido
> Eu revertia o tempo

Numa ironia despida de comicidade, embora os pais estejam a maldizer a filha impetuosamente, não conseguem deixar de dirigir-se a ela usando o apelido carinhoso "curuminha". Pela simbologia da maquiagem feminina — lembremos da "Marina" de Caymmi —, a declaração, por parte de uma mãe, de "Saíste maquilada/ Dentro do meu vestido" se aproxima bastante da afirmação de que a filha já era vagabunda desde criancinha, ou algo parecido.

Em seguida, surge o desejo de reversão do tempo, não para uma possível correção de rumos da filha, como o ouvinte pode primeiramente pensar, mas para o desfrute de uma série de medidas sádicas que vão sendo listadas. E as imagens escolhidas por Chico impactam pela precisão com que se dispõem pontos-chave dos cuidados maternos.

Na caracterização social, espera-se que as mães se sintam padecendo no paraíso, esperando com carinhos e comida preferida seus filhos até na saída da prisão, quando esposa e demais familiares já o abandonaram. A ambivalência de sentimentos em relação a um filho aparece vedada para os pais, especialmente para a mulher; pela demanda de trabalho sem gratificação, torna-se impossível não haver momentos de ódio, sendo razoável dentro de um contexto civilizado que esse sentimento não se transforme em ações que prejudiquem o filho. Mas às mães que se pretendem boas, até *pensar* em algo negativo se torna pecaminoso. Por isso a canção *desnaturada* (contrária à natureza) se mostra tão assustadora, ao confrontar os ouvintes com seus desejos mais recônditos e sombrios.

Renega-se o pavor em relação à segurança do recém-nascido ("Te ver as pernas bambas, curuminha/ Batendo com a moleira"); mostra-se arrependimento por não ter sido egoísta ("Recuperar as noites, curuminha/ Que atravessei em claro", "Tratar uma ama-seca"); deseja-se que a criança viva entre fezes ("Te emporcalhando inteira"), que se sinta abandonada ("E eu te negar meu colo"), que seja ridicularizada ("Raspar os teus cabelos/ E ir te exibindo pelos botequins"), que seja torturada psíquica e fisicamente ("Quebrar tua boneca", "No chão que engatinhaste, salpicar/ Mil cacos de vidro", "Tornar azeite o leite/ Do peito que mirraste" — as assonâncias remetem à interjeição "ei", de repúdio amargo).

Ao final, no canto em voz dobrada de pai e mãe, chega-se ao desejo-síntese de "Te recolher pra sempre/ À escuridão do ventre, curuminha/ De onde não deverias/ Nunca ter saído", uma apresentação estendida da terrível vontade de que a filha tivesse sido abortada.

CHICO BUARQUE

VIDA
Chico Buarque
MAR E LUA
Chico Buarque
DEIXE A MENINA
Chico Buarque
JÁ PASSOU
Chico Buarque
BASTIDORES
Chico Buarque
QUALQUER CANÇÃO
Chico Buarque
FANTASIA
Chico Buarque

EU TE AMO
Tom Jobim - Chico Buarque
Part. Vocal TELMA COSTA
DE TODAS AS MANEIRAS
Chico Buarque
MORENA DE ANGOLA
Chico Buarque
BYE BYE, BRASIL
Roberto Menescal - Chico Buarque
NÃO SONHO MAIS
Chico Buarque

STEREO
6349.435
Série Prata

Frente e verso da capa do LP *Vida*, de 1980, que contou com arranjos de Francis Hime, Tom Jobim (em "Eu te amo") e Roberto Menescal (em "Bye bye, Brasil").

BASTIDORES

(Chico Buarque, 1980)
Na gravação de Cauby Peixoto para o álbum *Cauby! Cauby!* (1980)

Não, na verdade "Bastidores" não foi feita para Cauby Peixoto. Quando o jornalista Tarso de Castro procurou Chico Buarque, pedindo uma canção inédita para um disco que estava produzindo para Cauby, o compositor falou que não tinha nada disponível; lembrou-se, porém, de uma que havia acabado de ser gravada pela irmã, Cristina, se o ineditismo não fosse realmente condição *sine qua non*.

Acabou que, sabe-se lá por que motivos, o álbum de Cauby foi lançado alguns meses antes, em 1980, e a gravação de Cristina, para quem a canção havia sido composta, foi totalmente eclipsada. O samba-canção "Bastidores" ressuscitou a carreira de Cauby, então dado como um artista ultrapassado, tornando-se para ele um sucesso somente comparável a "Conceição", ambos números presentes no repertório de seus shows até sua morte.

Dá para entender por que a canção ficou tão associada a Cauby Peixoto, mais até do que a seu compositor: o sentimentalismo exacerbado de "Bastidores", pouco usual no cancioneiro de Chico — com direito a termos sendo repetidos em crescendo, e um "cantei" no final sendo executado uma oitava acima das primeiras aparições no refrão, em nota alongada — parecem ter sido talhados para um cantor pré-bossa nova.

Mais do que isso, a letra da canção, originalmente idealizada como de eu lírico feminino, na voz de Cauby acabou se tornando algo próximo a um hino gay. O próprio cantor só admitiria sua homossexualidade aos 80 anos, em 2015, um ano antes de sua morte; ele se permitia, no entanto, visual e postura extravagantes, com peruca cacheada, maquiagem, ternos cintilantes e gestual expansivo — além de uma afinação a toda prova da qual se mostrava perfeitamente consciente, com a imodéstia fazendo parte de sua *persona* artística.

Os versos "Com muitos brilhos me vesti/ Depois me pintei, me pintei/ Me pintei, me pintei" passaram a ter sido criados com a imagem de Cauby em mente, pois como diz o ditado italiano, se não é verdade, é bem contado.

A letra de "Bastidores", cheia de imagens hiperbólicas, trabalha o antigo mote do palhaço que mesmo chorando por dentro deve permanecer sorridente para o público, porque o show tem que continuar, *there's no business like show business* e por aí vai. Como adição original, na canção de Chico o artista não apenas se mantém no personagem mesmo ante sofrimento extremo como é levado pela miséria a conseguir uma performance transcendental, além de suas capacidades normais, para delírio da audiência.

> Cantei, cantei
> Jamais cantei tão lindo assim
> E os homens lá pedindo bis
> Bêbados e febris
> A se rasgar por mim

Em mais uma evidência — falsa, mas quem se importa? — de que a composição foi especialmente destinada a Cauby, pode-se lembrar que, no começo da carreira do cantor, seu lendário empresário Di Veras o trajava com roupas de costura frouxa, para que pudessem ceder, despedaçando-se quando fãs o agarravam.

Com o precedente aberto justamente pelo autor da canção que agora se tornava seu carro-chefe — na já mencionada performance de Chico ao lado de Caetano em "Bárbara" —, Cauby podia, em 1980, cantar que homens bêbados e febris se rasgavam por ele, em vez de ter mulheres rasgando seus trajes, como em sua juventude; o cantor estava encarnando uma mulher, mas também dando vazão a um componente (mal) reprimido de sua sexualidade, numa interpretação cujo valor autêntico transpareceu para o público, que a aclamou.

"Bastidores" começa com "Chorei, chorei/ Até ficar com dó de mim/ E me tranquei no camarim/ Tomei o calmante, o excitante/ E um bocado de gim", explorando a imagem do ser boêmio que, para aguentar o tranco, precisa entupir-se de remédios e álcool. Segue-se com "Amaldiçoei/ O dia em que te conheci/ Com muitos brilhos me vesti/ Depois me pintei, me pintei/ Me pintei, me pintei". Se o eu da canção chora exageradamente, duas vezes, enquanto vocifera maldições, pinta-se em dobro, quatro vezes, pois a arte precisa suplantar a aflição mundana. E canta ainda mais: o verbo "cantar", com suas variações, aparece nove vezes ao longo da canção.

Apesar da ovação do público, o protagonista não concede bis e volta ainda com o traje de palco a sua casa, para certificar-se "Que tu nunca mais vais voltar/ Vais voltar, vais voltar". Trata-se de mais uma das preciosas ambiguidades de Chico: o eu da canção está se certificando porque não quer que seu antigo par volte de jeito nenhum ou, pelo contrário, nutre uma esperança de que a pessoa amada volte, sendo a repetição de "vais voltar" um equivalente a "quero que tu voltes"?

No desfecho da canção, repete-se o mesmo "Chorei, chorei" do início, como para ilustrar um ciclo no qual o homem (ou a mulher) de palco precisa da angústia para alimentar sua arte.

DEIXE A MENINA

(Chico Buarque, 1980)
Na gravação do álbum *Vida* (1980)

Embora famosamente se diga que o primeiro samba gravado é de 1917, no registro de "Pelo telefone", canção creditada a Donga e Mauro de Almeida, a verdade é que os primeiros discos rotulados como "samba" soam aos ouvidos contemporâneos como maxixe. Para ouvir a marcação que entendemos como samba hoje em dia, a referência mais antiga vem da chamada Turma do Estácio, na virada da década de 1920 para a de 1930: o grupo formado por, entre outros menos famosos, Ismael Silva, Nilton Bastos, Alcebíades Barcelos (o Bide) e Armando Marçal estabeleceu um novo paradigma rítmico que definiu o gênero.

Aceitando-se uma origem ou outra, de qualquer jeito o samba não nasceu nos salões da alta sociedade, mas sim em terreiros, morros, casas humildes e bares. Assim sendo, é previsível a constatação de que inicialmente esteve associado à "vida baixa" e à malandragem.

A situação mudou de figura durante a vigência do Estado Novo getulista (1937-1945). Já que não se podia conter a força do samba, que durante a década de 1930 respondia por um terço dos registros fonográficos, tratou-se de incorporá-lo à política estatal para a cultura, pois os produtos de afirmação da identidade nacional interessavam ao governo. Como pedágio a pagar pelo apoio governamental, compositores eram instados a abandonar a temática da malandragem para compor temas valorizando o ato de trabalhar.

O samba-exaltação, cujo exemplar mais célebre é "Aquarela do Brasil", de Ary Barroso, também se adequou perfeitamente aos interesses propagandísticos da ditadura Vargas, para a qual a difusão da imagem de uma nação alegre e próspera vinha bem a calhar. Além da exaltação ao país, havia a variante da exaltação à exuberância da mulher brasileira como símbolo pátrio, um espécime merecedor do orgulho nacional: "Diz que tem", de Vicente Paiva e Hanibal Cruz, é um bom exemplo, com os versos "Eu sou brasileira/ Meu *it* revela/ E a minha bandeira/ É verde-amarela/ Eu digo que tenho/ Que tenho muamba/ Que tenho no corpo/ Um cheiro de samba".

Numa apreensão rápida, "Deixe a menina", composta por Chico Buarque para seu álbum *Vida* (1980), pode enquadrar-se nessa categoria de samba de celebração da morena brasileira; com uma análise mais detida, no entanto, percebem-se características que afastam a canção do antigo e problemático modelo de apresentação da mulher como produto talhado para a apreciação masculina. Não se fala, em "Deixe a menina", de nenhum jeito nas cadeiras que "ela" sabe dar ou coisa parecida; na verdade, os adjetivos relacionados à personagem feminina passam longe da apreciação física: "contente" e "feliz".

A canção é uma espécie de comentário a "Sem compromisso", samba da década de 1940 composto por Geraldo Pereira e Nelson Trigueiro, gravado por Chico no álbum *Sinal fechado* (1974), dos versos "Você só dança com ele/ E diz que é sem compromisso/ É bom acabar com isso/ Não sou nenhum pai-joão/ Quem trouxe você fui eu/ Não faça papel de louca/ Pra não haver bate-boca dentro do salão". Em "Deixe a menina", o eu da canção é uma figura que se põe a aconselhar o amigo ciumento, presumivelmente o protagonista de "Sem compromisso".

> Não é por estar na sua presença
> Meu prezado rapaz
> Mas você vai mal
> Mas vai mal demais
> São dez horas, o samba tá quente
> Deixe a morena contente
> Deixe a menina sambar em paz

A aliança entre as duas canções aparece explicitada nos shows de Chico, nos quais costumeiramente uma aparece seguida da outra. Em sua turnê de 1988, o compositor interpretava "Deixe a menina" ao lado de Mestre Marçal, justamente filho do Marçal do Estácio que foi um dos inventores do samba moderno. E embora Chico fosse conhecido no início da carreira como sambista, por influência da bossa nova suas composições costumeiramente aparecem com marcação rítmica amenizada. Raras vezes em sua carreira o artista apresentou uma peça tão "sambão" quanto "Deixe a menina": no arranjo para o álbum *Vida*, o arranjador Francis Hime utilizou seis percussionistas, com direito à presença de um surdo.

Estando-se em um momento de abertura política, torna-se difícil não enxergar o homem ciumento da canção como o símbolo do obstrutor da liberdade, cuja postura se mostra anacrônica e não mais tão assustadora quanto inconveniente. O eu da canção começa se dirigindo a ele com certo ar solene normalmente devido a uma figura de autoridade, mas depois parte para a zombaria.

Depois de "Não é por estar na sua presença, meu prezado rapaz, mas...", de "Eu não queria jogar confetes, mas tenho que dizer...", ou de "Não sei se é pra ficar exultante, meu querido rapaz, mas...", o que se espera como complemento lógico seriam elogios. Em quebra de expectativa com requintes de crueldade em relação ao interlocutor, o eu da canção completa as frases, no entanto, com "mas você vai mal, mas vai mal demais", "cê tá de lascar, cê tá de doer" e "aqui ninguém o aguenta mais" — e o deboche é agravado por esse uso formal, raro na língua falada, do pronome oblíquo "o" se referindo a "você", num contexto não de fala formal, mas sim bastante agressiva.

Na parte B da canção, usa-se o velho truque de modulação para tom menor quando aparece um elemento de infelicidade na letra, e o clichê aqui funciona perfeitamente. O personagem repressor é um "homem triste" na frente de uma "mulher feliz" — em repaginação do ditado "por trás de um grande homem há sempre uma grande mulher" — e cortejada.

A mulher que samba simboliza a própria liberdade, que já não pode mais ser contida nem limitada de maneira nenhuma, seja às dez horas, às três horas ou às seis da manhã, pois continuará com "a gente", o povo.

Chico tem tanto apreço por "Sem compromisso" que, para seu álbum *Chico* (2011), compôs em parceria com Ivan Lins nova canção que alude ao samba de Pereira e Trigueiro: em "Sou eu", desta vez o protagonista contemporizador admite que seu "coração balança quando ela se lança no salão", mas depois, quando voltam para casa, "quem dança com ela sou eu".

JÁ PASSOU

(Chico Buarque, 1980)
Na gravação do álbum *Vida* (1980)

Apesar de a arte de Chico Buarque já ter sido tão analisada, revisitada e esmiuçada nos aspectos mais vários (com resultados díspares), ainda há, espantosamente, belas canções dele que permanecem quase desconhecidas. São pequenos preciosos segredos acessíveis a quem ouve álbuns por inteiro, não esperando por execução radiofônica — ou pela boa vontade dos algoritmos do streaming musical, ou seja lá por que maneira usada para a descoberta de canções hoje em dia.

Tomemos como exemplo "Já passou", bossa nova de um minuto e 50 segundos lançada no álbum *Vida* (1980): não foi canção de trabalho, nunca fez parte de nenhum show de Chico, não consta em coletânea; só há duas regravações localizáveis, uma de Adriana Calcanhotto, outra de Clara Sandroni. Mas certamente não é falta de qualidade o entrave para o tema tornar-se mais popular.

> Já passou, já passou
> Se você quer saber
> Eu já sarei, já curou
> Me pegou de mau jeito
> Mas não foi nada, estancou

Nos menos de dois minutos da canção, ouve-se oito vezes "já passou", além de variantes como "já sarei", "já curou" e "não foi nada". Se o presumível mal-estar pelo fim de um romance é mesmo coisa do passado, por que a necessidade de ficar repetindo a frase-título da canção? O mero ato de referir-se ao caso pretensamente superado o traz ao presente, tanto para o enunciador quanto para o receptor da mensagem.

Não apenas o eu da canção mente, talvez sem sabê-lo, quando diz que "já passou" como seria impossível a existência da canção se já houvesse mesmo passado. À angústia notoriamente se atribui o papel de mãe da criação, e não há como contar uma história sem conflito: se o assunto está mesmo resolvido, por que se haveria de elucubrá-lo artisticamente?

Tudo o que sucede o "já passou" inicial corrobora a impressão de que, para o eu da canção, a imagem de sua antiga amante não apenas se faz presente como domina completamente seu pensamento, tornando-o um ser obsessivo incapaz de pensar noutra coisa. Qualquer um que o ouvisse repetindo tantas vezes "já passou" seria em poucos instantes capaz de perceber a balela, mas acontece que o protagonista está falando consigo mesmo, tentando convencer-se inutilmente de que a realidade não é tão ruim assim.

O "se você quer saber", portanto, não passa de uma projeção do personagem, desejoso de que sua interlocutora estivesse interessada em saber como está se sentindo o ex-companheiro. Além disso, ao que tudo indica, essa interlocutora está presente apenas na imaginação do protagonista, pois jamais se manifesta.

De maneira patética, o eu da canção tenta minimizar sua miséria dirigindo-se a si mesmo como quem consola uma criança que ralou o joelho: já passou, não foi nada, já sarou, foi só um mau jeito. Imediatamente depois, no entanto, a coisa evolui vertiginosamente para "Se isso lhe dá prazer/ Me machuquei sim, supurou/ Mas afaguei meu peito/ E aliviou/ Já falei, já passou".

Não há absolutamente nada que indique prazer da interlocutora (imaginária) ao constatar o sofrimento do eu da canção, mas ele é que projeta ser capaz de ainda provocar-lhe o gozo de alguma maneira, nem que seja à custa de sua sanidade. Admite que foi machucado ao ponto de haver supuração, mas depois, magicamente, basta um afagozinho no peito para que uma ferida com pus se cure. Como a conversa está contraditória a ponto de não conseguir convencer nem a si mesmo do que está falando, ele precisa cortar o papo com mais um "já falei, já passou".

Na seção B, o eu da canção deixa momentaneamente o "já passou" para tentar menosprezar sua amada como mulher fácil ou coisa parecida: "Faz-me rir, ha ha ha/ Você saracoteando daqui pra acolá/ Na Barra, na farra/ No Forró Forrado/ Na Praça Mauá, sei lá/ No Jardim de Alá/ Ou no Clube do Samba/ Faz-me rir, faz-me engasgar/ Me deixa catatônico/ Com a perna bamba". A notória habilidade de Chico no manejo das figuras de sonoridade se mostra nessa nova estrofe, com rimas ricas, aliterações e paronomásias.

Todos os lugares citados correspondem de fato a locais existentes no Rio de Janeiro. A sequência de pontos tão específicos onde o protagonista vê a mulher, numa cidade de tamanho pouco propício a encontros fortuitos, demonstra uma atitude persecutória. O "sei lá" novamente se mostra contraditório, pois o eu da canção sabe muito bem para onde se dirige: para o lugar em que a amada estiver.

Se o "faz-me rir, ha ha ha" inicial sugere uma expressão figurada de (fingido) menosprezo, a repetição do "faz-me rir" aliado a engasgo, catatonia e bambear de perna evidencia um concreto abalo patológico. Nesse ponto, o canto de Chico se delineia de forma que se afasta do conceito de melodia, com uma repetição de 21 notas dó em tempo muito quebrado: é como se a música também estivesse engasgada e com a perna bamba.

No desfecho, mais "já passou" e mais projeções: "Recolha o seu sorriso/ Meu amor, sua flor/ Nem gaste o seu perfume/ Por favor/ Que esse filme/ Já passou". Tudo o que o eu da canção gostaria de presenciar seria a mulher lhe sorrindo, para ele se enfeitando com flores, para ele se perfumando. Nesse contexto, o "meu amor" surge não como ironia, mas sim como típico ato falho: por equívoco na fala, o inconsciente do protagonista entrega seus reais sentimentos em relação àquela que não passou.

EU TE AMO

(Tom Jobim/Chico Buarque, 1980)
Na gravação do álbum *Vida* (1980)

Tom Jobim costumava chamar as valsas "Luiza" e "Eu te amo" de "minhas francesas", pela influência de Debussy e Ravel vista em ambas as composições. As duas foram entregues a Chico Buarque para que ganhassem letra, mas apenas em "Eu te amo" Chico conseguiu cumprir a missão, tendo Tom de se ocupar sozinho com a feitura de "Luiza".

A canção da parceria de Tom e Chico se mostra como parente temática de "Trocando em miúdos": os membros de um casal constatam que a separação é inevitável, mas nem por isso se alivia o sofrimento de perceber que cada um deverá tomar caminhos distintos.

Musicalmente, "Eu te amo" se vale extensamente do que se chama de cromatismo musical, o uso em sequência de notas com intervalo de um semitom, ou seja, o menor intervalo possível no padrão ocidental de música. Considerando as teclas de um piano, a escala cromática ascendente, partindo de dó, movimenta-se sempre para a tecla mais próxima à direita: dó, dó sustenido, ré, ré sustenido...

Quando usado de maneira prolongada, o cromatismo acaba por tornar difusa a noção de tonalidade na música. Embora a expansão dessa prática remeta ao fim do século XIX no que diz respeito à música de concerto, na canção popular suas aparições extensas são incomuns, causando certo estranhamento ao ouvinte médio, acostumado com um centro tonal bem definido.

Em "Eu te amo", parte-se do tom de dó maior, mas logo há uma movimentação cromática descendente nas notas fundamentais dos acordes na condução harmônica (até chegar ao mi maior), gerando forte sensação de instabilidade. A melodia cantada também se mostra em frases cromáticas descendentes; tudo isso, quando pareado com a letra tratando de uma separação, gera ao ouvinte a imagem de um relacionamento lentamente escorrendo pelo ralo.

> Ah, se já perdemos a noção da hora
> Se juntos já jogamos tudo fora
> Me conta agora como hei de partir

A instabilidade cromática ilustra bem o quanto o eu da canção está zonzo, perdido no tempo e não conseguindo enxergar nada aproveitável no relacionamento. Ainda assim, não sabe de que modo partirá, e cobra seu par quanto a isso. Quando a música retoma a tonalidade de dó maior, assume por oito compassos, equivalentes a mais uma estrofe de três versos, o feitio de uma valsa mais convencional, e a letra ganha ar nostálgico: "Se, ao te conhecer, dei pra sonhar, fiz tantos desvarios".

E assim a canção se desenvolve, sempre alternando um bloco cromático com outro de tonalidade mais marcada, em sete estrofes de três versos, nos quais os dois primeiros rimam entre si, e o último rima interestroficamente. O belo arranjo da gravação para o álbum *Vida* (1980) é do próprio Tom, em formação camerística de apenas piano, tocado pelo autor da música, contrabaixo, violoncelo e três flautas; no canto, Telma Costa faz dueto com Chico.

A dificuldade da partida exposta na letra se dá tanto mais porque o relacionamento foi de tal maneira intenso que as personalidades de ambos os membros do casal como se fundiram. O mundo externo à paixão pareceu por um tempo ser insignificante, e quando é preciso voltar à realidade a readaptação se mostra penosa.

Para desenvolver essa ideia, Chico Buarque se vale de um imaginário riquíssimo, com metonímias, metáforas e símbolos, valendo por uma aula sobre figuras de linguagem. A metáfora "queimei meus navios" é uma variante da mais comum expressão "queimar pontes", ou seja, agir de modo a não poder retroceder (e Chico usou "pontes" em sua própria versão em francês para a canção, "Dis-mois comment": "Les ponts derrière moi je les ai tous coupés"). Sua origem veio de uma atitude real do conquistador espanhol Francisco Pizarro, que queimou suas embarcações ao chegar à América, para evitar que seus homens quisessem regressar.

Outras metáforas saíram diretamente da imaginação de Chico, como, em passagem que se tornou célebre, "Se entornaste a nossa sorte pelo chão/ Se na bagunça do teu coração/ Meu sangue errou de veia e se perdeu". Aqui, o eu da canção parece eximir-se de responsabilidades pelo término: foi o outro que selou o destino do casal ao ter sentimentos confusos.

Em que pese essa bagunça, a compatibilidade sexual também aparece como entrave para a facilidade da partida: "Se nós, nas travessuras das noites eternas/ Já confundimos tanto as nossas pernas/ Diz com que pernas eu devo seguir" e "Como, se nos amamos feito dois pagãos/ Teus seios inda estão nas minhas mãos/ Me explica com que cara eu vou sair". Há o uso repetido da mesma palavra, "pernas", em diferentes acepções. Primeiramente, o termo aparece de maneira concreta, como metonímia para a conjunção carnal, e depois, na expressão "com que pernas", em equivalência a "de que modo".

O recurso de aproveitar uma mesma palavra em diferentes sentidos também se repete no desfecho: "Não, acho que estás só fazendo de conta [fingindo]/ Te dei meus olhos pra tomares conta [cuidares]/ Agora conta [diz] como hei de partir".

Por fim, há linguagem simbólica em "Como, se na desordem do armário embutido/ Meu paletó enlaça o teu vestido/ E o meu sapato inda pisa no teu". Aqui se pode estar literalmente fazendo referência ao fato de que, num processo de separação, a mistura dos bens materiais de um e outro membros do casal torna ainda mais dolorosa a separação, com sapatos e roupas se amontoando. Também os versos podem ser compreendidos, no entanto, como alusão à dificuldade de entender-se como ser individual tendo o costume longevo de vida conjunta.

Percebem-se notas de machismo quando o paletó é que enlaça o vestido, e quando Chico, representando a voz do homem, canta "meu sapato inda pisa no teu", enquanto Telma, representando a voz da mulher, canta "teu sapato inda pisa no meu". Não deveria ser necessário dizer, mas é melhor fazê-lo, que isso indica uma dinâmica machista na vida do casal de personagens da canção, não implicando o machismo da pessoa Chico Buarque.

O poema é de 63 ou 64,
anos que nós dois dedicamos a não estudar Arquitetura.
Ele era o Malandro e eu era o Carioca.
Fazíamos bossa-nova nos porões da FAU,
ele de violão e eu de letrista.
Lembro que o Malandro usava umas calças sem bolso e,
como homem não podia andar de bolsa,
ele vivia cheio duns papéis na mão.

Quinze anos depois
o Vallandro me aparece com esse poema bem amassado.
Custei a me reconhecer.
Depois que ele mostrou a idéia dos desenhos,
achei muito bonito.
Ficou como se o Malandro tivesse musicado a letra do Carioca.

                                        Chico Buarque
                                        Rio, maio de 1981

O marinheiro João
Chamou seu colega Cartola
E pediu

Escreve pra mim uma linha
Que é pra Conceição

Páginas do livro *A bordo do Rui Barbosa*, publicado em 1981,
com texto de Chico Buarque e ilustrações de Vallandro Keating,
escrito quando os dois eram estudantes da
Faculdade de Arquitetura e Urbanismo da USP nos anos 1960.

QUALQUER CANÇÃO

(Chico Buarque, 1980)
Na gravação do álbum *Vida* (1980)

Luiz Tatit defende que a melodia das canções populares vem da estabilização dos contornos de altura da fala, tendo pouca relação com teoria musical. A generalização e universalidade da proposição, como pretende Tatit — "toda e qualquer canção popular tem sua origem na fala" —, pode ser até contestada, mas alguns exemplos parecem ter sido feitos para ilustrar a força de sua hipótese.

Um deles é "Qualquer canção", de Chico Buarque, lançada no álbum *Vida* (1980). Se uma pessoa que não conhece a canção vir a letra impressa e começar a recitar seus versos, involuntariamente soará de maneira muito próxima à melodia gravada: as curvas de altura na canção são as mesmas da fala de seu texto. O teste, aliás, pode ser realizado por um amplo contingente de pessoas, já que a canção, assim como "Já passou", é um pequeno e precioso número pouco conhecido na obra de Chico; na gravação original, tem um minuto e 48 segundos, com instrumentação apenas de piano, violão e viola de arco acompanhando o canto.

Geralmente não paramos para pensar nisso, mas há música na fala, com diferenças de altura conforme o discurso: nas perguntas, por exemplo, as notas vão a regiões mais agudas, e nas afirmações, vão a regiões mais graves. O que se convencionava chamar de "voz robótica" — o avanço da tecnologia já proporciona robôs mais espertinhos — era caracterizado justamente pela manutenção da mesma nota em cada sílaba emitida. Tatit chama de "eficácia" a confluência de intenções entre melodia e letra numa canção.

Por esse critério, "Qualquer canção" é exemplarmente eficaz — além de bonita à beça, para nos distanciarmos da contida linguagem acadêmica. Apesar de sua pouca popularidade, trata-se de uma das mais bem-acabadas canções metalinguísticas já feitas. E a metalinguagem não aparece apenas em uma ou outra passagem, sendo toda a letra uma análise sobre o poder da canção. A canção se apresenta com três seções melodicamente iguais (formato AAA), correspondentes a três estrofes de oito versos, num padrão de rimas constantes, mas irregulares.

> Qualquer canção de amor
> É uma canção de amor
> Não faz brotar amor
> E amantes
> Porém, se essa canção
> Nos toca o coração
> O amor brota melhor
> E antes

A primeira característica exposta sobre a canção de amor parece ser depreciativa, pois ela "É [só] uma canção de amor", como se isso pouca coisa fosse. Essas canções se mostram limitadas, no sentido de lhe faltarem o poder de concepção: são incapazes de gerar o amor, tanto como ato quanto como potência (amantes). À adversativa "porém" se segue a explicação de que a canção, se não tem capacidade de gerar o amor, pode aprimorá-lo. A sensibilização emocional forma nosso caráter, ajudando-nos a entender a ação de sei lá quantos hormônios (apaixonar-se por alguém) como beleza intrinsecamente humana. Há uma expectativa de base artística que faz parte do repertório comum: considerar uma determinada reação cerebral como algo "do coração", sendo ela a maior força da vida. Nesse contexto, faremos força para o tal amor aparecer logo mesmo. A canção de amor se apresenta como um símbolo de toda a arte.

A segunda estrofe tem estrutura similar, com os quatro primeiros versos dispondo as limitações de um tipo de canção (de dor), enquanto os quatro últimos relativizam sua deficiência: "Qualquer canção de dor/ Não basta a um sofredor/ Nem cerze um coração/ Rasgado/ Porém inda é melhor/ Sofrer em dó menor/ Do que você sofrer/ Calado". Se no primeiro bloco lidamos com a ideia de que a canção de amor não tem poder gerativo, aqui compreendemos que sua contraparte, a canção de dor, também não tem a qualidade oposta, a força para destruir: a angústia continuará existindo para os que sofreram uma decepção amorosa, mesmo sob a trilha sonora de uma boa sofrência — com o perdão de gíria tão contemporânea para tratar de uma letra que apresenta o verbo "cerzir", isto é, costurar. No entanto, assim como a canção de amor não cria o amor, mas o dota de sentido, a canção de dor não aniquila o sofrimento, mas o torna tolerável. Faz pensar o porquê de Chico ter resistido à tentação de interpretar a canção em dó menor, ou então à de alterar o verso para "Sofrer em sol menor", efetivamente a tonalidade da canção. Mas há de se lembrar que "dó" também é "expressão de mágoa": pela típica ambiguidade buarqueana, "dó menor" é a um só tempo causa e efeito, a música e a dor amenizada.

Na última seção, em vez de, como nas duas primeiras estrofes, opor uma característica a princípio negativa a outra positiva usando um "porém", o compositor se vale de um "e" aditivo no quinto verso: "Qualquer canção de bem/ Algum mistério tem/ É o grão, é o germe, é o gen/ Da chama/ E essa canção também/ Corrói como convém/ O coração de quem/ Não ama". Assim, a uma característica positiva, estar na "canção de bem" contido o rudimento da paixão, soma-se outro fato tomado como conveniente: seu poder corrosivo sobre quem não ama. Ao artista se permite a saborosa confissão de sadismo.

VIDA

(Chico Buarque, 1980)
Na gravação do álbum *Vida* (1980)

Vida (1980) foi o primeiro álbum solo de Chico Buarque lançado depois do fim do AI-5. Adequando-se ao espírito do tempo, o compositor pôde dispensar parcialmente o tom aguerrido para voltar a trabalhar de maneira predominante com a temática lírica associada aos primeiros anos de sua carreira, agora com nuances adquiridas pelo passar dos anos — não cabe falar em amadurecimento, pois quem começou a carreira fonográfica com "Pedro pedreiro" já estreou maduro.

A faixa-título parece ser um precoce balanço de vida do artista que, aos 36 anos, podia encarar com certo distanciamento um período em que a situação política brasileira moldou mais do que gostaria sua produção artística. Assim como em "Maninha" se colocava a dúvida sobre quem seria o "ele" da letra, em "Vida" ficamos sem saber exatamente quem são "os homens", cabendo especulações.

A canção foi criada para a peça *Geni* (1980), de Marilena Ansaldi, baseada na personagem da *Ópera do malandro* (1978) de Chico. Nesse contexto dramático, os "homens" podem ser tomados como os clientes da personagem prostituta; se cairmos na tentação de considerar a biografia do compositor, a incógnita também pode ser preenchida com a imagem dos mesmos generais que Tom Jobim queria ver em "Maninha"; ou de maneira ampla, como sempre se faz possível na obra de Chico, "os homens" são um símbolo para a ambivalência com que uma pessoa pode contemplar sua vida, entre amargores e felicidades.

O Instituto Antonio Carlos Jobim disponibiliza acesso a papéis com os rascunhos da letra de "Vida", mostrando o quanto Chico teve de trabalhar em dezenas de versões diferentes até chegar a um resultado que o satisfizesse. Musicalmente, a canção se mostra com um ritmo entre o bolero e o beguine.

> Vida, minha vida
> Olha o que é que eu fiz

> Deixei a fatia
> Mais doce da vida
> Na mesa dos homens
> De vida vazia
> Mas, vida, ali
> Quem sabe, eu fui feliz

O eu da canção se dirige à própria vida por toda a letra como se ela fosse uma entidade separada de si mesmo, a quem se pode fornecer incentivo, mas jamais controlar totalmente. Soma-se uma frase típica de arrependimento ("Olha o que é que eu fiz") à constatação de que a "fatia mais doce" da vida foi desperdiçada com homens vazios; depois disso, porém, vem a percepção hesitante e aparentemente contraditória de que "ali, quem sabe, eu fui feliz". Mas por quê?

A segunda estrofe pouco faz para responder a essa pergunta, repetindo a estrutura da primeira seção, mas modificando o ambiente da sala de jantar para a intimidade da alcova, sugerindo uma submissão encarada como suja: "Verti minha vida/ Nos cantos, na pia/ Na casa dos homens/ De vida vadia". De maneira preciosa, busca-se a paronomásia interestrófica entre "vazia" e "vadia".

Espera-se que o refrão de uma canção popular seja um complemento para um implícito "é por isso que eu digo que...". Em "Vida", a fórmula não é seguida à risca, mas temos mais informações sobre os impulsos ambivalentes do eu da canção. O grito de "Luz, quero luz" faz referência às últimas palavras de Goethe em seu leito de morte: "Luz, mais luz".

Na sequência, aparece o desejo de uma existência aproveitada ao máximo potencial, sendo desvendado tudo o que há para experimentar-se, ainda que à custa da segurança e do conforto. Nessas condições, o encontro com os tais homens é inevitável: "Sei que além das cortinas/ São palcos azuis/ E infinitas cortinas/ Com palcos atrás/ Arranca, vida/ Estufa, veia/ E pulsa, pulsa, pulsa/ Pulsa, pulsa mais/ Mais, quero mais/ Nem que todos os barcos/ Recolham ao cais/ Que os faróis da costeira/ Me lancem sinais/ Arranca, vida/ Estufa, vela/ Me leva, leva longe/ Longe, leva mais".

Com a habitual maestria no emprego de figuras de sonoridade, Chico trabalha as paronomásias entre "veia", "vela" e "leva". O clímax fica enaltecido pelo tema construído pelo arranjador Francis Hime em contraponto à melodia do refrão: quando Chico canta "mais, quero mais", esse tema passa dos metais para uma orquestra de cordas, em dinâmica sempre crescente até o fim da faixa.

Na última estrofe, o eu da canção afirma ter tocado "na ferida/ Nos nervos, nos fios/ Nos olhos dos homens/ De olhos sombrios". Muda-se de uma postura passiva (deixar a vida verter-se junto aos homens) para uma atividade de confronto direto. A dúvida do "Quem sabe, eu fui feliz" se transforma em certeza: "Eu sei que fui feliz". O "ser feliz", em nova ambiguidade, expressa tanto o estado de alegria quanto a percepção de ser bem-sucedido — neste caso, na tarefa de atormentar dolorosamente os homens.

AS VITRINES

(Chico Buarque, 1981)
Na gravação do álbum *Almanaque* (1981)

"As vitrines" marca um momento da carreira de Chico Buarque em que, com a segurança de quem já comprovou dominar as ferramentas da língua para compor letras claras e coesas, ele se deixa, por razões estilísticas, escrever versos difusos e enigmáticos. Da mesma forma, com o seu rimário mais que consagrado, Chico se permite em "As vitrines" uma maioria de rimas em "ão" e no infinitivo.

Tudo na faixa feita para o álbum *Almanaque* (1981) reflete o olhar embaraçado do eu da canção. O efeito se estende até o encarte do disco, no qual a letra de "As vitrines" se apresenta em duas colunas, com a coluna da direita sendo o efeito espelhado dos versos dispostos na coluna da esquerda.

Quem tivesse a paciência, porém, de colocar o encarte em frente ao espelho — e o primeiro que teve saiu espalhando a notícia — poderia ver que, a partir da segunda estrofe, as linhas da direita não eram um espelhamento perfeito dos versos efetivamente cantados, mas sim um anagrama (embaralhamento de letras) para eles. Assim, por exemplo, "É como um dia depois de outro dia" se transforma em "Um doutor doido me cedia poesia".

A criação envolvendo diferentes mídias e englobando a preocupação com o aspecto visual pode ser considerada um flerte de Chico com a poesia concreta, cujos nomes proeminentes costumam ser mais relacionados, no campo da canção popular, com os tropicalistas.

Em "As vitrines", estamos na atmosfera fragmentada e nebulosa do cinema *noir*, com perseguição, voyeurismo, mulheres fatais e um contexto em que importa mais o clima do que a compreensão precisa de cada cena. Um único acorde cheio de tensões, à moda dos filmes de suspense, serve como introdução para a canção, abrindo o último álbum de Chico do qual Francis Hime foi o arranjador.

A partir daí, ouve-se um samba-canção emoldurado pela elegância clássica da orquestra de cordas, mas pontuado com intervenções cortantes da guitarra de Hélio Delmiro. Com sua escolha como tema de abertura da novela global *Sétimo sentido* (1982), a canção "difícil" se tornou um improvável sucesso.

> Eu te vejo sumir por aí
> Te avisei que a cidade era um vão
> — Dá tua mão
> — Olha pra mim
> — Não faz assim
> — Não vai lá não

O eu da canção se dirige a sua musa, mas os seus avisos e ordens não são efetivamente captados pela mulher, que provavelmente nem sabe de sua existência. O "não vai lá não" equivale ao falar sozinho de um espectador de filme de terror que se dirige inutilmente ao personagem prestes a encontrar seu assassino: nem há a esperança de ser ouvido, apenas se lança uma descarga de tensão.

Os jogos verbais vistos no encarte ganham complexidade na audição da faixa. Embora o verso esteja grafado como "— Dá tua mão", com travessão indicando fala iniciada com a conjugação do verbo "dar", o excerto pode ser entendido também como "Te avisei que a cidade era um vão da tua mão", uma possibilidade condizente com o desenvolvimento posterior da letra, na qual todos os elementos exteriores estão sob a ascendência da musa, pelo menos do ponto de vista do eu da canção.

O personagem só toma conhecimento dos berrantes letreiros da cidade pela projeção sobre o corpo da mulher, seguida numa sessão de cinema na qual o eu da canção não tem olhos para o filme, pois a história que o interessa está contida nas reações da musa inalcançável, oscilando entre suspiros aflitos e risadas.

Em "Já te vejo brincando, gostando de ser/ Tua sombra a se multiplicar", seria a mulher que está brincando e gostando de ser (assim intransitivamente), com a sombra dela a se multiplicar pelo efeito de construções obstruindo a luz? Ou é o eu da canção que brinca e gosta de ser, para a amada, uma sombra (um perseguidor) se multiplicando ao segui-la por cada canto da cidade-vão?

Sempre vendo o resto do mundo de maneira indireta, somente em função de sua relação com a musa, toma conhecimento, pelos olhos da amada, das vitrines, que imagina como concorrentes na apreciação da passagem da mulher. Aqui há uma transmutação do clímax do hino brega "Tenho ciúme de tudo" (composição de Waldir Machado, do repertório de Orlando Dias): de "Tenho ciúme do sol, do luar, do mar [...]/ Tenho ciúme até da roupa que tu vestes" se faz "Nos teus olhos também posso ver/ As vitrines te vendo passar".

Na última estrofe, cada iluminação da figura da mulher pelas muito urbanas luzes de uma galeria, entremeadas por sombras, é comparada à força da natureza em amanheceres sucessivos, raiando apenas para a exposição da musa. O "ga" de "galeria" corresponde à nota mais aguda da música, e daí a melodia parte em direção descendente até sua conclusão. O efeito musical corresponde à imagem de derramamento contida nos versos de desfecho: "Passas sem ver teu vigia/ Catando a poesia/ Que entornas no chão".

Frente e verso da capa do LP *Almanaque*, de 1981,
o último disco de Chico Buarque que contou com arranjos de Francis Hime,
além de Dori Caymmi (em "Angélica") e Edu Lobo (em "Moto-contínuo").

MEU CARO BARÃO

(Enriquez/Bardotti/Chico Buarque, 1981)
Na gravação de Chico Buarque e Os Trapalhões para o álbum
Os saltimbancos trapalhões (1981)

Com o sucesso do álbum *Os saltimbancos* (1977), vieram as montagens teatrais e a ideia de adaptar o projeto para o cinema. O intuito se realizou em 1981, no filme *Os saltimbancos trapalhões*, com direção de J. B. Tanko, e um elenco cujos protagonistas eram o grupo cômico Os Trapalhões e Lucinha Lins.

Além do reaproveitamento de alguns números do álbum original, foram compostas seis novas canções para o filme, em parceria de Chico Buarque com os idealizadores italianos do projeto, Enriquez e Bardotti. O álbum com a trilha sonora de *Os saltimbancos trapalhões* foi lançado ainda em 1981, com participações especiais do próprio Chico, Elba Ramalho e Bebel Gilberto, além dos atores do filme como intérpretes.

O enredo de *Os saltimbancos* é adaptado para o cenário de um circo no qual Os Trapalhões são explorados pela figura do Barão. Em dado momento, ele foge com todo o dinheiro, sem pagar o devido aos funcionários, mas o circo, sem seu dono, surpreendentemente entra numa fase de prosperidade. Quando Os Trapalhões encontram uma máquina de escrever, decidem enviar uma carta ao antigo patrão, e nesse ponto se executa "Meu caro barão".

Como já vimos, o notório rigor de Chico com o uso da língua portuguesa em suas canções não costuma se estender à prosódia, tratada de maneira costumeiramente mais flexível. Em "Meu caro barão", essa flexibilidade propositalmente se eleva ao paroxismo: valendo-se da situação dramática em que personagens têm pouca instrução formal, os versos contêm falhas de concordância e desvios extremos de prosódia, numa simulação da leitura de palavras sem seus devidos acentos gráficos.

Desse modo, o que seriam erros acabam se tornando rimas raras, num virtuosismo pelo qual "nega" rima com "cocega" (cócega), "virgula" (vírgula) rima com "ridicula" (ridícula), "ausencia" (ausência) rima com "dizia", entre outros tantos exemplos. A brincadeira verbal espelha a própria situação do enredo, no qual uma suposta fraqueza — a ingenuidade e falta de experiência empresarial dos protagonistas — acaba se tornando um atrativo charmoso para o circo.

> Vire a pagina
> Continuação
> Ai, essa maquina
> Tá que tá que é bão
> Como eu lhe dizia
> Meu caro barão
> A sua ausencia
> É uma sensação
> O circo lotado
> Cidade e sertão
> Domingo, sabado
> Inverno e verão

O arranjo de Enriquez para a faixa, cantada por Chico e pelos Trapalhões, incorpora os barulhos do datilografar em uma máquina de escrever como elemento percussivo, num uso condizente com o espírito da canção: mais uma vez, um elemento "errado" (máquina de escrever não foi criada com o intuito de servir como instrumento musical) acaba trazendo mais sofisticação à obra.

A tomada de consciência dos protagonistas é disposta sem prejuízo de sua pureza. Mesmo as agulhadas verbais no Barão, já entendido como um ladrão cuja falta entre os integrantes do circo não se faz sentir negativamente, são suavizadas por uma aparentemente sincera vontade que o vilão possa reintegrar-se ao mundo artístico — desde que ofereça condições de trabalho mais justas aos funcionários e se disponha a colocar a mão na massa, participando de tarefas braçais.

Como recompensa, poderá fruir plenamente da vida circense, na qual a dor e as dificuldades do trabalho árduo são compensadas pela experiência poética da vida na estrada e pela diversão constante: "Venha, Excelência/ Nos visitar/ A casa é sempre/ De quem chegar/ Se a senhoria/ Vem pra ficar/ Basta algum dia/ Se preparar// Pra rodar com a gente/ Pra fazer serão/ Pra ficar contente/ Comer macarrão/ Pra pregar sarrafo/ Pra lavar leão/ Pra datilografo/ Bilheteiro, não/ Pra fazer faxina/ Nesse caminhão/ Cuidar da maquina/ E não ser mais barão".

Os membros da trupe já demonstram perda de inocência ao vetar a possível função de bilheteiro ao Barão, por ser posto em que se controla

EM FOCO
CHICO BUARQUE
no cinema com os saltimbancos trapalhões

Para Chico Buarque, seu trabalho em *Roda Viva*, *Calabar*, *Ópera do Malandro* e *Os Saltimbancos*, no teatro, e uma pequena colaboração prestada a Hugo Carvana no roteiro do filme *Quando o Carnaval Chegar* "contribuíram para sentir-se em condições de, ao receber o convite do Renato Aragão, topar produzir o roteiro e a trilha musical da versão para cinema de *Os Saltimbancos*", que deverá ser rodado em Hollywood, em co-produção com a Universal. "Mas não estarei sozinho. Antônio Pedro, Teresa Trautman e o Aragão estarão ao meu lado na criação do roteiro tão flexível quanto o que foi maravilhosamente interpretado pelo Grande Otelo na temporada de *Os Saltimbancos*, no Rio. O Renato, a exemplo do que aconteceu com o Otelo, poderá fazer um trabalho de criação própria."

Semana passada, o compositor e arranjador italiano Sergio Bardotti chegou ao Rio para, como no disco e no teatro, trabalhar com Chico Buarque e Luís Henrique na trilha sonora.

"Escrever para cinema é coisa nova, mas não estranha", diz Chico. "Continuarei a lidar com as palavras. Terei, apenas, de aprender a forma de escrever para cinema. E, com apoio do Antônio Pedro, Teresa Trautman e do Renato Aragão, tenho certeza que tudo sairá bem. Dentro do prazo estabelecido pela Universal, o roteiro estará pronto e em condições de ser enviado para Hollywood, em inglês."

Os trabalhos começaram logo após o desembarque de Sergio Bardotti. Do aeroporto, ele seguiu para a casa de Chico Buarque, onde ficará hospedado.

Quando pensou em convidar Chico Buarque de Hollanda para formar a equipe de *Os Saltimbancos*, Renato Aragão ficou com medo. Temia uma recusa. Mas, muito antes de Renato pensar em produzir o filme, Chico Buarque e Antônio Pedro, o diretor de *Os Saltimbancos* em sua versão teatral, projetaram transformá-lo num filme. Faltavam, porém, recursos. "Quando o Antônio Pedro chegou à minha casa, entusiasmado, dizendo que o Renato Aragão estava disposto a conversar comigo para estudar a possibilidade de *Os Saltimbancos* virar um filme, eu também me contagiei", conta Chico.

Ninguém, no entanto, está mais empolgado com o projeto *Saltimbancos* do que o seu produtor e principal ator, Renato Aragão. Ele admite, inclusive, a locação dos estúdios da Universal, em Hollywood, "caso eles resolvam, de uma hora para outra, não mais participar do projeto". Não acredita, porém, que isso irá acontecer. Principalmente depois que o *Variety* publicou uma nota, destacando o fato de os seus filmes, no Brasil e em alguns países da América do Sul, terem apurado uma receita maior do que *Guerra nas Estrelas*, *Tubarão*, *Superman* e *Poderoso Chefão*. (Tarlis Batista)

O trio criador do filme Os Saltimbancos: o italiano Sergio Bardotti, co-autor da trilha sonora, Renato Aragão, produtor-ator, e Chico Buarque, roteirista-faz-tudo.

O italiano Sergio Bardotti com Renato Aragão e Chico Buarque
durante a produção do filme *Os saltimbancos trapalhões*,
em matéria da revista *Manchete* de 6/12/1980.

Frente e verso da capa do LP *Os saltimbancos trapalhões*, de 1981, com as participações de Chico Buarque, Os Trapalhões, Lucinha Lins, Bebel Gilberto e Elba Ramalho.

o dinheiro, facilitando roubos; ainda assim, a ofensa é amenizada pela disposição cômica de uma única negativa numa lista em que se abrem, de boa vontade, diversas possibilidades de ocupação. A consequência da aceitação das cláusulas impostas ao Barão será justamente a perda de seu autoatribuído título de nobreza, transformando-se ele em mais um plebeu.

No roteiro do filme, efetivamente o Barão volta ao circo, para um final feliz no qual percebe que Os Trapalhões são a alma do espetáculo, e passa a empregá-los de maneira mais digna. Diferentemente da versão original de *Os saltimbancos*, com a tomada pela força dos meios de produção, a adaptação cinematográfica se mostra conciliatória, integrando o burguês redimido ao lema de "todos juntos somos fortes".

EMBARCAÇÃO

(Francis Hime/Chico Buarque, 1982)
Na gravação de Francis Hime para o álbum *Pau Brasil* (1982)

"Embarcação" foi a última oportunidade que Francis Hime teve de aplicar seu célebre "golpe" em Chico Buarque. Para seu álbum *Pau Brasil* (1982), chegou a gravar duas versões instrumentais, uma mais longa do que a outra, para dar diferentes opções a Chico de extensão da letra.

Como o letrista também estava indeciso, o critério para entrada no disco acabou sendo a melhor execução instrumental da faixa — Francis considerou como superior a versão curta —, embora tenha sido composta uma estrofe adicional, usada na versão gravada por Simone, lançada no mesmo ano em seu álbum *Corpo e alma*. Posteriormente, em seus shows, Francis também passou a interpretar a letra completa.

A primeira reação de Chico em relação à música que, ao ganhar letra, tornou-se a canção "Embarcação" foi de estranhamento. "É isso mesmo, Francis?", perguntava. A dúvida se justifica: afinal, em menos de um minuto e meio (a faixa gravada para o disco *Pau Brasil* tem dois minutos e 33 segundos, mas mais de um minuto é composto por vocalises na introdução e no desfecho) a melodia passeia por seis tons diferentes, em algumas modulações bastante improváveis, não se restringindo aos chamados tons vizinhos. "Que brincadeira, é quase uma gincana", comenta hoje o compositor da música ao analisar sua própria sequência de acordes.

Em 1982, no entanto, apesar das sobrancelhas levantadas de Chico, Francis achava a melodia e o encadeamento harmônico bastante naturais e familiares. Só tempos depois, remexendo seu baú de partituras, foi entender o porquê: achou um papel pautado com quase toda a melodia e os acordes do que viria a ser "Embarcação", mas com a data de 1969. O maestro compôs a música uma vez, descartou-a por não a considerar satisfatória ou por não conseguir completá-la, e 13 anos depois, esquecido da própria criação, ele a compôs de novo, desta vez até o fim.

Quanto à letra, Chico teria de aparecer com algo condizente a um desenvolvimento musical tão pouco ortodoxo. A leitura isolada dos versos causa a mesma reação do tipo "Oi? É isso mesmo?" que o letrista teve ao ouvir a música inspiradora — uma belíssima vingança. A canção trata de um relacionamento no qual o protagonista se sente muito seguro, até que um golpe abala o casal.

Um mau letrista se sairia com algo do tipo "A carne é fraca/ Não resisti/ Te traí/ Como sou um panaca"; um compositor de alta classe certamente aprontaria algo menos vulgar; mas só Chico Buarque, lidando com o tema, poderia aludir à supremacia da marinha britânica. Além disso, com seu habitual apreço pelas ambiguidades, não fica claro se o eu da canção traiu ou foi traído.

E o mais incrível é que o conjunto soa extremamente palatável, não parecendo hermético. Para isso, concorrem fatores musicais e líricos. Da parte de Francis, o uso dos vocalises na introdução e no desfecho foi um golpe de mestre, compondo um trecho muito mais cantarolável do que a melodia letrada. O ouvinte logo no princípio entra num clima popular de "laialaiála", sobre forte marcação de samba com seis ritmistas no arranjo; estabelecida essa base, as modulações até descem com facilidade.

Na letra, as imagens criadas por Chico são um primor de originalidade e força. Em "Sim, foi que nem um temporal/ Foi um vaso de cristal/ Que partiu dentro de mim/ Ou quem sabe os ventos/ Pondo fogo numa embarcação", por exemplo, temos uma sobreposição de figuras de linguagem, usando-se um oximoro (vento colocar fogo) ligado a um conjunto de metáforas (temporal, vaso de cristal, embarcação). Torna-se irresistível a identificação com o eu da canção, quer ele seja um cafajeste arrependido e de enorme lábia, quer seja alguém sofrendo pela decepção do abandono.

> Deus, eu pensei que fosse Deus
> E que os mares fossem meus
> Como pensam os ingleses
> Mel, eu pensei que fosse mel
> E bebi da vida
> Como bebe um marinheiro de partida, mel
> Meu, eu julguei que fosse meu
> O calor do corpo teu
> Que incendeia meu corpo há meses
> Ar, como eu precisava amar
> E antes mesmo do galo cantar
> Eu te neguei três vezes

> Cais, ficou tão pequeno o cais
> Te perdi de vista para nunca mais

Fica evidente que o protagonista estava num relacionamento que lhe inflava o ego e que tomou equivocadamente por garantido. Mas o "beber da vida" aponta para aventura extraconjugal ou, pelo contrário, para a intensidade da relação? "Como eu precisava amar" é uma desculpa para pulada de cerca ou desapontamento pela descoberta da falta de correspondência amorosa? A alusão à negação de Cristo por Pedro parece apontar uma deslealdade do eu da canção seguida de remorso, mas também poderia indicar a raiva do protagonista, que o leva a amaldiçoar seu amor. Seja como for, o resultado é o mesmo: o rompimento definitivo.

Na estrofe adicional cantada por Simone (na qual se transpõe meio-tom acima toda a canção, duplicando as modulações!) e por outros intérpretes posteriores, fica mais evidente uma infidelidade, mas o enigma das posições se mantém: "Mais, mais que a vida em minha mão/ Mais que jura de cristão/ Mais que a pedra desse cais/ Eu te dei certeza/ Da certeza do meu coração/ Mas a natureza virá a mesa da razão". Quem se comportou de maneira desarrazoada? O protagonista, traindo, ou seu par, tendo desperdiçado um amor sólido? Este pesquisador considera haver mais indícios de que o eu da canção é o adúltero, mas assim como no imbróglio entre Capitu e Bentinho, as perguntas são o mais importante.

Francis constantemente apresenta "Embarcação" como "uma das minhas parcerias menos conhecidas com Chico, mas também uma das de que mais gosto". Ela foi cogitada para entrar no álbum *Chico Buarque* (1984), mas acabou ficando de fora da seleção. Pode ser considerada facilmente como a melhor canção de Chico ausente de sua discografia.

CIRANDA DA BAILARINA

(Edu Lobo/Chico Buarque, 1982)
Na gravação com coro infantil para o álbum
O grande circo místico (1983)

Edu Lobo e Chico Buarque se conheceram na época dos festivais, quando o clima competitivo e o modo retraído de ambos impediram maior aproximação; anos depois, Edu fez os arranjos para o álbum *Chico canta* (1973). A amizade e a parceria, no entanto, só engrenariam mesmo na década de 1980; depois de uma única canção fora do modelo "de encomenda" ("Moto-contínuo", de 1981), trabalharam na composição integral da trilha sonora de quatro projetos para os palcos (além de algumas canções soltas para peças de teatro e filmes): *O grande circo místico* (1983), *O corsário do rei* (1985), *Dança da meia-lua* (1988) e *Cambaio* (2001).

Como resultado, Edu se tornou o compositor com maior número de parcerias gravadas com Chico, 42 canções, mais do que o dobro do segundo colocado, Francis Hime, com 19. O primeiro trabalho de grande fôlego dos dois, *O grande circo místico*, veio de uma ideia do diretor Naum Alves de Souza. Ele já havia trabalhado junto com Edu no espetáculo *Jogos de dança* (1980), para o Balé Guaíra, de Curitiba. Quando o grupo pediu nova obra a Edu, Naum lhe sugeriu uma adaptação do poema "O grande circo místico", constante no livro *A túnica inconsútil* (1938), do poeta modernista Jorge de Lima. Chico foi convidado para ser o letrista, e a partir de um único poema de 48 versos, contando a história da dinastia familiar do circo Knieps (inspirada num fato real ocorrido na Áustria do século XIX), tomou liberdades para escrever canções que compuseram todo um balé e preencheram um álbum.

A "Ciranda da bailarina" representa a visão de Chico e Edu para as duas meninas que são "o prodígio do Grande Circo Knieps". No poema, elas mantêm suas virgindades em que "os banqueiros e os homens de monóculos têm esbarrado", são capazes de levitações "que a plateia pensa ser truque", ostentam uma pureza "em que ninguém acredita", realizam mágicas "em que os simples dizem que há o diabo"; as crianças, no entanto, "creem nelas, são seus fiéis, seus amigos, seus devotos".

Na repaginação dos dois compositores, as meninas foram transformadas em uma entidade singular, a bailarina. Musicalmente, para buscar o apelo com as crianças, criou-se na "Ciranda da bailarina" uma melodia singela, com tessitura de menos de uma oitava (precisamente de apenas uma sexta aumentada, mesmo depois de transposição do tema para meio-tom acima), como é habitual nas cantigas de roda. Um coro infantil interpreta a canção, acompanhado apenas de sintetizadores com timbre semelhante ao de uma caixinha de música. Por trás da aparente simplicidade, há no arranjo do próprio Edu, em parceria com Chiquinho de Moraes, um rápido encadeamento de acordes e um arpejo de sabor bachiano.

A bailarina nos é apresentada como personagem de perfeição inumana. Seu feitio inatingível, no entanto, não vem das qualidades que apresenta, mas sim de tudo o que deixa de ter. As cinco estrofes da canção correspondem a seções musicais idênticas, mantendo-se sempre um rigoroso esquema de rimas (abcbaddda), no qual a palavra final do terceiro verso faz rima interna com "bailarina", sempre constante no quinto verso.

> Procurando bem
> Todo mundo tem pereba
> Marca de bexiga ou vacina
> E tem piriri, tem lombriga, tem ameba
> Só a bailarina que não tem
> E não tem coceira
> Berruga nem frieira
> Nem falta de maneira
> Ela não tem

A figura da bailarina, escolhida por Chico para sintetizar o trabalho das meninas-prodígio que, no poema, têm várias ocupações, justifica-se pelo notório sacrifício físico que o balé impõe às praticantes, sem que os espectadores percebam nada além da expressão de serenidade e leveza. Na visão infantil — não necessariamente restrita às crianças —, o que aparenta ser o é de fato. Não tendo defeitos aparentes, cada pessoa pode projetar na bailarina os atributos que lhe convierem, que lhe forem mais pessoalmente atraentes para compor a perfeição utópica.

No poema "O grande circo místico", adultos e crianças veem as meninas-prodígio de maneiras distintas, e o mesmo acontece com os ouvin-

EDU LOBO/CHICO BUARQUE

O GRANDE CIRCO MÍSTICO

MILTON NASCIMENTO · JANE DUBOC · GAL COSTA
SIMONE · GILBERTO GIL · TIM MAIA
ZIZI POSSI · CHICO BUARQUE · EDU LOBO

Frente e verso da capa do LP *O grande circo místico*, de 1983,
com os temas do espetáculo criado por Edu Lobo e Chico Buarque
para o Balé Guaíra, de Curitiba.

tes da "Ciranda da bailarina": as menções a doenças, afecções e sujidade (pereba, piriri, piolho, dente com comida, remela) podem causar certa aversão aos adultos, mas são recebidas invariavelmente como cômicas no universo infantil — basta notar quão sorridentemente as crianças entoam a canção, um tiro certeiro dos autores para conseguir um *hit* entre os pequenos, já transformado em clássico com o passar dos anos.

A ludicidade também ocorre na música dos versos, como na passagem "Medo de subir, gente/ Medo de cair, gente/ Medo de vertigem/ Quem não tem": a última sílaba de "subir" e "cair", somada à primeira sílaba de "gente", compõe uma rima (ir-gen) com "vertigem", palavra na qual, invertendo-se as duas últimas sílabas, forma-se uma correspondência sonora perfeita com "gente"; além disso, as assonâncias em "em" permeiam todo o trecho: "vertigem", "gente", "quem", "tem". Certamente a análise desses recursos está longe do alcance de uma criança, mas isso não é impeditivo para que elas consigam apreciar a sonoridade agradável da junção de palavras.

Conforme a letra se aproxima do fim, os defeitos superficiais, perceptíveis como comprometedores por uma criança ("bigode de groselha") vão se misturando a preocupações adultas ("Todo mundo faz pecado/ Logo assim que a missa termina", "problema na família") e características estranhas ao mundo infantil (como no trecho censurado "todo mundo tem pentelho"). Uma vez estabelecida a base musical e a eufonia nos versos, porém, todos podem brincar juntos na ciranda, despreocupados de questões semânticas.

BEATRIZ

(Edu Lobo/Chico Buarque, 1982)
Na gravação de Milton Nascimento para o álbum
O grande circo místico (1983)

"Beatriz" se tornou um exemplo recorrente quando se quer uma referência da altura a que pode chegar a canção brasileira. É verdade que ficou mais associada a seu intérprete original, Milton Nascimento, e ao compositor da música, Edu Lobo, do que a seu letrista, Chico Buarque, mas a inventividade de seus versos veio coroar a composição de uma obra-prima da MPB.

A valsa composta por Edu para *O grande circo místico* (1983) é uma espécie de peça espanta-amador: estão lá tessitura ampla (duas oitavas mais uma segunda menor), notas estranhas à tonalidade, saltos melódicos inusuais, passagens em cromatismo, modulações, alterações na fórmula de compasso... De comum mesmo, apenas a estrutura em estrito AABA.

As sutilezas da canção fazem com que muitos cantores não consigam seguir a melodia tal qual foi escrita. Em entrevista a Nelson Garcia, Edu refuta a ideia de que o aprendizado formal de música macula a espontaneidade do compositor de canções populares. "Isso é das coisas mais reacionárias que já ouvi na minha vida", diz, por entender isso como sonegamento de informação. Em seguida, faz questão de dar exemplo a partir da própria experiência, dizendo que o intervalo de segunda menor, em "Beatriz", correspondente ao "se-rá" de "Será que ela é moça", seria algo que jamais ocorreria a ele intuitivamente; se fosse depender da espontaneidade de ver surgir uma melodia a partir de um canto improvisado, afirma, ele acabaria repetindo as duas notas correspondentes à palavra "Será" na canção: "eu ia cantar como muita gente canta", e demonstra, numa vulgarização de sua melodia.

Mas Milton interpreta "Beatriz" perfeitamente, com a naturalidade de quem canta "Ciranda, cirandinha", tornando de fácil audição o que é difícil de compor e executar. Não se trata apenas de atingir notas difíceis, importando mais a maneira como se faz isso: nos agudos, há o frágil equilíbrio de delicadeza e sustentação precisa, enquanto os graves se mostram cheios de corpo, preservando-se o brilho por toda a extensão do canto; oscilações no andamento, notas em suspensão e variações de dinâmica também contribuem para a transmissão de grande carga emocional.

Em poucos casos se aplica tão bem o chavão "interpretação definitiva", sem demérito de outros excelentes cantores que se arriscaram em regravações e produziram belos resultados. Na voz de Milton, acompanhado pelo piano de Cristovão Bastos e uma orquestra de cordas, em arranjo de Edu e Chiquinho de Moraes, a canção ficou entre as 60 mais executadas de 1983, e daí para o posto de clássico.

A música foi concebida por Edu para servir como tema para a personagem Agnes, a equilibrista matriarca da dinastia circense Knieps, apresentada no poema "O grande circo místico", de Jorge de Lima. Depois de quebrar a cabeça para encaixar essa história na melodia, sem resultado, Chico se permitiu, por que não?, transformar a equilibrista Agnes na atriz Beatriz, e aí tudo decorreu.

O nome escolhido é uma referência à musa de Dante Alighieri, a Beatrice que em *A divina comédia* guia o alter ego do poeta em ascensão pelas esferas celestiais. A atriz na canção se apresenta como uma figura indecifrável, nem por isso menos encantadora — ou justamente por isso tão atraente, já que o eu da canção consegue projetar em Beatriz tudo o que quiser.

Todas as seções A, além da equivalência musical, têm estrutura liricamente idêntica por três estrofes de dez versos: o primeiro é sempre um "Olha", que convida à contemplação da atriz; do segundo ao quinto versos, perguntas que se iniciam com "será que..."; no sexto verso, um substantivo complementado por "da atriz"; do sétimo ao décimo versos, quatro questionamentos iniciados com "se" ou "e se", sendo que apenas o último expressa uma hipótese abrangendo o eu da canção, no verso repetido "E se eu pudesse entrar na sua vida".

> Olha
> Será que ela é moça
> Será que ela é triste
> Será que é o contrário
> Será que é pintura
> O rosto da atriz
> Se ela dança no sétimo céu
> Se ela acredita que é outro país

> E se ela só decora o seu papel
> E se eu pudesse entrar na sua vida

A sequência das perguntas engloba situações díspares, mas com oposições que fogem do óbvio. Ao verso "Se ela mora num arranha-céu", por exemplo, não se segue um questionamento sobre o tamanho diminuto da morada de Beatriz, mas sim "E se as paredes são feitas de giz", criando a imagem paradoxal de fragilidade num edifício com força para erguer-se nas alturas. Ambas as possibilidades, porém, têm em comum seu caráter etéreo, seguindo-se a hipótese mundana do "E se ela chora num quarto de hotel", contrastante em relação às duas anteriores, que já se opunham entre si.

Todas as perguntas concorrem para o mesmo sentido de insegurança por se estar diante de alguém que vive de representar, modificando-se constantemente: "Em uma atriz, algo pode ser de fato real?" é uma tradução possível para o refrão poético do "E se eu pudesse entrar na sua vida".

Na seção B, há não apenas o contraste musical da modulação (a tonalidade sobe uma quinta aumentada) e de um novo motivo melódico, mas também a mudança do ponto de vista lírico. O eu da canção deixa de referir-se a Beatriz na terceira pessoa para dirigir-se diretamente a ela, e os questionamentos dão lugar a ordens. Durante dado momento, do qual se é consciente da efemeridade, crê-se plenamente em Beatriz e na sua capacidade transcendental: "Sim, me leva para sempre, Beatriz/ Me ensina a não andar com os pés no chão/ Para sempre é sempre por um triz/ Ai, diz quantos desastres tem na minha mão/ Diz se é perigoso a gente ser feliz".

Muito se fala do fato de que, em "Beatriz", a nota mais aguda corresponde à palavra "céu", e a nota mais grave, a "chão". Isso seria, no entanto, um recurso vulgar se descontextualizado. Na seção A, uma célula musical ("Será que ela é moça") é desenvolvida em cinco frases de altura ascendente, até que um novo motivo melódico toque o "céu": consegue-se sentir Beatriz conduzindo o protagonista em subida gradativa pelas esferas celestiais. Já na seção B, em dois compassos se despenca uma oitava mais uma sexta maior, atingindo o "chão": enquanto a ascensão é lenta, a queda é brusca, tendo de se tomar cuidado para não haver grave ferimento.

No desfecho, em nova repetição da seção A, teme-se que no dia em que Beatriz se mostrar em sua própria personalidade ("Se ela um dia despencar do céu") não seja acreditada, tomando-se a verdade como se drama (ou divina comédia) aquilo fosse: "E se os pagantes exigirem bis/ E se um arcanjo passar o chapéu". No derradeiro "E se eu pudesse entrar na sua vida" se embute o desejo de salvar, na terra, aquela que conduziu o eu da canção ao paraíso.

MIL PERDÕES

(Chico Buarque, 1983)
Na gravação do álbum *Chico Buarque* (1984)

A relação de Chico Buarque com Nelson Rodrigues não foi das mais amenas. Chico, notoriamente um homem de esquerda, fatalmente entraria em atrito com um autodeclarado reacionário que escrevia crônicas provocando a "esquerda festiva" e os "padres de passeata" em pleno regime militar.

A própria posição política do dramaturgo, no entanto, não se mostrava sem conflitos. Se em seus textos jornalísticos se apresentava como conservador, suas peças revolucionaram o teatro brasileiro, frequentemente atentando contra uma noção de moral e bons costumes associada à direita, e por isso sendo diversas vezes censuradas.

Para completar, embora tenha chegado a elogiar publicamente o general Médici (presidente do Brasil no período mais sanguinário da ditadura, entre 1969 e 1974), viu seu adorado filho envolver-se com o grupo de luta armada MR-8, para ser preso e torturado. Nelson Rodrigues Filho afirmou diversas vezes que só não morreu graças à intervenção direta do pai junto aos militares.

Nesse panorama contraditório, enquanto espinafrava na imprensa muitas das figuras públicas de esquerda, o dramaturgo era só elogios ao autor de "A banda", causando nele constrangimento. Chico então declarou em entrevista que preferia não ser exaltado por Nelson Rodrigues, e seu desejo foi prontamente atendido, passando o compositor a entrar na mira da metralhadora verbal.

Apenas em 1983, três anos após a morte do dramaturgo, pôde haver uma conciliação póstuma. Nelson Rodrigues Filho, que havia estado preso entre 1972 e 1979, passou a frequentar as famosas peladas promovidas por Chico. Pôde então convencer o compositor a participar da trilha sonora de uma adaptação cinematográfica, dirigida por Braz Chediak, da peça de seu pai *Perdoa-me por me traíres* (1957).

No contexto dramático, o personagem Gilberto tem ciúme furioso, e aparentemente injustificável, de sua mulher Judite, o que o leva a ser internado pela família numa casa de saúde. Após tratamento de seis meses, volta aparentemente estabilizado e tolerante, mas é confrontado pelo irmão com o fato de que realmente Judite o traía. É então que se sai com frases de efeito típicas da pena de Nelson, como "não se abandona uma adúltera", "amar é ser fiel a quem trai" e, diretamente à esposa, "perdoa-me por me traíres".

Na peça, Judite considera que agora é que o marido está louco de verdade; Chico, porém, inverte o ponto de vista do título da obra de Nelson, compondo uma canção na qual a mulher concede as desculpas que lhe foram pedidas, mas faz questão de enumerar todas as falhas do homem merecedoras de perdão.

Depois de aparecer no filme de Chediak, o compositor gravou "Mil perdões" para seu álbum *Chico Buarque* (1984). O arranjo de Cristovão Bastos faz do número uma canção do gênero jazz, com uma das mais elaboradas sequências de acordes entre as composições do Chico. As quatro seções musicais, cada uma delas ligada a uma estrofe, guardam semelhanças, mas sempre apresentam variações melódico-harmônicas colorindo o tema — a fórmula estrutural talvez possa ser representada como A1-A2-B-A3. O requinte do encadeamento não aparece, no entanto, como mero tecnicismo: a música sai (do previsto), roda exuberante e se perde, exatamente como no anseio da protagonista, explicitado nos versos da canção.

> Te perdoo
> Quando anseio pelo instante de sair
> E rodar exuberante
> E me perder de ti
> Te perdoo
> Por quereres me ver
> Aprendendo a mentir

O tema de Nelson, desenvolvido em canção por Chico, centra-se na ideia de que, se um homem é traído por uma mulher, a culpa só pode ser dele mesmo, ao portar-se de modo que fez nascer na companheira a vontade de trair. É uma noção pouco condizente com a imagem do dramaturgo considerado notório reaça machista, mas sabemos que as pessoas são multifacetadas.

A disposição em lista, por Chico, de posturas merecedoras de perdão só aumenta a complexidade do mote. Aparecem elencadas atitudes que só requereriam desculpas dentro da lógica muito particular do universo rodrigueano no qual o compositor mergulhou ("Te perdoo/ Por pedires perdão/ Por me amares demais", "Te perdoo/ Por te trair"), junto a outras que, pelo contrário, parecem ser enormemente aborrecidas ("Te perdoo por ligares/ Pra todos os lugares/ De onde eu vim") ou indesculpáveis ("Te perdoo/ Por ergueres a mão/ Por bateres em mim").

Cria-se um mundo de atração irresistível, para o eu da canção e para a fantasia do ouvinte, no qual há a possibilidade de ser magnânimo, pois todos os erros vêm do outro, que assim o aceita.

Frente e verso da capa do LP *Chico Buarque*, de 1984,
lançado pela Barclay, selo da PolyGram,
com fotografias de Cafi.

SAMBA DO GRANDE AMOR

(Chico Buarque, 1983)
Na gravação do álbum *Chico Buarque* (1984)

Se Chico Buarque constantemente usa o recurso da ambiguidade para enriquecer seus versos, em "Samba do grande amor" a ambiguidade se torna o próprio centro da letra, levando o ouvinte ao questionamento sobre o que é mentira e o que é verdade na situação apresentada; para essa pergunta, não há resposta clara, mas como é costume nessas situações, importa mais a reflexão proporcionada pela arte.

A canção foi lançada originalmente na trilha sonora do filme *Para viver um grande amor* (1983), de Miguel Faria Jr., na voz de Djavan e Sérgio Ricardo; no ano seguinte, foi regravada pelo autor no álbum *Chico Buarque* (1984), com arranjo de Cristovão Bastos.

A canção é estruturada na fórmula A1-A2-B-A1-A2-B. A ambiguidade expressa na letra se encontra também na música, pois as seções A1 e A2 são melodicamente idênticas, mas com encadeamento harmônico distinto, com uma se dando em modo maior, e a outra, em modo menor — são duas versões diferentes para a mesma história, pode-se dizer.

Toda a canção, principalmente nas seções A, apresenta-se com tessitura compacta e muitas notas repetidas em sequência; soma-se isso ao fato de que as figuras rítmicas da melodia sugerem um efeito sincopado semelhante ao toque do tamborim para um resultado no qual, mesmo se não houvesse instrumentos de percussão no acompanhamento, já se configuraria um samba todo quebrado — um daqueles casos em que bons instrumentistas, acostumados a ler à primeira vista melodias exigentes, teriam dificuldade para executar o que pede a partitura de um "simples" telecoteco.

A letra segue um rígido rimário, no qual todas as palavras em final de verso que não encontram correspondência externa rimam internamente em algum verso posterior, tanto nas seções A quanto na seção B — esta com a mesma letra nas duas vezes em que é executada, configurando algo próximo a um refrão, efeito reforçado pela ampliação de tessitura da melodia, tanto para o grave quanto para o agudo. A exceção de termo que aparece solto está justamente na palavra mais importante da canção: nada rima com a mentira.

> Tinha cá pra mim
> Que agora sim
> Eu vivia enfim o grande amor
> Mentira
> Me atirei assim
> De trampolim
> Fui até o fim um amador

Toda a letra é um desdobramento poético do que já se apresenta nos quatro primeiros versos. O eu da canção afirma que em algum tempo do passado, depois de implícitas experiências decepcionantes ("agora sim"), pensava estar experimentando um amor para toda a vida. O "mentira" que se segue, e aparece repetido ao longo da canção, parece indicar mais um desapontamento, desta vez com maior profundidade, pois o protagonista se atirou de trampolim (o mesmo que "ir com tudo", "jogar todas as fichas" etc.) e foi "até o fim um amador — ôô".

Esse prolongamento do som vocálico "o" ao fim de cada estrofe configura um grande achado; como os "ôôô" e vocalises afins, no contexto do samba, costumam ser associados a um convite ao compartilhamento de alegria contagiante — lembre-se, por exemplo, da introdução de "Os alquimistas estão chegando os alquimistas", de Jorge Ben —, vinculá-los desta vez a um cenário de frustração só acentua a melancolia da história que se conta. Além disso, ainda na primeira estrofe, há a dupla acepção de "amador", que pode indicar tanto "amante" quanto uma pessoa inexperiente, propensa a ser vítima de uma mentira.

O eu da canção apresenta ao ouvinte tudo o que, de boa-fé, fez pelo grande amor; houve sacrifícios financeiros ("Passava um verão/ A água e pão/ Dava o meu quinhão pro grande amor/ Mentira"), confiança cega ("Eu botava a mão/ No fogo então/ Com meu coração de fiador"), assunção pública e documental da relação ("Fui muito fiel/ Comprei anel/ Botei no papel o grande amor/ Mentira"), romantismo ("Reservei hotel/ Sarapatel/ E lua de mel em Salvador") e comprometimento religioso sincrético ("Fui rezar na Sé/ Pra São José/ Que eu levava fé no grande amor/ Mentira/ Fiz promessa até/ Pra Oxumaré/ De subir a pé o Redentor").

Na seção B, no entanto, apresenta-se um novo panorama: "Hoje eu tenho apenas uma pedra no meu peito/ Exijo respeito, não sou mais um sonhador/ Chego a mudar de calçada/ Quando aparece uma flor/ E dou risada do grande amor/ Mentira". No começo da estrofe, as aliterações em "p" reforçam a dureza do coração do protagonista; ao final dela, coloca-se uma questão com implicações retroativas: o que, afinal, é uma mentira? Seria mesmo o relacionamento de que o eu da canção fala ao longo da letra? Ou aqui, pelo contrário, ele é o mentiroso quando diz que agora está imune tanto às tentações de novo amor quanto à dor da lembrança?

A uma nova audição, a letra inteira pode ser encarada em distinto ponto de vista. Tudo o que o protagonista afirma ter feito em prol do casal — acreditar, confiar, economizar, casar-se, viajar, rezar — é capaz de ser mentira, não tendo acontecido realmente; essas ações aparecem agora como projeção do que, retrospectivamente, o eu da canção gostaria de ter feito para preservar seu relacionamento, que agora percebe, miseravelmente, ter sido o grande caso de amor de sua vida. Afinal, quando vai tudo bem com marido e mulher, não parece haver motivo para fazer uma promessa pelos dois. Mas olhando para trás, sabendo como tudo terminou, talvez tivesse valido a pena pedir a intervenção de Oxumaré...

A própria denominação "Samba do grande amor" parece descabida: não seria mais coerente chamar a canção de "Samba da mentira"? Talvez não: considerando a letra, fica mais adequado mesmo usar um título mentiroso.

IMAGINA

(Tom Jobim/Chico Buarque, 1983)
Na gravação de Djavan e Olivia Byington para o álbum
Para viver um grande amor (1983)

Na célebre parceria entre Tom Jobim e Chico Buarque, além das canções que se tornaram clássicos da MPB, há outras tantas que acabaram sendo abortadas: em várias músicas que o maestro lhe mostrou para ganharem letra, Chico não conseguiu cumprir sua missão. Entre os números que poderiam ter engrossado o repertório da dupla, alguns ficaram simplesmente na gaveta, outros foram lançados em versão instrumental ("Rancho das nuvens", "Nuvens douradas") e alguns acabaram com versos do próprio Tom, como "Luiza" e "Wave". Nesta última, Chico foi responsável apenas pelo verso de abertura, "Vou te contar", e mais não pôde escrever. O parceiro o cobrava: "Mas você vai me contar o quê? Conte logo, não quer ficar rico?" — ainda assim, não houve jeito, e Tom contou sozinho a história da canção que acabou sendo um de seus maiores *standards*.

Nessa situação de involuntária recusa de muitas parcerias, soa irônico que Chico tenha feito questão de letrar justamente uma música que Tom achava inadequada para tornar-se canção. De acordo com seu próprio relato — não se pode desprezar a hipótese de mais uma saborosa fabulação do maestro, como o relato, sempre repetido em shows, de que Dolores Duran escreveu a letra de "Por causa de você" em cinco minutos usando um lápis de olho —, a "Valsa sentimental" foi o primeiro número musical que escreveu, em 1947, quando tinha 20 anos, como um exercício para aula de piano. Ao ouvir a valsa, a professora lhe teria dito que a carreira de concertista não estava ao alcance de Tom, mas ele deveria tornar-se compositor.

Mesmo que essa história seja uma licença poética, inegavelmente a música já estava pronta em 1958, quando foi gravada em arranjo de Leo Peracchi sob o exótico título de "Moonlight daiquiri".

Passam-se muitos anos, e em 1983 Tom estava fazendo a direção musical de *Para viver um grande amor*, filme de Miguel Faria Jr. Chico Buarque foi um dos roteiristas do trabalho, uma adaptação do musical *Pobre menina rica* (1963), de Carlos Lyra e Vinicius de Moraes. Na trilha sonora, além dos títulos originalmente compostos para a peça, havia canções inéditas de Tom, Chico e Djavan — este também aparecia como ator, protagonizando o filme ao lado de Patricia Pillar, dublada por Olivia Byington nos números musicais.

Tom achava que sua antiga valsa poderia constar da trilha do filme, mas em versão instrumental, dada sua natureza: condução melódica com vozes paralelas, uma partitura repleta de acidentes além dos indicados na armadura de clave, tessitura ampla, grandes saltos e intervalos difíceis para cantores. O "esta não é para ganhar letra" do parceiro foi tomado como desafio para Chico, que então escreveu os versos para o que se transformou na canção "Imagina".

Quando a letra foi terminada, Tom Jobim estava em Nova York. Demonstrando também dominar o uso das ambiguidades, enviou por telegrama a Chico sua apreciação do trabalho: "It's very exquisite", termo que em inglês indica requinte e beleza, mas lembra o português "esquisito" — Chico admite que a letra "é esquisita mesmo". Pelas dificuldades na interpretação vocal, Tom continuou em seus shows executando a música apenas ao piano; de qualquer modo, foi a partir da faixa para a trilha sonora de *Para viver um grande amor*, nas vozes de Djavan e Olivia Byington, com arranjo de Eduardo Souto Neto, que "Imagina" se tornou conhecida e ganhou diversas regravações, tanto instrumentais quanto cantadas.

A história concebida por Vinicius de Moraes, na década de 1960, para *Pobre menina rica* apresentava a história de uma moça endinheirada que, ao ver pela janela de um arranha-céu um mendigo na rua, apaixona-se por ele. Quando seu parceiro Carlos Lyra ergueu as sobrancelhas, vendo inverossimilhança na situação, o poeta protestou: "Mas era primavera!". A Lyra só restou murmurar "Ah, então tá bom". É nesse universo de fantasia e sonho que Chico enquadrou "Imagina", valorizando a ludicidade.

> Imagina
> Hoje à noite
> A lua se apagar
> Quem já viu a lua cris
> Quando a lua começa a murchar
> Lua cris
> É preciso gritar e correr, socorrer o luar

Um dos pontos de estranhamento para Tom veio da palavra "cris". Trata-se de uma corruptela para "eclipse"; no folclore brasileiro, o monstro que engole a lua precisa ser espantado com gritos. Quando regravou "Imagina" para seu álbum *Carioca* (2006), em dueto com Mônica Salmaso, Chico achou por bem transcrever no encarte do disco citação explicativa de Luís da Câmara Cascudo. Outra questão foi o verso "Abre as portas pra noite passar", reproduzido pelo maestro debochadamente como "Abre as pernas pra noite passar"; nesse caso, o letrista se rendeu e deixou a porta no singular.

As duas vozes apaixonadas de "Imagina" se veem como crianças capazes de influir no curso da natureza, para o raiar de um dia repleto de possibilidades ilustrado com rimas toantes e consoantes: "Olha a chuva, olha o sol, olha o dia a lançar/ Serpentinas/ Serpentinas pelo céu/ Sete fitas/ Coloridas/ Sete vias/ Sete vidas/ Avenidas pra qualquer lugar".

No desfecho, nova recorrência a lendas pode sugerir tanto jogos sexuais de troca de papéis quanto a mais pura puerilidade: "Sabe que o menino que passar debaixo do arco-íris vira moça, vira/ A menina que cruzar de volta o arco-íris rapidinho volta a ser rapaz/ A menina que passou no arco era o/ Menino que passou no arco/ E vai virar menina/ Imagina". As frases melódicas longas e com notas curtas (que são tocadas "rapidinho") encontram a bela paisagem criada por Chico: ouvindo-se a canção, pode-se facilmente *imaginar* os jovens apaixonados confundindo suas identidades e brincando de ir e voltar pelo arco-íris.

Frente e verso da capa do LP *Para viver um grande amor*, de 1983, com a trilha sonora do filme dirigido por Miguel Faria Jr. e estrelado por Patricia Pillar e Djavan.

VAI PASSAR

(Francis Hime/Chico Buarque, 1984)
Na gravação do álbum *Chico Buarque* (1984)

"Vai passar" começou a ser gestada em 1983, quando Chico Buarque trabalhava em "Dr. Getúlio", canção de sua parceria com Edu Lobo. De uma melodia foi surgindo outra, que ganharia vida própria. O trecho foi trabalhado e estendido tempos depois pelo próprio Chico, numa música ainda sem letra.

As primeiras manifestações públicas a favor das eleições diretas no Brasil aconteceram naquele ano. Imbuído de ímpeto coletivista, Chico reuniu em sua casa um time de amigos para compor conjuntamente o samba-enredo que já havia esboçado. Entre os convidados, Francis Hime, Edu Lobo, João Bosco, Fagner, Carlinhos Vergueiro e João Nogueira. No clima festeiro, no entanto, nenhuma música e nenhum verso saíram dali. Chico aprendeu que as composições de comitê são privilégio das escolas de samba.

Francis, contudo, ficou com os excertos musicais apresentados na cabeça — ele atribuiu a capacidade de memorização ao fato de "talvez ter bebido um pouco menos" do que os outros. No dia seguinte, colocou na partitura o que Chico já havia escrito até ali: o refrão ("Ai, que vida boa, olerê...") e o pedaço correspondente ao trecho do início da música até "A nossa pátria mãe tão distraída/ Sem perceber que era subtraída/ Em tenebrosas transações" — os versos são citados apenas para facilitar a referência, pois a música ainda não tinha nada de letra até aquele momento.

O que se apresentava era um tema que passava por modulações, subindo de altura até um ponto que Chico não sabia mais como resolver. Ora, saber trabalhar as possibilidades harmônicas de uma célula melódica era justamente uma especialidade de Francis, propiciada pelo seu treinamento formal.

Do ponto em que o trabalho estava, promoveu nova modulação, e contrapôs as três frases musicais anteriores, de altura ascendente, a três novas, de altura descendente (correspondentes ao trecho "Seus filhos/ Erravam cegos pelo continente/ Levavam pedras feito penitentes/ Erguendo estranhas catedrais"). Em seguida, desenvolveu uma nova ideia (iniciada com o trecho "E um dia afinal..."), partindo depois para nova modulação, que retomava o tom original da música (no trecho "Palmas pra ala dos barões famintos..."). A partir daí, foi só ligar a composição, devidamente alinhada, ao refrão que Chico já havia escrito.

Assim estava musicalmente pronta mais uma canção com a assinatura de Francis e Chico. "Vai passar" ocupa um lugar distinto entre os títulos da dupla, por ser o único caso em que Chico vai além do papel de letrista e por ser a última composição dos parceiros, que depois de 12 anos de forte ligação não voltaram mais a criar conjuntamente.

Mas a música continuava sem letra. Foi só no ano seguinte, já no estúdio fechando o repertório para o álbum *Chico Buarque* (1984), que Chico mostrou a obra em construção para o produtor Homero Ferreira e para o arranjador Cristovão Bastos: recebeu o entusiasmo de ambos como motivação bastante para escrever os versos.

O resultado acabou se tornando um hino da redemocratização no Brasil, com o "vai passar" se relacionando à esperança de que *passasse* a emenda Dante de Oliveira, prevendo o restabelecimento do voto universal para a Presidência da República. A proposta foi barrada no Congresso Nacional, e as eleições diretas esperariam até 1989; "Vai passar", contudo, não passou, permanecendo cantada através dos anos como símbolo de otimismo em relação ao futuro do país.

Encerrando uma importante parceria, a canção também aponta o fim de um período de muita visibilidade pública para Chico, sendo a quinta mais executada de 1984. Depois disso, o festival Rock In Rio (1985) marca a ascensão de uma nova tendência musical entre o público jovem, e a assim chamada MPB passa a estar associada a consumidores mais maduros. Chico não voltaria a ter um sucesso comercial nem sequer parecido ao de "Vai passar", samba que combina a sofisticação das modulações com uma letra igualmente engenhosa.

>
> Vai passar
> Nessa avenida um samba popular
> Cada paralelepípedo
> Da velha cidade
> Essa noite vai
> Se arrepiar
> Ao lembrar

>Que aqui passaram sambas imortais
>Que aqui sangraram pelos nossos pés
>Que aqui sambaram nossos ancestrais

Colocar a palavra "paralelepípedo" em letra de canção já é por si só um procedimento pitoresco; somando-se a isso, Chico encaixa o termo na música justamente num trecho em que as síncopes sacolejam a melodia, como se um carro alegórico estivesse passando por uma avenida de paralelepípedos — um caminho difícil e acidentado, como o que levou à redemocratização depois de 21 anos de ditadura, em oposição ao piso plano de um sambódromo.

Com uma análise mais detida, percebe-se que toda a letra se dá do ponto de vista do paralelepípedo, que se arrepia com as lembranças dolorosas da "página infeliz da nossa história" em que o Brasil, num regime militar, viu-se lesado "em tenebrosas transações", com seus cidadãos trabalhando em prol de ordem e progresso duvidosos e tendo como alívio único a "ofegante epidemia" carnavalesca.

O paralelepípedo pede aplausos irônicos para os falsos nobres querendo levar vantagem ("barões famintos"), os autoritários insanos ("napoleões retintos") e os que afetam pompa em sua pequenez ("pigmeus do bulevar"), compondo o sanatório geral. Na renovada festa do povo, mesmo esses seriam obrigados a dançar num bloco que evolui com a liberdade.

PALAVRA DE MULHER

(Chico Buarque, 1985)
Na gravação de Elba Ramalho para o álbum *Malandro* (1985)

Em 1985, Ruy Guerra adaptou para cinema a *Ópera do malandro* (1978), de Chico Buarque. O filme contou com o próprio Chico como um dos roteiristas, ao lado de Ruy e de Orlando Senna. Como se não bastassem as 17 canções originalmente compostas para a peça, Chico escreveu mais nove, música e letra, para a versão cinematográfica.

Criou-se então uma confusão na discografia do compositor: há o álbum *Ópera do malandro* (1979), com diversos cantores interpretando as canções da peça; há outro álbum *Ópera do malandro* (1985), com os atores que participam do filme cantando um misto de canções feitas para a versão cinematográfica e outras originais da peça; por fim, há o álbum *Malandro* (1985), no qual uma seleção de cantores interpreta apenas as canções criadas para o filme, com a exceção das mais antigas "Hino de Duran" e "Tango do covil".

"Palavra de mulher" é um dos títulos da safra de 1985, com interpretação de Elba Ramalho tanto no filme quanto nas gravações para disco, sempre com arranjo de Chiquinho de Moraes. Trata-se de mais uma das canções de Chico Buarque com eu lírico feminino vinculada a um contexto dramático. A instrumentação fica restrita a uma orquestra de cordas e a um piano tocando, em modo menor, acordes em arpejo com tensões e inversões, propiciando um clima grave e angustiante.

A estrutura da canção se apresenta na forma A1-A1-A2, ou seja, três seções musicais similares, correspondentes a três estrofes de letra, com ligeira variação na última, em subida de altura propiciando um clímax. Para uma canção lenta e sem marcação percussiva, seria mais convencional um tratamento melódico passionalizado, com ampla tessitura e notas agudas alongadas acompanhando a história de um amor conflituoso.

O que se ouve, no entanto, nas duas seções A1, é uma melodia extremamente compacta, com uma tessitura de apenas uma quarta justa, uma amplitude inferior à da maioria das cançonetas infantis. Mesmo na seção A2, de desfecho, a mais ampla tessitura que se atinge é de uma sexta menor, e essa extensão se apresenta justamente no trecho que corresponde aos versos "Pode ser/ Que passe o nosso tempo/ Como qualquer primavera", indicando a ideia de efemeridade da paixão, na música e na letra.

A opção musical pela compactação melódica se justifica pelo fato de que "Palavra de mulher", antes de ser uma canção passional de distância entre o eu e o objeto de sua estima, mostra-se como um número centrado no tema da ameaça. Em "Sabiá", Chico se valia da recorrência de uma célula de três notas para expressar a promessa "vou voltar"; na canção para o filme *Ópera do malandro*, Chico lança mão do mesmo recurso, mas agora gerando sensação de perigo, em vez da nostalgia evocada na parceria com Tom Jobim.

> Vou voltar
> Haja o que houver, eu vou voltar
> Já te deixei jurando nunca mais olhar pra trás
> Palavra de mulher, eu vou voltar
> Posso até
> Sair de bar em bar, falar besteira
> E me enganar
> Com qualquer um deitar
> A noite inteira
> Eu vou te amar

O eu feminino da canção não se importa em contradizer juras antigas para afirmar nova promessa, pois agora seu regresso está empenhado na "palavra de mulher", tomada como a expressão mais íntima de seu ser. A protagonista sabe que ao se deixar circular por ambientes boêmios se enganará, e ao deitar-se com outro homem, "qualquer um", fatalmente não será nele que estará pensando; ainda assim, não promete fidelidade à pessoa que chama de "meu amor".

Mais do que isso, o eu da canção não busca manipular seu interlocutor com provocações (não é dito que ele é incapaz de algo, buscando-se que prove o contrário), sedução (nenhuma característica dele é exaltada) ou tentação (nada de bom é prometido), restando a simples intimidação, recurso pouco ortodoxo para se empregar isoladamente com pessoa amada que está distante.

O ouvinte não fica sabendo por que a mulher precisa tanto voltar a seu homem — nem ela sabe. A recorrência comportamental acompanhada da consciência de seus males exprime compulsão incontrolável, o que também é sabido pelo eu da canção: "Meu amor, eu vou partir/ De novo e sempre, feito viciada/ Eu vou voltar".

Escrita numa época em que o conceito de sororidade não aparecia difundido, a canção apresenta os versos "Vou chegar/ A qualquer hora a meu lugar/ E se uma outra pretendia um dia te roubar/ Dispensa essa vadia/ Eu vou voltar", certamente motivo para protesto se hoje fossem escritos — ainda assim, ilustram com perfeição a possessividade irracional que pode ser despertada pela paixão e representam um comportamento, bom ou ruim, de fato verificável em interações amorosas do mundo real. Deveria ser desnecessário dizer, não indicam nada quanto ao caráter do autor da canção, desvinculado da situação expressa em sua obra.

Na última seção, a trama se adensa para o que parece ser um ímpeto de seguir com uma resolução até a morte. "Pode ser/ Que a nossa história/ Seja mais uma quimera/ E pode o nosso teto, a Lapa, o Rio desabar". Depois, a ameaça final: "Espera/ Me espera/ Eu vou voltar". "Palavra de mulher" assombra por confrontar-nos com o potencial destruidor do que se chama de sentimento amoroso.

Frente e verso da capa do LP com a trilha sonora do filme *Ópera do malandro*, de 1985, dirigido por Ruy Guerra.

Frente e verso da capa do LP *Malandro*, de 1985, também com as músicas do filme *Ópera do malandro*.

BANCARROTA BLUES

(Edu Lobo/Chico Buarque, 1985)
Na gravação do álbum *Francisco* (1987)

Já com a sombra do regime militar tendo se dispersado, a produção cancionista de Chico Buarque pôde se afastar da temática relacionada à vida política do país, presente em sua obra, nos anos de chumbo, mais do que o compositor gostaria. Ainda assim, a crítica social nunca deixou de constituir assunto de interesse para seu fazer criativo.

É o caso de "Bancarrota blues", canção que satiriza a abrangência da mercantilização da vida, tomando-se como bem de consumo qualquer coisa que possa ser vendida, inclusive pessoas e sentimentos. A canção foi composta com música de Edu Lobo e letra de Chico Buarque, integrando a trilha sonora de *O corsário do rei* (1985). A peça foi escrita e dirigida por Augusto Boal, marcando sua volta aos palcos brasileiros depois de 14 anos de exílio. "Bancarrota blues" se situa no contexto dramático de uma história real passada em 1711: o pirata francês René Duguay-Trouin invadiu o Rio de Janeiro e conseguiu que o governo lhe pagasse resgate para que não destruísse a cidade.

Estruturalmente, a canção apresenta o formato AABABA, com a seção A em modo maior, e a seção B no tom relativo menor. Na gravação para o álbum com a trilha sonora da peça (1985), "Bancarrota blues" foi interpretada por Nana Caymmi, sendo regravada por Chico para seu álbum *Francisco* (1987), com arranjo de Cristovão Bastos. Embora tenha um sabor de blues, a sofisticada condução harmônica deixa o tema mais parecido com o jazz; um título que prescindisse do termo "blues", no entanto, perderia o significado de tristeza expresso na palavra em inglês.

Em vez de constituir um lamento do homem negro por suas condições de vida, como na origem do gênero, o blues da bancarrota ironicamente nos mostra a decadência de um senhor branco escravista no século XVIII. Escolhe-se um estilo musical anacrônico para a época do contexto dramático em que a canção se insere; em vez de, por exemplo, um lundu, inclusive mencionado na letra, ouve-se música típica do século XX.

Como resultado, pode-se lembrar que a comercialização de aspectos da vida humana que não deveriam ser passíveis de venda está longe de ser questão remota, pois o dinheiro permanece como força dominante e embrutecedora. E quer seja o tema um blues ou um jazz, ambos são gêneros originários dos Estados Unidos, a maior potência econômica do mundo desde pelo menos o fim da Segunda Guerra Mundial, com o Plano Marshall.

> Uma fazenda
> Com casarão
> Imensa varanda
> Dá jerimum
> Dá muito mamão
> Pé de jacarandá
> Eu posso vender
> Quanto você dá?

Em todas as seções A de "Bancarrota blues", Chico usa de maneira sistemática um recurso já empregado famosamente por Caetano Veloso em sua "Tigresa", quando fez rimar "instrumento" e "azul". Por meio do deslocamento de prosódia causado pelo acento melódico, a sílaba átona final de uma palavra paroxítona rima com uma oxítona. Assim, ficam casados "varanda" e "jacarandá", "fresca" e "pescar", "poeira" e "cheirar", "açoites" e "oitis".

À apresentação, na primeira estrofe, de itens comuns quando se quer anunciar a venda de uma propriedade rural, sucedem-se outros improváveis, marcando o grau de desespero crescente do vendedor em bancarrota. Menciona-se "algum mosquito", causando efeito cômico quando se sabe a quantidade de insetos presente nas fazendas de um país quente como o Brasil, ainda mais na proximidade do Rio de Janeiro. Os peixes, simbólicos para o cristianismo, são descritos como magicamente pulando das águas: "Tem surubim/ Tem isca pra anzol/ Mas nem tem que pescar".

Em seguida, o discurso religioso hipócrita se faz notar quando o anunciante se mostra disposto a desfazer-se por dinheiro até dos membros da família: "O que eu tenho/ Eu devo a Deus/ Meu chão, meu céu, meu mar/ Os olhos do meu bem/ E os filhos meus/ Se alguém pensa que vai levar/ Eu posso vender/ Quanto vai pagar?".

Os itens descritos atingem tons surreais em "Os diamantes rolam no chão/ O ouro é poeira"; as alusões ácidas contemplam o machismo entranhado na sociedade desde tempos imemoriais ("muita mulher pra passar sabão"), o consumo de drogas presente em todas as camadas sociais, mas apenas combatido com violência quando se trata de usuários pobres ("papoula pra cheirar") e a violência escravista extinta tão tardiamente no Brasil, mas com chagas ainda visíveis na estrutura social excludente do país ("Negros quimbundos/ Pra variar/ Diversos açoites"). Por fim, a própria dignidade do eu da canção aparece como claramente comercializável ("Meu éden tropical/ Orgulho dos meus pais/ E dos filhos meus/ Ninguém me tira nem por mal/ Mas posso vender/ Deixe algum sinal").

As performances ao vivo de "Bancarrota blues" geralmente compõem o número mais performático dos shows de Chico, que estala os dedos para marcar o tempo e aludir ao gestual indicativo de grana. Cria-se um momento de pausa no qual o compositor, geralmente de poucas palavras nas suas apresentações, simula um falar improvisado.

Na turnê do álbum *As cidades* (1998), mencionava a grandeza dos músicos que o acompanham, para em seguida cantar "Mas posso vender...", gerando risos na plateia. Mais recentemente, na turnê *Que tal um samba?* (2022), Chico lembrava o episódio em que a gravação de uma piada sua, na qual mencionava a compra de canções, foi levada a sério por alguns cidadãos pouco privilegiados intelectualmente. Então seguia, em tom indignado, dizendo "Isso eu não admito que digam, eu não compro canções", para depois cantar "Mas posso vender...".

Em pelo menos uma ocasião, o compositor disse no palco "Esta canção não é minha, é do Paulo Guedes", em referência ao ministro da Fazenda do governo de Jair Bolsonaro. No século XVII ou na era do capitalismo financeiro, não faltam almas ansiosas para leiloar as riquezas da nação.

CHORO BANDIDO

(Edu Lobo/Chico Buarque, 1985)
Na gravação de Edu Lobo e Tom Jobim para o álbum
O corsário do rei (1985)

Em 1985, Chico Buarque, se não era o maior vendedor de discos do país, gozava de uma reputação artística elevada, da consideração como intelectual (mesmo se dedicando a um gênero "menor", a canção popular) e, de quebra, da imagem de tradutor da alma feminina. Esse posto talvez o tenha deixado confortável para escrever a letra de "Choro bandido", um manifesto metalinguístico sobre a superioridade da arte em relação ao artista, podendo ser encarado como demonstração de modéstia ou de arrogância, dependendo do ponto de vista. Se fosse confundido o eu da canção com a pessoa de seu compositor, poderia entender-se que Chico estava negando sua virtude pessoal, ao mesmo tempo que era assertivo quanto às qualidades de seu trabalho.

Ironicamente, passadas algumas décadas, Chico seria vítima de incompreensão em sentido oposto: a partir de "Com açúcar, com afeto" (em retrospecto) e "Tua cantiga", houve cobranças como se as situações retratadas nos versos de canções pudessem revelar a índole ruim de seu compositor. Para o bem ou para o mal, no entanto, deve sempre prevalecer a importante distinção entre a obra e quem a cria.

> Mesmo que os cantores sejam falsos como eu
> Serão bonitas, não importa
> São bonitas as canções
> Mesmo miseráveis os poetas
> Os seus versos serão bons
> Mesmo porque as notas eram surdas
> Quando um deus sonso e ladrão
> Fez das tripas a primeira lira
> Que animou todos os sons

Na letra de "Choro bandido", a capacidade ludibriante da canção popular se mostra em seus três aspectos fundamentais: a interpretação ("os cantores"), a letra ("os seus versos") e a música ("a primeira lira") se unem para um conjunto capaz de eclipsar as graves deficiências morais (falsidade, miséria, hipocrisia, ladroagem) de seus responsáveis. Os versos não apresentam um rimário fixo, mas surgem aqui e lá rimas bandidas, como a interestrófica entre "sons" e "alçapões", além de paronomásias como entre "balada" e "bandido".

Chico foi capaz de retirar esse tema (a música veio antes da letra) de um choro-canção realmente *bandido* composto por Edu Lobo: uma melodia angulosa, repleta de acidentes e com tonalidade fluida (de caráter dissimulado?), capaz de encantar os ouvintes com suas artimanhas. A estrutura de "Choro bandido" apresenta três blocos musicais que são repetidos uma vez em sequência, para um desfecho com variação da primeira ideia (A1-B-C-A1-B-C-A2).

A canção foi composta para a peça *O corsário do rei* (1985), de Augusto Boal, e lançada em fonograma para o álbum com sua trilha sonora. Na gravação original, Edu canta acompanhado por cordas e pelo piano de Tom Jobim, a quem o choro foi dedicado. Mesmo se confessando enciumado pela parceria entre Edu e Chico, o maestro também não pôde resistir ao fascínio da pilantragem: "Vocês são craques! Nunca ouvi um choro tão bandido! Essa tem que tocar na rádio!" — não tocou, mas isso não foi impeditivo para que se tornasse um clássico da canção brasileira.

O deus sonso e ladrão é uma alusão a Hermes. Na mitologia grega, esse foi o deus responsável pela criação do primeiro instrumento musical: logo em seu primeiro dia de vida, roubou vacas sagradas do irmão Apolo, sacrificou uma delas, retirou-lhe as tripas e, unindo-as a um casco de tartaruga, inventou a lira. Quando Apolo se deu conta de que havia sido roubado, não ficou nem um pouco satisfeito; bastou o caçulinha da família apresentar-lhe a lira, porém, para ficar deslumbrado, e a paz pôde prevalecer entre a fraternidade divina.

Desde sua origem, portanto, a música aparece associada a um poder manipulador, capaz de aplacar iras e despertar paixões: "E daí nasceram as baladas/ E os arroubos de bandidos como eu/ Cantando assim:/ Você nasceu pra mim/ Você nasceu pra mim". O eu da canção não esconde seu atrevimento, pois sabe que, privilegiado pela divina aptidão musical, torna-se capaz de enfeitiçar a pessoa-alvo mesmo dizendo um banalidade como "você nasceu pra mim" — e o ouvinte de "Choro bandido", a este ponto, realmente é capaz de fruir o lugar-comum desse verso como se fosse néctar dos deuses, pois o amparo da música exponencializa o poder de uma cantada vulgar.

A empáfia segue, com o eu da canção convicto de poder superar resistências e castidades: "Mesmo que você feche os ouvidos/ E as janelas do vestido/ Minha musa vai cair em tentação". Em "Mesmo porque estou falando grego/ Com sua imaginação", o "falando grego" ganha duplo sentido: no senso comum, aponta-se um discurso incompreensível, sendo que, para fazer a musa cair em tentação, o significado das palavras não tem tanta importância ante sua característica hipnótica. No contexto da letra, contudo, também se pode perceber na expressão uma alusão às referências à mitologia grega presentes nos versos, que continuam imediatamente: "Mesmo que você fuja de mim/ Por labirintos e alçapões/ Saiba que os poetas como os cegos/ Podem ver na escuridão" — aqui se faz menção ao labirinto de Creta, que alojava o Minotauro, e ao cego Tirésias, dotado do poder da predição.

No ápice da presunção e insolência, o eu da canção não deixa de avisar a musa de que a rendição amorosa ainda lhe custará a inteligência: "E eis que, menos sábios do que antes/ Os seus lábios ofegantes/ Hão de se entregar assim:/ Me leve até o fim/ Me leve até o fim". O cancionista se perdoa, porém, pois sabe que a arte e o amor prevalecem aos artistas e amantes: "Mesmo que os romances sejam falsos como o nosso/ São bonitas, não importa/ São bonitas as canções/ Mesmo sendo errados os amantes/ Seus amores serão bons".

O CORSÁRIO DO REI

MÚSICAS
EDU LOBO

LETRAS
CHICO BUARQUE

Frente e verso da capa do LP *O corsário do rei*, de 1985,
com a trilha criada por Edu Lobo e Chico Buarque
para a peça dirigida por Augusto Boal.

TANGO DE NANCY

(Edu Lobo/Chico Buarque, 1985)
Na gravação de Lucinha Lins para o álbum *O corsário do rei* (1985)

Em "Folhetim", o ouvinte que chega à canção sem saber do contexto dramático da peça para a qual foi escrita fica sem saber se a protagonista é uma prostituta ou apenas uma mulher que trata de sexo casual com naturalidade; do mesmo modo, em "Tango de Nancy", na impossibilidade de acesso ao texto da peça para a qual foi criada, não há como afirmar se o eu da canção é uma prostituta ou uma mulher que, sem fazer do sexo seu ofício, teve muitos homens à cama.

Por acaso, na *Ópera do malandro* (1978), de Chico Buarque, a protagonista de "Folhetim" é mesmo uma prostituta, enquanto em *O corsário do rei* (1985), de Augusto Boal, Nancy não é. Se o autor divulgou as canções em fonograma, no entanto, fazendo-as ter vida além dos palcos, torna-se lícita sua análise desvinculada do contexto dramático; mais do que isso, a ambiguidade pode ser tomada como um elemento intencionalmente disposto em suas letras, enriquecendo-as.

"Folhetim" se tornou um título de particular projeção dentro da (como um todo bem-sucedida) *Ópera do malandro*, de modo que a profissão da personagem que a canta se faz amplamente sabida; já "Tango de Nancy", com música de Edu Lobo e letra de Chico, é um título de pouca repercussão composto para uma peça malhada pela crítica e sem grande êxito junto ao público (sem que nisso haja qualquer indicativo de qualidade, da peça ou da canção).

Não é um dado necessário para trabalhar-se esta hipótese, mas como pouca gente sabe quem é a Nancy de *O corsário do rei*, torna-se ainda mais tentador imaginá-la como a personagem de "Folhetim" envelhecida, cansada de afetar uma postura desdenhosa em relação aos homens com quem se deita e sem ânimo para as transações do amor. O clima sedutor do beguine dá lugar ao tango (em duas partes, num formato A1-A2-B), estilo relacionado às tragédias amorosas — e que aparece em *O corsário do rei*, assim como "Bancarrota blues", como uma opção musical anacrônica, pois a peça se passa no século XVIII.

Como já vimos, a mulher na obra de Chico Buarque, quando se expressa em primeira pessoa, não costuma esconder seus desejos sexuais, nem amenizar sua força; eles aparecem, porém, integrados a um pacote de sentimentos, emoções e vontades que também inclui afetos historicamente vistos como tipicamente femininos. Para sentir prazer físico, e não ter nenhuma vergonha disso, a mulher não precisa deixar de ser terna, de querer cuidar e ser cuidada, de ser uma mãe carinhosa etc.

Quando existe uma dissociação forçada entre o amor espiritual e o amor carnal, nota-se uma fratura dolorosa como a que ocorre com Nancy, cética em tudo o que é relacionado ao sentimento amoroso, para ela uma unidade indivisível que engloba o ato sexual e a parceria nos caminhos da vida. Essa parceria Nancy nunca conseguiu, apesar das reiteradas tentativas ao leito com múltiplos homens; cansada, abre mão do sexo ao mesmo tempo que desiste de achar uma alma gêmea, resignando-se à solidão.

Na gravação para o álbum com a trilha sonora de O *corsário do rei*, Lucinha Lins cantou acompanhada de piano elétrico, acordeom e orquestra de cordas; os arranjos de todo o disco aparecem creditados a Eduardo Souto Neto, Maurício Maestro e Chiquinho de Moraes, sem se poder saber quem é responsável por cada uma das faixas. A formação de Lucinha nos palcos — ela também ficou com o papel de Nancy na primeira montagem da peça — confere à interpretação a dramaticidade adequada para um tango em que se renuncia ao amor.

> Quem sou eu para falar de amor
> Se o amor me consumiu até a espinha
> Dos meus beijos que falar
> Dos desejos de queimar
> E dos beijos que apagaram os desejos que eu tinha

A carga poética da abertura da canção vem do uso de um único termo, "amor", para designar duas coisas que costumam ser consideradas isoladamente. O eu da canção se mostra incapaz de discorrer sobre estar apaixonada, mas o que a consumiu, e a impede de falar sobre isso, não é ter estado apaixonada muitas vezes, mas sim ter feito sexo com muitos homens. A ideia se repete com "desejo": a consumação reiterada do desejo físico extinguiu a possibilidade do desejo de devoção.

Em "Quem sou eu para falar de amor/ Se de tanto me entregar nunca fui minha", o sentido da expressão "me entregar" como eufemismo para fazer sexo se confunde com a ideia de doação sentimental reiterada, de modo que a atenção constante ao outro acaba por anular a própria personalidade. O mesmo tema poético vai sendo desenvolvido ao longo da canção, num vocabulário cada vez mais agressivo: "O amor jamais foi meu/ O amor me conheceu/ Se esfregou na minha vida/ E me deixou assim".

Na parte B, dá-se ideia da multiplicidade de homens com quem o eu da canção teve relações por meio de espirituosa alusão aos ditados "Quem tem boca vai a Roma" e "Todos os caminhos levam a Roma": "Homens, eu nem fiz a soma/ De quantos rolaram no meu camarim/ Bocas chegavam a Roma passando por mim" — notem-se as significativas rimas internas entre "soma", "Roma" e, em variação toante, "ROLAram" — o caráter fálico da escolha vocabular não parece impensado, já que o mais convencional seria escrever "passaram por meu camarim" ou "entraram no meu camarim".

Em seguida, a protagonista se vê em situação dramática, em terceira pessoa, contrastando sua esperança de vínculo emocional (em reiterados picos com notas agudas) com a brutalidade sexual (em curva melódica descendente): "Ela de braços abertos/ Fazendo promessas/ Meus deuses, enfim!/ Eles gozando depressa/ E cheirando a gim".

No desfecho, a descrição de enorme volúpia, que poderia parecer excitante em outro contexto, apresenta-se como repulsiva, por partir não de um transe do casal, mas sim da arbitrariedade masculina quanto a como, quando e onde. "Eles querendo na hora/ Por dentro, por fora/ Por cima e por trás/ Juro por Deus, de pés juntos/ Que nunca mais".

É significativa a escolha pela expressão "de pés juntos". No uso comum, significa apenas um reforço para uma promessa qualquer, mas sua origem vem de um método de tortura que remete à Inquisição; logo, quem jura de pés juntos é capaz de jurar qualquer coisa, mesmo o que não fez ou o que não está disposto a fazer. A resolução da protagonista de abdicar ao amor aparece, portanto, relativizada.

AS MINHAS MENINAS

(Chico Buarque, 1986)
Na gravação do álbum *Francisco* (1987)

Nem sempre ocorre, para Chico Buarque, a ideia de que precisa para criar uma canção; o artista costuma advertir quem lhe faz uma encomenda, dizendo que ele, Chico, é sério, mas o compositor não é confiável. Quando se tratou, porém, da própria primogênita, Sílvia, pedindo-lhe uma canção para a peça juvenil *As quatro meninas* (1987), de Lenita Plonczynski, havia ali uma oferta, à moda Corleone, que não podia recusar.

Atipicamente, cumpriu de maneira rápida a tarefa; facilitou-lhe a vida o teor da obra para a qual compunha e a pessoa que lhe havia pedido a canção. Dessa maneira, veio à luz a valsa "As minhas meninas", lançada em fonograma no álbum *Francisco* (1987), com arranjo de Cristovão Bastos. Sendo notório que Chico Buarque é pai de Sílvia, Helena e Luisa, torna-se irresistível assumir que a letra fala de suas próprias meninas, podendo representar o sentimento de qualquer pai em relação a suas filhas.

> Olha as minhas meninas
> As minhas meninas
> Pra onde é que elas vão
> Se já saem sozinhas
> As notas da minha canção

Mas outra possibilidade, não excludente em relação à primeira, apresenta-se logo aos primeiros versos e compassos. Afinal, "as notas da minha canção" servem como metáfora para "as minhas meninas", as filhas, mas "as minhas meninas" também podem ser metáfora para "minha canção", por sua vez uma metonímia para o conjunto da obra de um artista. Em síntese, a canção aceita a interpretação de que se está tratando das filhas de sangue ou do fruto do trabalho criativo.

Em qualquer um dos casos, as crias se mostram independentes: não adianta querer supercontrolar os filhos (as filhas, no caso da canção e no caso particular de seu autor), pois eles partem para o mundo cheios de vontades próprias, com a personalidade moldada não apenas pela carga genética, pelos ensinamentos e exemplos familiares, mas também pelas diversas experiências, enriquecedoras e traumatizantes, que vão acumulando ao longo da vida. O sentimento de possessividade ("minhas") resulta inútil e fadado a transformar-se em frustração.

Da mesma maneira, cada criação de um artista ganha vida própria logo depois de sua publicação, e é bom que assim o seja. Muitas vezes, o autor tem uma intenção restrita em comparação com a intencionalidade de sua obra: nesse produto de seu trabalho, muitos dados relevantes podem ter sido inclusos de maneira inconsciente, ou, por que não?, por mero acaso. A partir do momento em que a peça de arte é compartilhada, o autor não pode ditar o modo como será recebida, o uso que dela será feito, a maneira de interpretá-la — graças a isso, este pesquisador, e qualquer um que também o queira, pode debruçar-se livremente sobre "As minhas meninas", a canção, que partiu de outro, mas de algum modo se faz minha também, pois posso desfrutá-la e dotá-la de sentidos a partir de minha própria sensibilidade.

A valsa se apresenta em estrutura A1-B-C-A2-B-C-A3, com cada seção centrada numa tonalidade distinta; depois de decorrida toda sua letra, a canção ainda é transposta um tom acima em repetição, passeando por ainda mais alturas diferentes. Assim, o caráter fugidio referido nos versos encontra amparo musical.

O efeito de uma modulação logo após a pergunta "Pra onde é que elas vão" ilustra quão perdido pode se mostrar um pai diante de suas filhas, considerando-as literal ou figurativamente: elas partem para outras regiões, de beleza surpreendente, mas fora da ilusória zona de segurança que havia sido construída com tanto zelo.

A figura paterna, que se supunha administradora do destino das filhas, acaba por ver suas próprias rotas serem alteradas por aquilo que gestou: "Vão as minhas meninas/ Levando destinos/ Tão iluminados de sim/ Passam por mim/ E embaraçam as linhas da minha mão". O eu da canção tem consciência ("As meninas são minhas/ Só minhas na minha ilusão/ Na canção cristalina/ Da mina da imaginação") de que as filhas só podem ser exclusivamente dele num plano imaginário; em vez de oferecer conforto paterno às crias, ele próprio é quem se conforta parcialmente com uma sabida fantasia.

Durante toda a letra, em vez de um padrão fixo de rimas, nota-se uma recorrência externa e interna de sons nasais, aqui incomumente eufônicos, pela habilidade da condução musical que lhes embasa; se a letra fosse lida como um poema, não soariam tão bem: "minha", "menina", "onde", "saem", "sozinhas", "canção", "vão", "levando", "destinos", "sim", "linhas", "mina", "cristalina", "imaginação" etc.

Em seguida, lembra-se que mesmo em "destinos tão iluminados de sim" haverá inevitavelmente momentos difíceis: "Pode o tempo/ Marcar seus caminhos/ Nas faces/ Com as linhas/ Das noites de não/ E a solidão/ Maltratar as meninas". As filhas, em sentido denotativo, hão de passar por momentos dolorosos que, na melhor das hipóteses, só podem ser parcialmente minimizados pela boa vontade paterna; de maneira análoga, a produção de um artista pode ser "maltratada" pela força das circunstâncias, como efetivamente aconteceu com Chico durante o regime militar.

Essa lembrança dolorosa da possibilidade do tormento é afastada de maneira pueril, mas bela por deixar transparecer que o adulto também se faz criança no trato com seu filho: "As minhas não/ As meninas são minhas/ Só minhas/ As minhas meninas/ Do meu coração".

FRANCISCO

CHICO BUARQUE

Lado A
O Velho Francisco
Chico Buarque
As minhas meninas
Chico Buarque
Uma menina
Chico Buarque
Estação derradeira
Chico Buarque
Bancarrota blues
Edu Lobo e
Chico Buarque

Lado B
Ludo Real
Vinicius Cantuária e
Chico Buarque
Todo o sentimento
Cristóvão Bastos e
Chico Buarque
Lola
Chico Buarque
Cadê você (Leila XIV)
João Donato e
Chico Buarque
Cantando no toró
Chico Buarque

Participação especial de
Vinicius Cantuária

Produzido por Homero Ferreira
Gravado e mixado por Mário Jorge Bruno

Direção Artística: Miguel Plopschi / Produção Executiva: Vinicius França / Assistente de produção musical: Macarrão / Arregimentação: Gilberto D'Ávila / Copista: Pachequinho / Apoio à produção: Iris Gamenha, Elaine Rocha e Genilson Barbosa / Assistente de gravação: Ricardo Carneiro Essucy / Auxiliares de Estúdio: Dalmo, Evaldo, Liu e Zaca / Manutenção de Estúdio: Ricardo Luppi, Victor Carmona e Duarte J. Silveira / Montagem: Everaldo da Silva / Corte: José Oswaldo Martins / Supervisão de Estúdio: Dudu Marques / Supervisão de Áudio: Gunther J. Kibelkies / Capa: Noguchi / Fotos: Walter Firmo / Arte-Final: Glauco / Supervisão Gráfica: Tadeu Valério

Gravado em setembro e outubro de 1987 nos Estúdios BMG ARIOLA - RJ

Frente e verso da capa do LP *Francisco*, de 1987,
com fotografias de Walter Firmo.
O álbum foi lançado com mais duas capas alternativas,
reproduzindo outros retratos de Chico por Firmo.

ANOS DOURADOS

(Tom Jobim/Chico Buarque, 1986)
Na gravação de Maria Bethânia para o álbum *Dezembros* (1986)

"Anos dourados" surgiu como encomenda para a canção de abertura da minissérie homônima da TV Globo, veiculada em 1986, com Malu Mader e Felipe Camargo no papel dos protagonistas. Tom Jobim cumpriu sua parte, criando um sofisticado bolero, mas Chico não deu conta do prazo; a peça então teve de ir ao ar em versão instrumental, numa gravação de tal qualidade que a música parecia mesmo prescindir de letra.

Surpreendentemente, meses depois Chico Buarque apareceu com os versos para a melodia, dizendo que não havia atrasado: a minissérie que se precipitara. Em sua versão com letra, foi Maria Bethânia quem lançou "Anos dourados", em seu álbum *Dezembros* (1986), conferindo-lhe a carga emocional costumeira em suas interpretações — valeu a pena esperar pelo produto completo. A faixa contou com arranjo do próprio Tom (também presente ao piano), em parceria com Toninho Horta e Guto Graça Mello.

O bolero de Tom se estrutura na fórmula A-B-A-C1-A-B-A-C2; permeia toda a música o desenvolvimento em diferentes alturas de uma célula de seis notas (cinco notas em escala descendente sucedidas por uma ascendente em grau conjunto), das quais as últimas três notas ecoam em desenvolvimento próprio. Nas seções A, atipicamente para o padrão jobiniano, a progressão harmônica é previsível, com todos os acordes se enquadrando na tonalidade. A letra de Chico também parece remeter a um relacionamento perfeitamente funcional.

> Parece que dizes
> Te amo, Maria
> Na fotografia
> Estamos felizes

Justamente quando a música modula na seção B, e se apresentam as famosas encrencas harmônicas de Tom, os versos revelam que o casal da canção também está em situação difícil: "Te ligo afobada/ E deixo confissões/ No gravador/ Vai ser engraçado/ Se tens um novo amor". O padrão de amenidade nos versos das seções A, em oposição à turbulência das seções B e C, mantém-se por toda a canção, em perfeita isomorfia entre música e letra.

O esquema de rimas proposto por Chico é dos mais complexos de toda a sua carreira, num padrão em que não só as rimas externas, mas também as internas, repetem-se exatamente na mesma posição sempre que se retoma determinada seção musical.

Uma única palavra em final de verso, "confissões", que parece não ter um correspondente sonoro na seção B, encontra uma longínqua rima interestrófica ("confusões", também um caso de paronomásia) quando se repete o trecho musical. Ainda na primeira seção B, o ponto que parece destoar é a quase rima de "afobada" com "engraçado"; mas não seria justamente esse um caso de rima engraçada, menos na acepção cômica da palavra do que no sentido de algo curioso, oposto à seriedade?

A primeira informação fornecida ao ouvinte é que Maria bate os olhos em uma fotografia na qual está ao lado do antigo amor; daí decorre uma série de pensamentos da parte do eu da canção, na qual sensações aparecem de maneira conflitante, e a noção de tempo se torna difusa.

Maria se vê feliz na foto; será consequência disso a ligação na qual fala com a secretária eletrônica em tom confessional? Ou ao olhar para a fotografia se lembrou de um momento logo após o término da relação, em que se afobou e disse o que não devia? O que há de engraçado na possibilidade de seu ex ter um novo amor?

Em seguida, Maria torna à fotografia (ou será que não deixou de olhá-la?): "Me vejo a teu lado/ Te amo?/ Não lembro/ Parece dezembro/ De um ano dourado"; até há pouco, Maria estava vendo a hipótese de seu antigo marido ou namorado estar em novo relacionamento como a aparição de um "novo [caso de] amor" — como então não sabe se o amava? E se não o amava, por que vê necessidade de fazer dele um interlocutor imaginário, lembrando de um tempo de união como ano dourado?

A análise se torna mais complexa, e a letra se enriquece, pelo emprego de um verbo no presente, "amo", para uma situação em que se aprecia o passado. O tempo do amor se expande e se faz inidentificável quando se evita a forma mais óbvia "Me vejo a teu lado/ Te amava?/ Não lembro".

Compõe-se um drama que, de fato, "Parece bolero/ Te quero, te quero" — para depois haver o arremate, surpreendendo não só o ouvinte como o próprio eu da canção. Maria se pega negando o sentimento anterior para complementar o "te quero" com "Dizer que não quero/ Teus beijos nunca mais/ Teus beijos nunca mais", deixando mais uma questão no ar: a repetição indica uma resolução firme ou um lamento?

A soma das perguntas compõe um todo confuso, mas isso não compromete a coesão da letra para a assimilação do ouvinte, pois a desordem afetiva de Maria se mostra justamente como o centro da canção: expõe-se um sentimento compreendido por todos os que passaram por separação conflituosa.

Depois desse ponto, a música se repete quase inteiramente, com ligeira variação na seção C para o clímax do desfecho; da mesma forma, a letra se mostra em estrutura paralela à da primeira apresentação do tema: o que era "Na fotografia/ Estamos felizes" vira "No nosso retrato/ Pareço tão linda", "Vai ser engraçado/ Se tens um novo amor" se transforma em "É desconcertante/ Rever o grande amor" — aqui enfim assumido como tal —, e assim por diante.

Maria diz "Não sei se eu ainda/ Te esqueço de fato", quando a própria ação de estar recordando o antigo amor prova que não houve tal esquecimento; para a reconstrução de um passado que assombra o presente, porém, as lembranças sólidas se fundem a um preenchimento dos lapsos de memória aberto a fantasias.

A ordem dos fatos novamente se mostra indecifrável: quando o eu da canção reviu o grande amor, na fotografia ou em encontro pessoal? Em "Meus olhos molhados/ Insanos dezembros", os olhos molhados de Maria são de agora ou de antes, por tristeza ou por emoção feliz? "Insanos dezembros" é uma lembrança de um mês de loucuras (que podem ser tanto boas quanto ruins, de ousadias sexuais ou de brigas homéricas)? Ou estão ali dois qualificativos adicionais para "olhos"?

Na reprodução da letra, a grafia sem vírgula entre os termos sugere a primeira hipótese, mas as pausas da melodia apontam mais fortemente a bela imagem dos "olhos dezembros", ou seja, olhos que remetem ao dezembro de um ano dourado, a memória que Maria, entre todas as dúvidas que se levantam, quer fazer prevalecer: "Mas quando me lembro/ São anos dourados/ Ainda te quero/ Bolero, nossos versos são banais/ Mas como eu espero/ Teus beijos nunca mais/ Teus beijos nunca mais".

Valendo-se da metalinguagem, é chamada de banal e inutilmente dramática a tentativa de reconstituição dos acontecimentos nos versos da canção — que Maria chama de "nossos" em vez de "meus", deixando entender que o outro também terá sua versão dos fatos, igualmente desimportante em comparação com a vividez da lembrança dos anos dourados. O eu da canção percebe que a pessoa com quem viveu aqueles momentos sempre por ela será querida; ainda assim, não mais espera enlace amoroso, distanciando-se o desejo idealizado da expectativa real, moldada pelo tempo.

TODO O SENTIMENTO

(Cristovão Bastos/Chico Buarque, 1987)
Na gravação do álbum *Francisco* (1987)

Dada a extensão da obra cancionista de Chico Buarque, com seu reconhecido gênio para tratar de sentimentos e sua fama de compreender as mulheres, há surpresa ao perceber que o artista praticou pouco um dos mais recorrentes motivos de letra de canção: a cantada em forma de versos. Nesse subgênero, muito associado ao masculino, do qual Vinicius de Moraes foi o nome de proa, um homem se declara a uma mulher para tentar conquistá-la — ou reconquistá-la, usando de arte para encontrar formas mais elaboradas de dizer "desculpa, eu errei, mas daqui pra frente vou ser outra pessoa, juro", palavrório pouco capaz de reverter indisposições femininas na contemporaneidade.

Se Chico não foi prolífico nesse formato, garantiu-se pela qualidade, destacando-se "Todo o sentimento", lançada em seu álbum *Francisco* (1987), como a mais famosa de suas incursões na área, tornando-se um daqueles casos de clássico imediato, partindo da trilha sonora da novela global *Vale tudo* (1988) para dezenas de regravações e zilhões de suspiros femininos conquistados. Ponto para Chico; se vivo fosse, Vinicius teria se orgulhado do compadre.

Curiosamente, entre os 80 títulos escolhidos para este livro, o único outro exemplar de canção que vale como uma cantada é "Tua cantiga", sendo ambas músicas de Cristovão Bastos letradas posteriormente por Chico. "Todo o sentimento", em convencional formato ABAC, com seu arranjo de apenas voz e piano, andamento oscilante, tessitura ampla e notas alongadas, parece talhada para uma letra de perfil passionalizado, como Chico efetivamente o fez; causa surpresa saber que a música originalmente foi concebida como um samba, mas a maturação do tempo conseguiu corrigir esse vício de origem — e "tempo" é justamente a palavra-chave da canção, aparecendo cinco vezes ao longo de seus versos.

Uma célula de seis notas ("Preciso não dormir") se desenvolve em diferentes alturas ao longo de "Todo o sentimento", sucedida por "comentários" musicais de métricas distintas. Dada essa assimetria, torna-se difícil estabelecer um rimário rígido; mesmo assim, Chico Buarque encontra soluções entre rimas perfeitas e toantes ("tempo" com "momento"), externas e internas ("como encantado/ Ao lado teu"). A eufonia ainda se completa com as insistentes resoluções iniciadas com "pr": "preciso", "pretendo", "prometo", "prefiro". Tudo isso garante uma sonoridade agradável complementar à melodia da canção, realçando o efeito de enlevo sentimental.

> Preciso não dormir
> Até se consumar
> O tempo
> Da gente
> Preciso conduzir
> Um tempo de te amar
> Te amando devagar
> E urgentemente

Esses versos iniciais poderiam ser resumidos, grosseiramente, mas sem erro, como a expressão de "Precisamos ficar juntos". A escolha vocabular, no entanto, chama a atenção e se faz relevante; o eu da canção toma como tarefa pessoal e intransferível ("preciso") o cumprimento das inglórias missões de concretizar e conduzir o tempo. Imediatamente dá provas, no entanto, de que é capaz de realizá-las: com o poder condensador da arte, torna-se possível, e até de fácil compreensão, o conceito da urgência vagarosa, deturpando o tempo e o concretizando num fonograma. O ato de amar deve se dar com calma, mas que aconteça logo.

Em "Pretendo descobrir/ No último momento/ Um tempo que refaz o que desfez/ Que recolhe todo o sentimento/ E bota no corpo uma outra vez", apresenta-se um elemento complicador. O eu da canção precisa dispor de seus poderes manipuladores do tempo para reverter um término ("último momento"), colocar sentimento no corpo outra vez e obrigar o tempo a refazer o que ele próprio — o tempo, não o eu da canção — desfez. Fica evidenciada sua angústia em relação à falta de correspondência amorosa por parte de sua interlocutora, falta pela qual se exime de responsabilidade — foi o tempo que desfez, mas desta vez pretende controlá-lo.

De sua parte, a doação amorosa só será interrompida se extinguir-se o amor do mundo, jamais por culpa própria ("Prometo te querer/ Até o amor cair/ Doente/ Doente"). Nessa hipótese, faz-se preferível que haja uma separação, pois não há sentido em reconhecer a mulher senão como amada ("Prefiro então partir/ A tempo de poder/ A gente se desvencilhar da gente").

A segurança do reencontro final, no entanto, é tão forte que o eu da canção pode prescindir de seu dom sobrenatural de controle sobre o tempo, que se encarregará por si só de colocar junto o casal: "Depois de te perder/ Te encontro, com certeza/ Talvez num tempo da delicadeza/ Onde não diremos nada/ Nada aconteceu/ Apenas seguirei, como encantado/ Ao lado teu". Cria-se a espantosa junção "com certeza talvez" (será que Noel Gallagher andou ouvindo Chico?); o reencontro é seguro, mas cabem apenas especulações quanto à forma que o tempo assumirá para realizá-lo.

E a forma mais bela — portanto a melhor e a verdadeira — que o eu da canção consegue imaginar é aquela na qual, encantado (sem dar-se conta do tempo), segue a mulher a quem ama. Quando são cantados os versos "Onde não diremos nada/ Nada aconteceu", a melodia oscila entre apenas duas notas de graus conjuntos, mas há ao mesmo tempo intensa movimentação harmônica; na música e na letra, claro que há o que dizer, evidente que houve algo, mas tudo se minimiza como solução imposta pela delicadeza.

VALSA BRASILEIRA

(Edu Lobo/Chico Buarque, 1988)
Na gravação do álbum *Chico Buarque* (1989)

"Valsa brasileira" pode ser percebida como uma canção-irmã de "Todo o sentimento", pela maneira como a letra de ambas lida com a reordenação temporal, sendo também as duas declarações apaixonadas de um eu da canção para uma segunda pessoa.

A valsa em tom menor, porém, mostra-se sombria e com letra nebulosa demais para constituir uma cantada; se em "Todo o sentimento" a reação da audiência nos shows de Chico Buarque (notadamente o público feminino) se mede por suspiros, a "Valsa brasileira" inspira algo mais próximo ao respeito reverente diante do mistério.

Sua música foi composta por Edu Lobo, ganhando letra de Chico para entrar no repertório da *Dança da meia-lua* (1988), mais uma encomenda musical do Balé Guaíra para a dupla. Em fonograma, a canção foi lançada por Edu no álbum com a trilha sonora da peça, sendo logo regravada por seu letrista para o álbum *Chico Buarque* (1989), com arranjo orquestral de Luiz Cláudio Ramos. A letra protagonizada pelo tempo tomou tempo para ser dada como concluída: Chico penou com a parte B da canção, até perceber que já dissera tudo o que queria, podendo a seção permanecer como instrumental.

É curioso como "Valsa brasileira" parece o título provisório de uma música sem letra, que acabou sendo mantido quando a obra se fez canção. Afinal, não há nenhuma referência metalinguística a "valsa" nos versos, que tampouco citam o Brasil. A pista para a escolha pode estar no fato de que a menção às valsas cantadas, em nosso país, fatalmente traz um sabor nostálgico.

Na chamada Época de Ouro (1929-1945) da canção brasileira, a valsa foi o gênero romântico por excelência, sendo superada em número de gravações apenas pelo samba e pela marchinha. Títulos como "Rosa", "Lábios que beijei", "Chão de estrelas", "Eu sonhei que tu estavas tão linda" e "Deusa da minha rua", entre tantos outros, fizeram com que a valsa se aclimatasse ao Brasil com características originais. Todos os grandes cantores da época incluíam o gênero em seu repertório, sendo que Carlos Galhardo era conhecido como "rei da valsa".

Uma "Valsa brasileira", portanto, adequa-se bem ao tema da volta ao passado escolhido por Chico. Embora seus versos evidenciem o sentimento amoroso de uma pessoa por outra, a viagem no tempo descrita na letra sugere menos um clima romântico do que uma atmosfera entre o onírico e o realismo fantástico, com pitadas de ficção científica.

>Vivia a te buscar
>Porque pensando em ti
>Corria contra o tempo

Como se não bastasse a suspensão de descrença exigida do ouvinte para aceitar a possibilidade de o tempo reverter-se, há a estranheza da escolha do pretérito imperfeito em "vivia" e "corria", que se sustenta por quase toda a letra. A opção pelo presente do indicativo até se encaixaria na métrica: "Eu vivo a te buscar porque pensando em ti eu corro contra o tempo". O compositor opta, no entanto, por colocar seu protagonista, que corre para o passado, dentro de outro passado, contínuo, como se lá atrás a inversão do curso temporal já houvesse sido um hábito.

Nessa viagem propiciada pelo pensamento, os dias sem sua musa, embora consumam tempo e recursos, servem apenas como ensaio e aprendizado para o que de fato vale, e a alusão a "filme" acentua a ambientação cinematográfica: "Eu descartava os dias/ Em que não te vi/ Como de um filme/ A ação que não valeu". Em seguida, a jornada pelo tempo é justificada como correção de algum acontecimento que desencontrou os rumos dos dois amantes (ou amantes em potencial): "Rodava as horas pra trás/ Roubava um pouquinho/ E ajeitava o meu caminho/ Pra encostar no teu".

A música retorna ao início, e a letra passa a incorporar a paisagem física na composição de um painel imagético de obstinação e invulnerabilidade ao cansaço: "Subia na montanha/ Não como anda um corpo/ Mas um sentimento/ Eu surpreendia o sol/ Antes do sol raiar/ Saltava as noites/ Sem me refazer". Nesse sonho vívido o suficiente para confundir-se com a realidade, não apenas o tempo é maleável como um sentimento pode corporificar-se.

No desfecho, o eu da canção manifesta o desejo de antecipar-se ao primeiro encontro com sua amada, pois ela já estava nele presente antes de conhecê-la: "E pela porta de trás/ Da casa vazia/ Eu ingressaria/ E te veria/ Confusa por me ver/ Chegando assim/ Mil dias antes de te conhecer". Pela primeira vez na letra, deixa-se o pretérito imperfeito, usando-se o futuro do pretérito em "veria" e "ingressaria".

Para reforçar a sensação de segurança quanto a um acontecimento, uma mudança para o presente (ou para o futuro do presente) seria menos incomum; o procedimento, aliás, havia sido pouco antes usado por Chico em "Todo o sentimento", quando escreveu "Depois de te perder/ Te encontro, com certeza", em vez de "te encontrarei com certeza".

Na "Valsa brasileira", no entanto, o presente é o tempo banido, com o eu da canção saltando de um passado dentro do passado diretamente para o futuro; o protagonista prefere a dúvida da condicional ("Eu ingressaria/ E te veria" se fizesse o quê?) a encarar o agora de sabido desencontro com sua musa. O futuro é um tempo de possibilidades, mas o ápice do relacionamento se dá na fase de pura idealização, antes que o casal se conheça de fato, com a sucessão de momentos presentes destruindo fantasias.

Frente e verso da capa do LP *Dança da meia-lua*, de 1988,
de Edu Lobo e Chico Buarque, com a participação do grupo Pau Brasil,
trazendo os temas do espetáculo criado para o Balé Guaíra.

O FUTEBOL

(Chico Buarque, 1989)
Na gravação do álbum *Chico Buarque* (1989)

    O álbum *Construção* (1971) representou o fim da primeira etapa da carreira de Chico Buarque, dando início a uma fase que o próprio artista associa a sua maturidade artística. O terceiro período de sua obra cancionista não tem um marco tão comentado, mas a partir do álbum *Chico Buarque* (1989) o compositor passou a ter como constantes certas características de trabalho, mantendo-as até hoje.
    Luiz Cláudio Ramos, com quem já trabalhara esporadicamente desde a década de 1970 — foi o arranjador de "Mulheres de Atenas" no álbum *Meus caros amigos* (1976) —, passou a ser arranjador (com exceção de algumas poucas faixas) e diretor musical de todos os álbuns e turnês de Chico desde então. Para o compositor, discutir aspectos das canções com um violonista, depois de tantos anos trabalhando com arranjadores pianistas, acabou se revelando uma prática mais confortável: como o violão também é seu instrumento, sente-se mais apto a influir em todos os detalhes da construção musical, em vez de simplesmente delegar tarefas.
    Também foi depois do álbum de 1989 que Chico passou a alternar a elaboração de discos com projetos literários, já tendo escrito desde então seis romances e um volume de contos. Como consequência, sua produção cancionista ficou mais esparsa: além de competir na agenda com a elaboração de livros e com as turnês, a composição de canções se tornou para ele um processo mais demorado, o que atribuiu um pouco à idade e muito a um perfeccionismo acentuado: volta e meia, Chico depara com uma canção antiga sua e percebe que gostaria de fazer modificações — embora seja custoso para admiradores percebermos onde haveria espaço para incrementos.
    O compositor nunca abandonou a temática político-social em suas canções, continuando a produzir títulos impactantes nessa área, como "Subúrbio", "Sinhá" e "As caravanas"; pode-se dizer, no entanto, que essa faceta em seu trabalho obviamente perdeu espaço quando em comparação com o período da ditadura militar. No álbum de 1989, apenas

em "Baticum", parceria sua com Gilberto Gil, pode ser notada sua verve crítica, e sutilmente.

Não se deu, no entanto, uma retomada simples do lirismo da primeira fase, fazendo-se notar a preocupação com a originalidade, seja no assunto central das canções ou, no caso de temas recorrentes, na abordagem. Mais uma vez fazendo referência ao álbum *Chico Buarque* de 1989, há nesse disco faixas dedicadas a uma formação rochosa ("Morro Dois Irmãos"), às palavras ("Uma palavra") e ao futebol.

Haja vista a importância que o jogo de bola ocupa na vida de Chico, pode-se dizer que "O futebol" apareceu tardiamente em sua carreira — aliás, dada a centralidade do esporte na vida do brasileiro, nota-se sub-representação do tema no cancioneiro e na literatura do país, sendo Jorge Ben Jor o único compositor com muitas canções futebolescas em seu repertório.

Alguns dos fatos mais chamativos na relação entre Chico e o futebol: o Politheama, seu time de futebol amador, tornou-se famoso por receber celebridades internacionais em suas peladas (que não são tão peladas assim, pois jogadas em campo com dimensões oficiais); um jogo de tabuleiro de sua autoria, "Escrete", no qual cada participante administra um time, foi lançado em 1982 pela Grow; em suas turnês, o compositor só agenda shows em determinada cidade sob a condição de serem marcadas partidas de futebol.

Para compensar a demora na contemplação do tema, Chico incluiu em seu samba "O futebol" um manifesto sobre a superioridade do esporte em relação a outras artes.

> Para tirar efeito igual
> Ao jogador
> Qual
> Compositor
> Para aplicar uma firula exata
> Que pintor
> Para emplacar em que pinacoteca, nega
> Pintura mais fundamental
> Que um chute a gol
> Com precisão
> De flecha e folha seca

Frente e verso da capa do LP *Chico Buarque*, de 1989, que inclui a faixa "O futebol", dedicada aos craques Mané Garrincha, Didi, Pagão, Pelé e Canhoteiro.

Em brilhante ensaio sobre a canção, presente no texto "Jogos e joias de Chico", de seu livro O *voo das palavras cantadas*, Carlos Rennó chama a atenção para o preciosismo de Chico na composição da letra, incluindo rimas interestróficas e jogos verbais de engenho assombroso; somadas as aparições como preposição e as vezes em que aparece embutida em outras palavras ("parábola", "parafusar", "paralela" etc.), "para" aparece 21 vezes nos versos da canção e mais uma na dedicatória ("Para Mané, Didi, Pagão, Pelé e Canhoteiro"), chegando-se a 22, exatamente o número de jogadores que disputam uma partida de futebol.

Rennó ainda aponta a presença de uma quebra no padrão de rimas perfeitas da letra, o homoteleuto entre "capenga" e "ginga"; o procedimento se justifica, porém, pois essa é justamente uma solução capenga — mas bela por ecoar "a emoção da ideia quando ginga", vista nas melhores partidas de futebol.

Há ainda múltiplas artimanhas verbais, similares aos truques de um jogador ladino, como em "Parábola do homem comum/ Roçando o céu/ Um/ Senhor chapéu", trecho em que "parábola" pode representar tanto uma narrativa alegórica quanto a figura geométrica de contorno semelhante à da jogada conhecida como "chapéu".

E evidentemente, como se espera de Chico Buarque, não apenas no conteúdo da letra se vê futebol, mas também na forma: o contraste entre versos curtíssimos ("Só") e outros longos ("Para emplacar em que pinacoteca, nega", 12 sílabas poéticas) faz pensar em dribles rápidos e arrancadas; da música, no ritmo que não poderia ser outro senão o samba, salta uma melodia cheia de síncopes e pausas imprevisíveis, com a mesma malícia do craque que faz do futebol uma arte.

PARATODOS

(Chico Buarque, 1993)
Na gravação do álbum *Paratodos* (1993)

Mesmo grandes mestres estão sujeitos a vulgares crises de meia-idade. Ainda na década de 1980, Chico Buarque usou a arte como arma contra o envelhecimento, compondo canções que lidam com a fantasiosa possibilidade de manipulação temporal, como as aqui já analisadas "Todo o sentimento" e "Valsa brasileira".

Em "As minhas meninas" também estava embutida preocupação com o passar dos anos. Em depoimento a Wagner Homem para o fundamental livro *Histórias de canções: Chico Buarque*, o compositor diz, sobre a ocasião em que um pai vê as filhas ganhando independência, "[...] é inútil dizer que são minhas, são minhas, são minhas, porque elas não são, elas já vão embora, e essa sensação de perda é constante. Isso faz parte também dos 'enta'. A gente começa a perder muita coisa".

Em 1993, Chico estava prestes a ver a chegada de mais um "enta", e deu para cantar pela sua casa uma cançoneta improvisada: "Vou fazer 50 anos/ Sou artista brasileiro/ Sou do Rio de Janeiro". Mais uma vez, o compositor contou com sua arte para, em vez de ficar lamuriando como um recém-cinquentão ordinário, criar mais uma canção de sucesso a partir dos poucos versos que percebeu poderem suscitar algo maior.

"Paratodos" virou faixa-título e peça de abertura de seu álbum de 1993, tendo peso importante em sua carreira. Chico estava há quatro anos sem compor sequer uma canção, sendo que de 1966 a 1989, contando discos solo e projetos especiais, sustentou uma média de mais de um álbum por ano. Sua nova canção espantava rumores sobre sua aposentadoria do meio musical com uma veemente celebração da canção brasileira.

> O meu pai era paulista
> Meu avô, pernambucano
> O meu bisavô, mineiro
> Meu tataravô, baiano

> Meu maestro soberano
> Foi Antonio Brasileiro
>
> Foi Antonio Brasileiro
> Quem soprou esta toada
> Que cobri de redondilhas
> Pra seguir minha jornada
> E com a vista enevoada
> Ver o inferno e maravilhas

Chico explicita logo no começo de "Paratodos" a forma adotada na canção: uma toada com redondilhas maiores, dispostas em estrofes de seis versos, com esquema de rimas fixo abcbbc e uma sutileza adicional: o último verso de cada estrofe rima com o primeiro da estrofe seguinte. Desse modo, quando a penúltima estrofe termina com o verso "Evoé [um grito de alegria que remete à evocação do deus grego Baco], jovens à vista", propicia-se a rima com "paulista", termo que parecia solto no início da canção. A primeira estrofe se repete quase integralmente na última, com a exceção dos dois últimos versos, "Vou na estrada há muitos anos/ Sou um artista brasileiro", que remetem ao mote inspirador de "Paratodos".

Para quem já se pegou pensando se, em coincidência com o eu da canção, seu autor Chico Buarque realmente tem um pai paulista, um avô pernambucano, um bisavô mineiro e um tataravô baiano, a resposta é sim; a novidade foi o acréscimo de Tom Jobim em sua genealogia, posto conquistado pelo fato de constituir seu maior modelo artístico ("maestro soberano").

Tom gostou tanto da homenagem (Chico lhe enviou a gravação com um bilhete dizendo "ouça só esta", sabendo que o parceiro já não tinha muita paciência para ouvir música) que batizou aquele que viria a ser seu último álbum como *Antonio Brasileiro* (1994) — o nome completo do maestro era Antonio Carlos Brasileiro de Almeida Jobim. A partir da inspiração jobiniana, a letra se desenvolve apresentando nomes da canção brasileira, vistos como antídoto para males vários vistos nas "tortuosas trilhas" por que passou o eu da canção. O arranjo de Luiz Cláudio Ramos simula com flautas o canto dos pássaros, tão queridos por Tom.

A escolha dos homenageados gerou burburinhos; são citados em "Paratodos", depois de Tom Jobim, Dorival Caymmi, Jackson do Pandeiro, Ary Barroso, Vinicius de Moraes, Nelson Cavaquinho, Luiz Gonzaga, Pixinguinha, Noel Rosa, Cartola, Orestes Barbosa, Caetano Veloso, João Gilberto, Erasmo Carlos, Jorge Ben Jor, Roberto Carlos, Gilberto Gil, Hermeto Pascoal, "todos os instrumentistas", Edu Lobo, Milton Nascimento, Nara Leão, Gal Costa, Maria Bethânia, Rita Lee, Clara Nunes e "jovens à vista".

Se certas omissões causaram estranheza — provavelmente o caso mais chamativo seja o de Elis Regina —, algumas inclusões foram surpreendentes, como a de Roberto Carlos e Erasmo Carlos, geralmente postos de lado quando se elenca o panteão da MPB. De qualquer modo, nunca caberiam todos os nomes relevantes da canção brasileira, e muitas inclusões podem se ter dado pelo critério de rima e métrica.

Não se poderia imaginar, porém, uma lista de Chico em que não houvesse jeito de colocar Caetano Veloso na medida do verso. Em 1997, ele responderia a "Paratodos" com "Pra ninguém", sua lista de interpretações marcantes da canção brasileira, na qual João Gilberto aparece como *hors concours*: "Melhor do que isso só mesmo o silêncio/ E melhor do que o silêncio só João".

Frente e verso da capa do LP *Paratodos*, de 1993, estampando a foto da ficha policial de Chico Buarque aos 17 anos, quando ele foi preso com amigos ao tentar roubar um carro para passear pela madrugada paulistana.

FUTUROS AMANTES

(Chico Buarque, 1993)
Na gravação do álbum *Paratodos* (1993)

Em texto para o encarte do álbum *Ella Fitzgerald sings the Rodgers and Hart song book* (1956), Richard Rodgers analisa o que toma como uma segunda fase na produção de seu parceiro Lorenz Hart, letrista falecido em 1943: "Parece-me que as letras posteriores de Larry tinham um grau de excelência mais elevado do que as primeiras, e que isso foi possível por meio de uma maturidade crescente. [...] Embora ele realmente não soubesse como não ser inteligente, começou a se exibir menos e a se preocupar mais com as emoções. [...] Não consigo pensar em letra mais terna do que 'My funny Valentine'. Diante do brilhantismo de alguns dos trabalhos de Larry, tendemos a esquecer aspectos mais profundos de sua escrita".

O texto de Rodgers continua funcionando perfeitamente se trocamos Larry Hart por Chico Buarque, e "My funny Valentine" por "Futuros amantes", lançada no álbum *Paratodos* (1993). A canção apresenta versos brancos, sem as rimas e aliterações embasbacantes tão relacionadas à obra de Chico, mas consegue transmitir grande carga emotiva com seu tratamento original para o tema do amor não correspondido.

Em vez de caracterizar aquela que o esnobou como "mulher malvada", conforme a tradição do cancioneiro do país, o eu da canção se mostra bom perdedor e se conforma a dizer à amada "Não se afobe, não/ Que nada é pra já"; de maneira análoga, em vez de música de perfil passionalizado, com notas alongadas e ampla tessitura, ouve-se uma marchinha arranjada com a amenidade da bossa nova, com direito a assovio no arranjo, e melodia compreendida dentro de uma oitava justa.

Como resultado, conseguiu-se a última canção de Chico a ficar entre as cem mais executadas do ano. O apreço do público coincide com o apreço do próprio autor — a canção nunca mais saiu do repertório de seus shows — e da crítica, que imediatamente tomou "Futuros amantes" como um clássico. Para o sempre influente Nelson Motta, a canção é a mais bonita de toda a obra de Chico. Até o dicionário se rendeu aos encantos da canção: no Caldas Aulete, a primeira acepção para "desvão" ("recanto escondido") vem exemplificada com os versos de "Futuros amantes".

Na origem do tema, o compositor estava trabalhando numa melodia na qual, entre vocalizações sem sentido, saltava-lhe da boca, sabe-se lá por quê, "cidade submersa". Sem desprezar os desígnios do inconsciente, pôs-se a construir uma história em que pudesse aproveitar essa expressão. No embalo, "escafandristas" se une a "paralelepípedo" como termos usados por Chico constantes da lista de palavras mais improváveis a aparecer numa canção popular.

> Não se afobe, não
> Que nada é pra já
> O amor não tem pressa
> Ele pode esperar em silêncio
> Num fundo de armário
> Na posta-restante
> Milênios, milênios
> No ar
>
> E quem sabe, então
> O Rio será
> Alguma cidade submersa
> Os escafandristas virão
> Explorar sua casa
> Seu quarto, suas coisas
> Sua alma, desvãos

O amor é tratado na canção como um ente personificado, capaz de exercer o nobre dom da paciência. O Rio de Janeiro se revela como o palco dessa nova ficção científica sentimental, em que escafandristas exploram uma cidade submersa e encontram o amor como um objeto concreto, imperecível depois de milênios; ele descansa entre outros bens da amada, incluindo sua própria alma, também solidificada.

Quando os elementos amorosos parecem aos exploradores futuros como de difícil compreensão, a música também toma rumos inesperados, modulando uma terça menor acima: "Sábios em vão/ Tentarão decifrar/ O eco de antigas palavras/ Fragmentos de cartas, poemas/ Mentiras, retratos/ Vestígios de estranha civilização".

No desfecho, além de imortal, o amor se mostra reaproveitável; como na máxima de Lavoisier, não se cria nem se perde, apenas se transforma: "Amores serão sempre amáveis/ Futuros amantes, quiçá/ Se amarão sem saber/ Com o amor que eu um dia/ Deixei pra você".

A possibilidade de concretização e perenização do amor aludida na letra se prova viável justamente pela existência da canção popular. Ninguém sabe ao certo quem escreveu as peças folclóricas, mas elas continuam sendo entoadas por gerações a fio. "Futuros amantes" tem todas as qualidades para, cumprindo o destino profetizado pelo eu da canção, poder servir de trilha sonora a amantes do futuro, ainda que ignorantes de sua origem e de seu compositor.

GRANDE HOTEL

(Wilson das Neves/Chico Buarque, 1996)
Na gravação de Wilson das Neves e Chico Buarque para o álbum
O som sagrado de Wilson das Neves (1996)

Notoriamente, o palco não é o lugar mais cômodo do mundo para Chico Buarque. Durante anos, antes de entrar em cena para realizar algum show, tinha de estar devidamente calibrado com álcool; com o passar dos anos, substituiu o incentivo etílico por (seria uma evolução?) pequenas dosagens do calmante Lexotan.

Embora não se considere tímido, no palco se sente exposto e vulnerável. Inveja companheiros de ofício como Maria Bethânia, de enorme presença, que incorporam um personagem para entrar em cena. Ali na frente da plateia, é a própria pessoa física Chico Buarque que abre a boca para cantar.

Para amenizar o incômodo, Chico busca estar na estrada ao lado de músicos com quem se sente à vontade — além de serem instrumentistas de primeira categoria. Sua banda de apoio na turnê mais recente, *Que tal um samba?* (2022), é basicamente a mesma da turnê de *Paratodos* (1993): o diretor musical Luiz Cláudio Ramos, Chico Batera, Marcelo Bernardes, João Rebouças, Bia Paes Leme e Jorge Helder. O mais novo a conseguir um posto no honroso time é Jurim Moreira, que substitui o baterista Wilson das Neves, morto em 2017.

Das Neves era o decano do grupo, excursionando com Chico desde a turnê de *Francisco* (1987), além de ter tocado bateria em álbuns do compositor desde a década de 1970. Em entrevista à *Folha de S. Paulo* em 2010, ele deixou claro que Chico, a quem chamava de "Chefia", podia até não se sentir muito confortável no palco, mas deixava confortabilíssimos os músicos que dividiam a cena com ele: "O cara é o cara. Não é estrela, fica no mesmo hotel, e a gente ainda recebe adiantado. Pode até nem ir tocar".

Depois de ganhar renome como um dos maiores bateristas do Brasil, tocando ao lado de estimados 600 cantores — Chico Buarque, Caetano Veloso, Cartola, Candeia e Clara Nunes, só para ficar nos mais famosos com a letra "c" —, Das Neves gravou seu primeiro disco próprio já perto dos 60 anos, *O som sagrado de Wilson das Neves* (1996).

No álbum, o músico surpreendia ao mostrar que, como se não bastasse o reconhecido talento de instrumentista, era também finíssimo intérprete vocal e compositor. Entre muitas canções feitas em dupla com o também gigante Paulo César Pinheiro, "Grande Hotel" aparecia como a única parceria com Chico. Para Das Neves, era o bastante: "Só tenho uma, mas tem gente que não tem nenhuma e quer ter meia. Já estou na história" — em 2012, foi lançada ainda outra parceria dos dois, "Samba para o João".

Qualquer um que tenha presenciado um show de Chico com Das Neves à bateria pôde perceber que a reverência em relação ao Chefia era plenamente correspondida. Depois de integrar o repertório da turnê de *Carioca* (2006), "Grande Hotel" voltou a aparecer na turnê do álbum *Caravanas* (2017), como homenagem de Chico ao amigo recém-falecido.

A canção trazia uma original apresentação, em samba ensolarado, de uma *femme fatale*, personagem mais comumente associada a uma ambientação soturna.

> Vens ao meu quarto de hotel
> Sem te anunciares sequer
> Com certeza esqueceste que és
> Que és uma senhora
> Vejo-te andar de tailleur
> Atravessando a novela
> Sente prazer em falar
> De sentimentos de outrora

Depois de ouvir o primeiro bloco da canção, o ouvinte fica com a impressão de que não há rimas entre os versos. Mesmo se tem acesso à letra escrita, as rimas distantes entre "senhora" e "outrora", e entre "sequer" e "tailleur", parecem circunstanciais. Só depois, com a segunda seção, é que virão correspondências sonoras para todas as palavras finais dos versos da primeira estrofe. Podem conferir, não há nem um verso solto quando se verifica o segundo bloco: "Deito-me no canapé/ Não sem antes abrir a janela/ E ver tuas palavras ao léu/ Jogas conversa fora/ Sabes que estive a teus pés/ Sei que serás sempre aquela/ Pretendes me complicar/ Mas passou a nossa hora".

Com palavras rimando com tanta distância ("hotel", do primeiro verso da canção, só vai rimar com "léu", do décimo primeiro), o ouvinte certamente não perceberá de maneira consciente o recurso. A questão é que Chico não precisa exibir um rimário virtuosístico que distraia o público da história contada, mas não prescinde da rima, em modalidade interestrófica, para a eufonia da composição. Paradoxalmente, para quem sabe procurar, seu virtuosismo fica ainda mais cabal.

No plano do conteúdo, estamos diante de um homem que tenta resistir à sedução de uma "senhora" — que aqui aponta tanto uma mulher elegante, uma *lady*, quanto uma pessoa casada. O desdém com que o eu da canção recebe as investidas adquire um ar cômico ("Podes mesmo te servir à vontade do meu frigobar/ Ou levar um souvenir") antes que ele ceda.

No desfecho, a sutil troca de posições dos verbos "pensar" e "saber" indica que a mulher já conseguiu o que queria, e que a resistência só permanece no plano verbal: "Entras com ares de atriz/ Sabes que sou da plateia/ Deves pensar que ando louco/ Louco pra mudar de ideia, não?// Pensas que não sou feliz/ Entras com roupa de estreia/ Deves saber que ando louco/ Louco pra mudar de ideia".

A OSTRA E O VENTO

(Chico Buarque, 1997)
Na gravação do álbum *As cidades* (1998)

A canção "A ostra e o vento" foi lançada em 1997, na voz de Branca Lima, como tema do filme homônimo de Walter Lima Jr., baseado em romance de Moacir C. Lopes. No ano seguinte, foi regravada pelo autor Chico Buarque, em dueto com Branca, para seu álbum *As cidades* (1998). O número se presta a pelo menos três camadas de absorção distintas: a estritamente musical, a que considera a canção de forma isolada e a que leva em consideração seu contexto dramático.

Musicalmente, "A ostra e o vento" oferece atrativos suficientes para que seja interpretada de forma instrumental, como efetivamente foi registrada em álbuns de Antonio Adolfo e do Quarteto Maogani. O emprego com naturalidade do cromatismo — como vimos, o uso em sequência de notas com intervalo de um semitom, o menor intervalo possível no padrão ocidental — faz notar a maestria de Chico Buarque também na elaboração musical. Foi esse componente que levou o tema a ser gravado por Francis Hime e Olivia Hime no álbum *Almamúsica* (2011). Para Francis, a canção apresenta "uma das mais belas e originais músicas de Chico, tanto no aspecto melódico como no harmônico; aliás, acho excelentes e cheias de imaginação as suas criações musicais, que por vezes são subestimadas em função do brilho incomparável de suas letras".

Ao se ouvir a música na forma de canção, com sua letra, as escolhas musicais aparecem justificadas pelos versos: o vento aparece como coprotagonista, e sua ação se faz notar ao deslocar a melodia, em cromatismo, para cima e para baixo. A mesma ideia cromática passeia por alturas diferentes, como obedecendo aos caprichos do ar em movimento, também capaz de deslocar a métrica.

> Vai a onda
> Vem a nuvem
> Cai a folha
> Quem sopra meu nome?

Esses são os primeiros versos de "A ostra e o vento" tal qual grafados, mas à audição soam como "Vai a onda vem/ A nuvem cai/ A folha quem/ Sopra meu nome?". Esse procedimento se repete ao longo de toda a canção, gerando duplicidade de sentidos difíceis de absorver para quem ouve o tema sem acompanhar a letra escrita; isso não impede o ouvinte, porém, de perceber a instabilidade do vento como chave da obra, mesmo que todas as suas nuances não passem por elaboração cognitiva.

Sabendo que o romance inspirador do filme e da canção trata de uma personagem adolescente que, isolada em uma ilha e oprimida pelo pai, apaixona-se pelo vento, o entendimento da canção se faz mais acessível, sem que isso invalide as outras formas de assimilação da obra, menos racionais — afinal, importa mais sentir o vento do que compreendê-lo.

No título do romance, havia a ideia de contrapor a ostra, fechada hermeticamente, ao vento, que só existe se se move; para que a ostra possa revelar uma pérola, precisa ser sacrificada, e já aí se antevê um desfecho trágico para a história, uma vez que a protagonista foi confinada numa posição similar à de uma ostra ao longo da vida. Chico desenvolve esse ponto de partida já muito original em versos que acrescentam novas imagens à trama, como a lembrança de que se ouve o barulho do mar numa concha, ou seja, dentro do universo limitadíssimo e imaculado do eu da canção está contida a imensidão, a ânsia por experiências, inclusive as sexuais: "Se o mar tem o coral/ A estrela, o caramujo/ Um galeão no lodo/ Jogada num quintal/ Enxuta, a concha guarda o mar/ No seu estojo".

No arranjo de Luiz Cláudio Ramos, ouvem-se efeitos semelhantes aos ruídos do mar e do vento, que parece ter varrido as rimas externas perfeitas nos versos; em vez disso, as correspondências sonoras aparecem em rimas internas, rimas toantes ou em homoteleutos (coincidências sonoras posteriores à última vogal tônica das palavras), como no par "nome" e "ciúme".

A presença repressora do pai aparece contida em outros termos, como "PAIsagem" e "PAIra o sol": a figura paterna obstrui a apreciação completa da natureza. Particularmente significativos são os versos finais da canção, nos quais, com o deslocamento métrico, "pai" pode ser entendido como um vocativo ou como o objeto direto do verbo virar: de "Pai, o tempo vai virar/ Meu pai, me deixa carregar o vento", ouve-se "o tempo vai virar meu pai". A situação das coisas está prestes a mudar, e o imponderável passará a ditar os caminhos, com a beleza e os perigos que esse novo arranjo oferece.

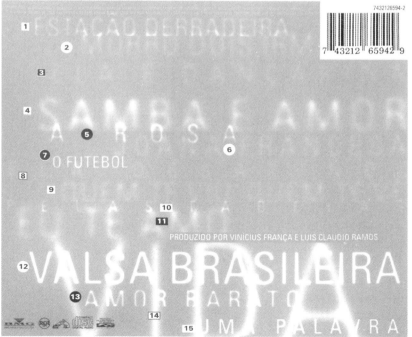

Frente e verso da capa do CD *Uma palavra*, de 1995, em que Chico Buarque gravou em estúdio canções de seu show *Paratodos*.

VOCÊ, VOCÊ (UMA CANÇÃO EDIPIANA)

(Guinga/Chico Buarque, 1997)
Na gravação do álbum *As cidades* (1998)

Aproximando-se dos 40 anos, Guinga estava desiludido em relação a sua trajetória artística. Havia privado com artistas ilustres, sendo dele um dos violões da gravação original de "O mundo é um moinho", de Cartola, em 1976; também levava na bagagem dezenas de composições em parceria com o consagrado Paulo César Pinheiro. Ainda assim, não conseguia projeção suficiente para largar o ofício de dentista, pois poucas de suas canções eram gravadas, sendo o "Bolero de Satã" a de maior repercussão entre essas, lançada em 1979 num dueto de Elis Regina e Cauby Peixoto.

Foi quando, em 1988, Aldir Blanc apareceu em sua vida. Depois de interrompida a parceria com João Bosco, Aldir também estava procurando novos rumos para sua carreira. Ouviu as composições de Guinga e ficou maravilhado: não apenas procurou letrar tudo o que ia ouvindo como se transformou num agente informal do compositor. Junto ao amigo Paulinho Albuquerque, produtor, saiu espalhando a palavra de que havia um compositor fantástico no Brasil, praticamente desconhecido. A gravadora Velas foi criada por Ivan Lins e Vítor Martins com o propósito de lançar o primeiro disco de Guinga, *Simples e absurdo* (1991).

Desde então, se não se tornou figura de sair dando autógrafos quando vai ao supermercado ou de ter sucessos em abertura de novelas — quando despontou no cenário, a chamada MPB já estava enfraquecida comercialmente na indústria da música popular —, Guinga pôde ouvir que era gênio da boca de outros compositores geniais, ganhando reconhecimento pleno entre seus pares e entre aficionados da canção brasileira.

Chico Buarque esteve entre a primeira leva de entusiastas, cantando em "Lendas brasileiras", canção integrante de *Simples e absurdo*. Logo Guinga passou diversas músicas para Chico letrar, com as tentativas gerando, cerca de dez anos depois, um único fruto — pelo menos até hoje.

Para Guinga, valeu a pena esperar por "Você, você": "Chico é completo, bate escanteio e dá a cabeçada. Como compositor de música é maravilhoso, harmonizador genial, está no mesmo patamar dos melhores.

Mas no que tange às letras, ele está sozinho, nunca vi nada igual. Assim como tivemos Pelé, também temos Chico, maior letrista do mundo. Ele me trouxe a letra de 'Você, você' na minha casa, numa atitude de profunda educação e respeito à música. A primeira coisa que senti foi que ele não faz letras, ele faz legendas. Ele traduz o que a melodia está dizendo. Outros letristas, quase do mesmo patamar, às vezes atingem isso, mas no meu entendimento, só o Chico consegue *full time*".

A parceria entre os dois só poderia gerar produto muito original. Embora rechace a pecha, Guinga é conhecido por ser um músico "difícil", haja vista sua inventividade harmônica, difícil (por vezes impossível) de se transcrever fielmente no padrão da música popular, com acordes cifrados. "Você, você" acabou de fora da turnê de *As cidades* (1998), álbum de Chico no qual foi lançada, justamente pela dificuldade de seu letrista tocá-la ao violão.

Para uma música de Guinga, a letra também haveria de ser pouco ortodoxa. Em vez de uma história de amor romântico ou de amor paternal, Chico escreveu uma canção edipiana — justamente o subtítulo da canção, fundamental para a compreensão de seus versos. Alude-se ao *Édipo-rei* (427 a.C.) de Sófocles, tragédia grega na qual Édipo, seguindo predição, sem saber mata o pai e se casa com a mãe. Já no século XX, Freud fez do mito um dos fundamentos da psicanálise, o famoso "complexo de Édipo", referente à atitude sexual do filho perante sua mãe e sua hostilidade em relação ao pai.

Chico viu sua filha Helena deixar uma blusa no berço do filho dela, Chiquinho, para que a criança não sentisse a falta da mãe; partindo dessa cena envolvendo o neto, compôs versos nos quais um eu da canção em idade pré-fala expõe seus sentimentos conflitantes em relação à figura materna, e vê o pai apenas como elemento intrusivo, ameaçador e indefinido.

> Seu beijo nos meus olhos, seus pés
> Que o chão sequer nem tocam
> A seda a roçar no quarto escuro
> E a réstia sob a porta
> Onde é que você some?
> Que horas você volta?

Chico é capaz de mostrar como uma pessoa ainda no berço já tem de lidar com uma mistura confusa de ternura, raiva, confiança, desconfiança, medo. No último verso da seção B ("Quem é essa voz?/ Que assombração/ Seu corpo carrega?/ Terá um capuz?/ Será o ladrão?/ Que horas você chega?), repousa-se em um acorde tão improvável dentro da condução harmônica que o ouvinte se sente desamparado como um bebê sem a mãe — mas o resultado é agradável, assim como tomar susto em filme de terror pode ser prazeroso.

Se no começo da canção as perguntas apontavam para a figura sombria e repudiável do pai, no desfecho as respostas presumíveis são ambíguas. Parece já se desenvolver no menino um senso de competitividade em relação à figura paterna, e a mãe é cobrada a esclarecer quem afinal é o merecedor de suas ações: "Para quem você tem olhos azuis/ E com as manhãs remoça?/ E à noite, para quem/ Você é uma luz/ Debaixo da porta?".

Não demora muito para esse tal de ser humano mostrar-se bem complexo; por meio de sua arte, Chico dá voz aos que não podem expressar-se, desde os marginalizados e desvalidos até os bebezinhos de colo.

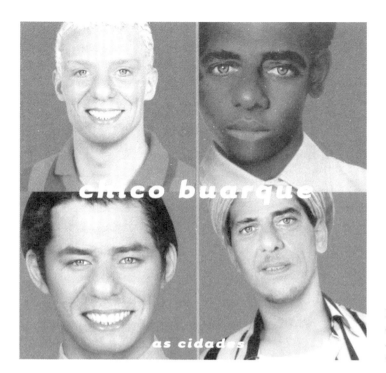

Frente e verso da capa do CD *As cidades*, de 1998.

INJURIADO

(Chico Buarque, 1998)
Na gravação do álbum *As cidades* (1998)

    Chico Buarque tem a consciência de que, na fase posterior de sua carreira, deixou de fazer o que chama de canções "orelháveis", ou seja, fáceis de aprender à primeira audição, para que o público possa reproduzi-la.

    Quando estava encerrando as gravações do álbum *As cidades*, de 1998, no entanto, sentiu que o disco estava requerendo um samba para completar-se. Cogitou usar "Dura na queda" (que acabaria sendo entregue a Elza Soares e, depois, gravada em seu disco posterior, *Carioca*, de 2006), mas por uma razão ou outra achou que a canção não se encaixava no conjunto do trabalho; depois, pensou em regravar algum samba de Geraldo Pereira, ideia que também acabou sendo descartada. Por fim, decidiu ele mesmo compor um samba como os de sua primeira fase, "pra ser cantado com cerveja em mesa de bar".

    Pode-se dizer que cumpriu a missão autoimposta, para a sua satisfação e a do público. "Injuriado" se tornou um número que já demonstra permanência, tendo entrado no repertório de quatro das cinco turnês de Chico posteriores ao álbum no qual foi lançada, sempre com boa resposta da audiência, que vai cantando junto de maneira que só se vê igual quando são apresentadas canções das décadas de 1960 e 1970.

    "Injuriado" é um samba curto, de 32 compassos em formato ABAC, com apenas 12 versos — um conjunto fácil para decorar. O convite ao canto coletivo já aparece na gravação original, um dueto de Chico com sua irmã Cristina, em abertura de vozes. Na instrumentação, apenas dois violões (de Luiz Cláudio Ramos e do próprio compositor), piano, baixo e bateria.

    A simplicidade aparente, porém, é embasada com uma condução harmônica de acordes com muitas tensões e inversões, mais sofisticada do que nos primeiros anos de sua carreira. A letra, por sua vez, desenvolve o mote "Por que me odeias se nunca te ajudei?", um ditado de origem chinesa.

> Se eu só lhe fizesse o bem
> Talvez fosse um vício a mais
> Você me teria desprezo por fim
> Porém não fui tão imprudente
> E agora não há francamente
> Motivo pra você me injuriar assim

Num pensamento ligeiro, as razões que levam uma pessoa a odiar outra deveriam estar mais obviamente relacionadas a algum mal causado por esse outro a ela. Numa inversão de perspectiva que à primeira vista causa estranheza, no entanto, fazer o bem pode da mesma maneira, ou até mais, causar ressentimento: as ações ruins são de um modo ou outro absorvidas, havendo natural afastamento do agente causador, o que facilita o esquecimento; já quando uma pessoa recebe auxílio, fica com o ônus da expectativa de retribuição que pode durar por toda a vida, além da sensação de inferioridade por não ser capaz de semelhante altruísmo.

Numa interpretação de viés psicanalítico, também se pode afirmar que a pessoa odeia no outro o que vê em si mesma, caso em que o excesso de intimidade seria "imprudente", por facilitar projeções. Eu não aceito determinada característica minha, então acuso o outro de ser justamente aquilo que me incomoda em mim, como mecanismo de defesa.

A letra prossegue sendo citadas razões que poderiam motivar o ódio, culminando com a síntese do "você nada me deve, logo não precisa me odiar" ("Dinheiro não lhe emprestei/ Favores nunca lhe fiz/ Não alimentei o seu gênio ruim/ Você nada está me devendo/ Por isso, meu bem, não entendo/ Por que anda agora falando de mim"). Joga-se na cara o "gênio ruim" do injuriador, uma atitude que se junta ao irônico vocativo do "meu bem": é como se o eu da canção, ante o pasmo de não saber por que é odiado, passasse a cinicamente fornecer razões para sê-lo.

Em entrevista à *Folha de S. Paulo* na época do lançamento de *As cidades*, o repórter perguntou ao compositor se era verdade — provavelmente a ideia viera de sua própria cabeça — que "Injuriado" era destinada a Fernando Henrique Cardoso, então presidente do Brasil concorrendo à reeleição. No mesmo ano, havia sido lançado o livro *O mundo em português: um diálogo*, no qual FHC, em conversa com o ex-presidente de Portugal Mário Soares, dizia que Chico era um artista da elite tradicional, que tentava ser crítico, mas era mais convencional do que Gilberto Gil e Caetano Veloso.

Como resposta à *Folha*, disse que a possibilidade era uma piada, porque não havia ficado injuriado e porque jamais chamaria FHC de "meu bem". Poderia ter acrescentado outro motivo, pois ao contrário do eu da canção no que diz respeito a quem lhe tece injúrias, Chico havia feito favor a Fernando Henrique: engajou-se nas campanhas dele em 1978, na disputa pelo Senado em São Paulo, e em 1985, na eleição para a prefeitura paulistana — nesta, inclusive recebeu críticas de setores da esquerda por preterir Eduardo Suplicy, o candidato petista.

Frente e verso da capa do CD *Cambaio*, de 2001, de Edu Lobo e Chico Buarque, com os temas criados para a peça de João e Adriana Falcão.

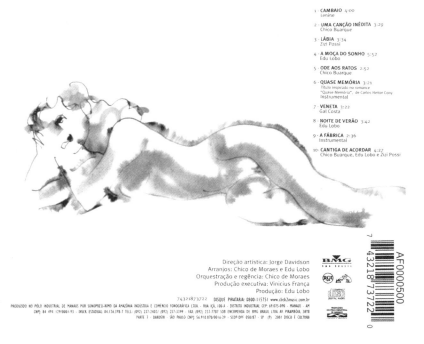

LÁBIA

(Edu Lobo/Chico Buarque, 2001)
Na gravação de Zizi Possi para o álbum *Cambaio* (2001)

Na canção popular, há casos em que a música claramente é mais trabalhada do que a letra e, pelo contrário, há ocasiões em que serve como uma trilha de fundo para o discurso verbal, em primeiro plano. Também não faltam felizes situações em que não se consegue estabelecer uma gradação de importância entre música e letra, pois ambas são igualmente bem desenvolvidas.

Melhor ainda é quando, além de belas, música e letra parecem transmitir a mesma mensagem. Essas situações são mais facilmente verificáveis quando um mesmo autor se encarrega de ambos os componentes, pois consegue manipulá-los, promovendo os ajustes necessários num e noutro. Para captar a intenção de uma melodia feita por outra pessoa e dotá-la das palavras precisas, de modo que pareça não haver a possibilidade de outros versos para aquela música, é preciso o toque de gênio. E Chico Buarque não acertou apenas uma vez ou outra nesse raro encaixe justo, mas em dezenas de canções.

Até por ser o mais recorrente parceiro de Chico, e um músico enorme, Edu Lobo pôde em diversas ocasiões ver Chico descobrir em suas melodias sentidos de que nem ele suspeitava. Também excelente letrista, embora de atuação bissexta, Edu não esconde que costuma ser severo em relação às letras que lhe entregam para suas criações musicais, frequentemente sugerindo mudanças; com Chico, no entanto, nunca precisou exercer seu direito a veto, tendo mantido cada sílaba que lhe chegou.

"Lábia", parceria dos dois escrita para o musical *Cambaio* (2001), de João e Adriana Falcão, é um desses casos. A canção foi lançada em fonograma na voz de Zizi Possi, para o álbum com a trilha sonora da peça. Trata-se de uma valsa em formato A1-A2-B-A2, mais um entre os 43 títulos de eu feminino no cancioneiro de Chico.

Se na canção os versos se casam perfeitamente com a melodia, Edu e Chiquinho de Moraes também levaram em conta a letra já feita para construir o arranjo da faixa. Na introdução há um motivo de cinco notas, que ganha uma resposta de seis notas; em seguida, o motivo e a resposta são repetidos; depois há mais uma repetição do motivo inicial, ainda mais uma, transposta meio-tom acima, e uma última variação do motivo em cima de um acorde que enfim prepara a entrada da melodia vocal. Cria-se uma expectativa para o ouvinte do tipo "por Deus, eu preciso que isso comece". E quais os versos iniciais?

> Mas nem cantor incendiário
> Ataca à queima-roupa a canção
> Há sempre um tempo, um batimento
> Um clima que a introduz

Exatamente a tradução do que acabara de acontecer musicalmente! A letra segue: "Que nem dá voltas ao redor/ Da lâmpada, ao redor da lâmpada/ O bicho-da-luz". Nessa altura, tanto a melodia adquire caráter circular quanto a letra também dá rodeios ao repetir a expressão "da lâmpada": numa bela confusão de sentidos, por meio da audição se torna possível visualizar o tal bicho-da-luz girando em torno da lâmpada.

Apresenta-se outra imagem similar, "Nem pode à meia-noite/ Abrir um sol a pino de supetão", para depois se entender que estavam sendo traçadas analogias com os momentos que antecedem o encontro físico de uma mulher com seu amado, gerando uma tensão ao mesmo tempo sufocante e prazerosa: "Nas noites em câmera lenta/ Espero por meu bem/ Lábia, flor do bem-me-quer/ Lábia que adoça boca de mulher/ Dom de mulher/ Que os homens têm".

A canção se mostra uma ode às preliminares, não as preliminares mais óbvias, de carícias tácteis, mas sim as de palavras astuciosas que conquistam e reconquistam uma mulher, continuamente. Há um divertido atrevimento na composição desses versos, quando se sabe que seu autor tem fama de grande entendedor da alma feminina, (sendo portanto) homem irresistível. E essa fama se dá exatamente pelo seu poder verbal, demonstrado, mais uma vez, em "Lábia".

Em "Palavras de virar cabeça/ Meu amado vai usar/ Palavras como se elas fossem mãos/ Tantos rodeios/ Pra enfim me roubar/ Coisas que dele já são", a melodia como descreve uma órbita que vai de "tantos rodeios" a "enfim me roubar". "Palavras como se elas fossem *mãos*" vai à raiz do termo "manipulação", justamente a prática de que o eu da canção sabe estar sendo vítima, com prazer.

No desfecho, há uma estrutura paralela à da primeira estrofe, incluindo a rima interestrófica de "antemão" com "canção", e o momento que antecede o beijo se apresenta como o clímax: "Mas nem uma mulher em chamas/ Cede o beijo assim de antemão/ Há sempre um tempo, um batimento/ Um clima que a seduz/ E eis que nada mais se diz/ Os olhos se reviram para trás/ E os lábios fazem jus". Os lábios, pela lábia demonstrada, merecem o prazer.

Mas de quem são esses lábios que fazem jus? O eu feminino da canção está o tempo todo elogiando as habilidades verbais do seu amado; não seriam esses insistentes louvores, porém, uma sedução, no estilo "nossa, como você é demais", para a mulher conseguir do homem o que quer? Quem está manipulando quem? São questões que a lábia de Chico Buarque deixa no ar.

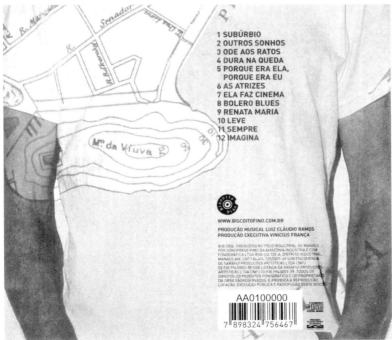

Frente e verso da capa do CD *Carioca*, lançado pela Biscoito Fino em 2006.

OUTROS SONHOS

(Chico Buarque, 2006)
Na gravação do álbum *Carioca* (2006)

Mesmo os melhores estão sujeitos a lapsos na composição de canções. Para que não se diga que este livro é exageradamente laudatório em relação a Chico Buarque, este pesquisador não compreende como ele e Ruy Guerra, na canção "Tira as mãos de mim", de *Calabar* (1973), deixaram passar o cacófato "tutu" nos versos "Éramos nós/ Estreitos nós/ Enquanto tu/ És laço frouxo", comprometendo com feijão o que seria uma bela imagem.

Em outros casos, Chico contou com ajuda para evitar deslizes, sendo Tom Jobim o mais constante e implacável crítico a apontar não só escorregadas como trechos que nem eram comprometedores, mas com os quais implicava, por uma razão ou outra. Na gravação do álbum *Carioca* (2006), o espírito de Tom baixou nos músicos que participavam do trabalho.

Em cena registrada no documentário *Desconstrução* (2006), de Bruno Natal, registrando a feitura do disco, mostra-se o constrangimento da equipe ante um verso da canção "Sempre". Como dizer, logo para Chico Buarque, que uma letra dele pede mudança? O produtor Vinicius França toma coragem e diz que em "Como um gato a sua dona" há o cacófato "suadona". A primeira modificação, "Como um gato aos pés da dona", criava outro problema, com a sugestão de um gato sendo comido junto aos pés de uma mulher. A resolução só veio com "Feito um gato aos pés da dona".

Na empolgação intervencionista, foi sugerida a Chico outra alteração, para a canção "Outros sonhos", do mesmo álbum, na altura de "E me jurava o diabo/ Que Deus existia". O compositor custou a perceber que ali ficava subentendida a palavra "mijo", mas desta vez não cedeu, dizendo que o diabo só fala por cacófatos. E assim se conseguiu a proeza de um belo vício de linguagem.

"Outros sonhos" nasceu de um mote presente em uma canção que Chico ouvia, quando criança, pela boca de seu pai: "Soñé que el fuego helaba/ Soñé que la nieve ardia/ Y por soñar lo imposible/ Soñé que tú me querias". Posteriormente, descobriu que os mesmos versos apareciam em outras canções de língua espanhola, sendo de autoria desconhecida. Assim, ficava autorizado para também usá-los numa composição própria, vertendo-os para o português: "Sonhei que o fogo gelou/ Sonhei que a neve fervia/ E por sonhar o impossível, ai/ Sonhei que tu me querias".

Esse trecho completo é usado ao fim da canção, que se inicia apenas com os dois primeiros versos do mote, aos quais se somam outras coisas possíveis apenas em sonhos. Em vez de uma música lenta e de notas esparsas, como costumeiramente se usa quando se deseja criar uma atmosfera onírica — "A moça do sonho", parceria de Chico com Edu Lobo, é um exemplo —, há um andamento dançante numa divisão de foxtrote, contribuindo para o entendimento de quão real parece o sonho ao eu da canção, apesar de seu conteúdo.

> Sonhei que o fogo gelou
> Sonhei que a neve fervia
> Sonhei que ela corava
> Quando me via
> Sonhei que ao meio-dia
> Havia intenso luar
> E o povo se embevecia
> Se empetecava João
> Se emperiquitava Maria
> Doentes do coração
> Dançavam na enfermaria
> E a beleza não fenecia

A sucessão descritiva parece compor um sonho sem nenhuma passagem intimidadora ou enigmática, pontuado apenas por aparições maravilhosas, com insistentes rimas em "ia" por toda a letra. Inicialmente, a beleza vem de imagens líricas, como a de um intenso luar diurno, para a contemplação emocionada do qual as pessoas param o que fazem, trajando-se com luxo.

A presença da musa do eu da canção, referida no princípio como "ela", proporciona-lhe certeza quanto ao caráter positivo do que está vendo, na altura dos versos "Eu sei que o sonho era bom/ Porque ela sorria/ Até quando chovia". No desfecho, portanto, além da carga dramática própria do conteúdo ("E por sonhar o impossível, ai/ Sonhei que tu me querias"), há o recurso intensificador da troca de terceira para segunda pessoa: o "ela", na verdade, era a própria mulher para quem o protagonista canta, esperando até o fim para surpreendê-la, ou confirmar aquilo de que já estivesse desconfiando.

Antes disso, porém, verifica-se a inclusão, entre as imagens sentimentais, de tópicos concernentes à estrutura social do país, como "Belo e sereno era o som/ Que lá no morro se ouvia", "Guris inertes no chão/ Falavam de astronomia" e "De mão em mão o ladrão/ Relógios distribuía/ E a polícia já não batia".

Nesse contexto, torna-se impossível não entender como possibilidades positivas "Maconha só se comprava/ Na tabacaria/ Drogas na drogaria". Em entrevista à *CartaCapital*, na época do lançamento de *Carioca*, Chico não se eximiu de dizer claramente o que pensava: "Não quero que a minha canção seja um hino, uma bandeira em defesa das drogas. Mas, de fato, eu acredito que é melhor legalizar as drogas. Traz menos danos à sociedade do que o tráfico. A tentativa de responsabilizar o consumidor é ingênua, mais ingênua do que o sonho descrito na canção".

Frente e verso da capa do CD *Chico*, lançado pela Biscoito Fino em 2011.

SINHÁ

(João Bosco/Chico Buarque, 2010)
Na gravação do álbum *Chico* (2011)

Em "Sinhá", música de João Bosco com letra de Chico Buarque, lançada no álbum *Chico* (2011), trata-se da escravidão com a complexidade que o tema merece. Embora em registro grave em vez de cômico, a ousadia de Chico para produzir beleza a partir de um episódio histórico terrível lembra a de Chaplin em *O grande ditador* (1940). Em ambos os casos, vai-se além do tom de denúncia simples para produzir uma história nuançada. Atua-se numa zona próxima ao limite da responsabilidade para tratar de enormes mazelas; a recompensa vem, no entanto, ao gerar-se um objeto de arte em vez de um libelo — e os libelos são de importância imprescindível, mas muito mais raramente conseguem permanência.

Como lembra a historiadora Lilia Schwarcz, entrevistada pela BBC Brasil em maio de 2018, o Brasil foi o último país do Ocidente a abolir a escravidão, mais do que simplesmente o último das Américas, como costumeiramente se diz. Em 1890, um ano e meio depois da Lei Áurea, já há um Hino da Proclamação da República em que se diz "Nós nem cremos que escravos outrora/ Tenha havido em tão nobre país".

De uma hora para a outra, era como se a vinda para o Brasil de cerca de 4 milhões de pessoas escravizadas, partindo do continente africano, nunca houvesse existido. Daí nasceu, aliado às condições sociais inferiores para os negros, até hoje verificáveis, o mito de que em nosso país as (mal chamadas) raças convivem em harmonia e sem ressentimentos. Empregadas domésticas e babás, quase sempre de pele escura, são tratadas por endinheirados sorridentes como "da família" — até deixarem de ser, quando não podem mais, ou não tem mais a quem, servir. Então são alijadas do ilusório núcleo familiar, sem direito a herança.

A miscigenação brasileira outrora era tomada sem ponderações como um patrimônio nacional a se exaltar, servindo quase como prova da inexistência de discriminação racial no Brasil. Em visões mais contemporâneas, no entanto, ela começa a ser analisada também pelo que carrega de domínio e submissão, uma vez que se deu basicamente pelo encontro do homem branco com mulheres negras e indígenas. A história do país se funda na violência, com racismo e machismo caminhando juntos desde o início.

Mas não se pode cair no erro oposto de negar valores essencialmente mestiços no Brasil, quando o entendimento de nossa própria canção popular, tão louvada, necessariamente passa pela aceitação da mestiçagem — e com muitos mais elementos, e muito mais complexos, do que a muito falada junção de divisões rítmicas africanas com melodia e harmonia de base europeia.

João Bosco definiu "Sinhá" como um afro-samba milongueiro, sendo afro-samba uma referência às criações muito pitorescas de Baden Powell e Vinicius de Moraes, e "milonga" um gênero musical típico da Argentina e do Uruguai. A levada rítmica e os "eriere", vocalizados antes e depois das estrofes, de fato carregam forte acento afro; a estrutura narrativa da canção (em formato ABABC, definida por Chico como "insólita") foi a razão de Bosco aludir à milonga; mas ainda cabe observar que a melodia sobre a qual recai a letra, com sua tessitura extensa e notas alongadas, em perfil passional, poderia, com outro tratamento rítmico, passar por uma modinha lusitana. Chico soube ver que a música a ele oferecida para letrar era também uma "herdeira sarará", tal qual escreveu em um dos versos.

A letra começa com o eu da canção, um escravo, apelando à religião imposta pelo homem branco e se dizendo incapaz de ter olhado a personagem Sinhá, por ser fisicamente inapto e por não estar no mesmo lugar que ela. Durante as seções A e B, as rimas externas perfeitas se dão apenas entre os versos pares (o segundo com o quarto, o sexto com o oitavo etc.), mas há correspondências sonoras adicionais, como rimas internas ("choro" com "oro") e homoteleutos ("roça" com "cobiça").

> Se a dona se banhou
> Eu não estava lá
> Por Deus Nosso Senhor
> Eu não olhei Sinhá
> Estava lá na roça
> Sou de olhar ninguém
> Não tenho mais cobiça
> Nem enxergo bem

Em seguida, começa a descrição dos martírios impostos ao escravo pelo senhor de engenho, com novos apelos ao catolicismo e ao suposto caráter incompatível entre a maldade e a fisionomia tipicamente europeia: "Para que me pôr no tronco/ Para que me aleijar/ Eu juro a vosmecê/ Que nunca vi Sinhá/ Por que me faz tão mal/ Com olhos tão azuis/ Me benzo com o sinal/ Da santa cruz".

Castigado barbaramente, o escravo piora sua situação com as palavras que lhe escapam: "Eu só cheguei no açude/ Atrás da sabiá/ Olhava o arvoredo/ Eu não olhei Sinhá/ Se a dona se despiu/ Eu já andava além/ Estava na moenda/ Estava pra Xerém". A admissão de estar no açude, ainda que para a contemplação da natureza, contradiz o "Eu não estava lá" da primeira estrofe, enquanto o fato de dizer que já estava longe quando a dona se despiu implica que, pelo menos vestida, ela foi por ele vista.

Como consequência, a punição física recrudesce: "Por que talhar meu corpo/ Eu não olhei Sinhá/ Para que que vosmincê/ Meus olhos vai furar/ Eu choro em iorubá/ Mas oro por Jesus/ Para que que vassuncê/ Me tira a luz". Conforme o escravo vai tendo o corpo violentado, rende-se ao sincretismo religioso, e os pronomes de tratamento vão ficando cada vez mais longe do padrão formal, passando de "vosmecê" a "vosmincê" e, finalmente, a "vassuncê".

O desfecho da seção C é surpreendente em vários níveis, com o contraste musical da modulação para modo maior sendo acompanhada da troca do personagem que ocupa o posto de eu da canção: "E assim vai se encerrar/ O conto de um cantor/ Com voz de pelourinho/ E ares de senhor/ Cantor atormentado/ Herdeiro sarará/ Do nome e do renome/ De um feroz senhor de engenho/ E das mandingas de um escravo/ Que no engenho enfeitiçou Sinhá".

A reação óbvia ao se ouvir a estrofe final é algo como "então ele era mesmo culpado!": não só o escravo havia feito aquilo de que era acusado, ver Sinhá nua, como a engravidou. Mas culpado de quê? Não deveria ser motivo de culpa deixar de submeter-se bovinamente a alguém que se julga proprietário de um humano. Muito menos há em suas ações qualquer justificativa para a perversidade bestial do senhor de engenho, que não pode ser relativizada.

Rompendo com o padrão do homem branco que sujeita a mulher negra, o escravo de "Sinhá" sai do posto de simples vítima passiva para mostrar-se com papel ativo na construção do Brasil, sendo o "cantor atormentado" o próprio símbolo do país — que só tem ares hipócritas de senhor, mas na verdade vem do pelourinho. O feitiço que atingiu Sinhá também vitima o ouvinte da canção, sendo essa mandinga que contorna afetos e brutalidades componente fundamental de nossa formação.

Frente e verso da capa do CD *Caravanas*, lançado pela Biscoito Fino em 2017.

TUA CANTIGA

(Cristovão Bastos/Chico Buarque, 2017)
Na gravação do álbum *Caravanas* (2017)

    Com tanta coisa interessante a se apontar em "Tua cantiga", canção com música de Cristovão Bastos e letra de Chico Buarque, lançada no álbum *Caravanas* (2017), é mesmo uma pena que ela se tenha tornado mais notória por uma polêmica desarrazoada do que pelas suas muitas qualidades. De qualquer modo, uma vez que a tal polêmica reverberou, abre-se espaço para reflexão sobre as maneiras pelas quais se recebe uma canção popular na contemporaneidade.
    As redes sociais da Internet, ao mesmo tempo que positivamente facilitam a interação, tornam o palpite de qualquer pessoa desqualificada para o debate de determinado assunto tão visível quanto a avaliação de alguém com estudos e reputação na área. Não há mais filtros de mercado ou acadêmicos para que alguém possa ser capaz de fazer sua fala propagar-se e atingir milhões; para o público médio, torna-se difícil distinguir o falatório irresponsável da opinião embasada, a informação com checagem rigorosa das tais *fake news*. No mais das vezes, persevera quem afirma com mais ênfase e joga para sua turma. Nas palavras mais concisas e agressivas de Umberto Eco, "as redes sociais deram voz a uma legião de imbecis".
    Na época do álbum *Chico* (2011), o compositor já se havia assustado, embora tenha comentado o assunto às gargalhadas, com o tamanho do ódio direcionado a sua pessoa nos comentários de notícias que envolvem seu nome — logo ele, que se supunha um artista muito amado. Seis anos depois, ponderações que, embora cheias de vícios, podem ter partido de boa-fé, transformaram-se em acusações pessoais, simples e levianas, de anacronismo, machismo e coisa pior.
    O cerne da celeuma envolvendo "Tua cantiga" foram os versos "Largo mulher e filhos/ E de joelhos/ Vou te seguir". Semanas depois do lançamento da canção, com a discórdia instaurada, o perfil de Chico Buarque no Facebook exibiu a seguinte postagem: "— *Será que é machismo um homem largar a família para ficar com a amante? — Pelo contrário.*

Machismo é ficar com a família e a amante. Diálogo entreouvido na fila de um supermercado". Não há como saber se Chico participou pessoalmente dessa publicação, mas foi uma péssima resposta, por aceitar a premissa de que a característica de machismo num personagem é algo a se evitar.

Ora, se o ouvinte espera que o eu de canções — especialmente as de Chico Buarque, o tal tradutor da alma feminina — dê sempre margem a idealizações apaixonadas em relação a seu autor, o problema é desse ouvinte e de sua ingenuidade. Para o bem da sua produção, o artista deve continuar criando não só tipos de índole reta e impoluta, mas também os machistas, bandidos, assassinos, execráveis. Ou os de difícil posicionamento numa visão maniqueísta, como acontece com a maioria das pessoas no mundo real.

Nesse sentido, a fala de Ana de Hollanda, irmã de Chico, também publicada em rede social, parece muito mais sensata — embora infelizmente tenha obtido pouca repercussão no bizarro tribunal da Internet: "Imagino que as puritanas neofeministas nunca ouviram falar em Simone de Beauvoir, o que não deve vir ao caso, porque esta também pertence ao século passado. Mas condenam o autor da frase ['largo mulher e filhos'], sem terem se dado conta de que os personagens das canções de Chico — aliás, de qualquer ficcionista — não costumam ser autobiográficos. Que o compositor descreve situações e sentimentos corriqueiros, e até comuns, concordando ou não com eles. E que a criação artística é livre, ao contrário de uma tese acadêmica".

Além disso, como lembra Rinaldo de Fernandes em seu excelente artigo de 2019 para o jornal *Rascunho*, os versos de "Tua cantiga" estão compostos sob o signo do exagero. "Largo mulher e filhos" aparece no mesmo contexto de "de joelhos vou te seguir", "basta dar um suspiro que eu vou te consolar", "basta soprar meu nome pra me atrair" etc. O eu da canção exerce sua lábia numa retórica hiperbólica, com o intuito de conquistar uma mulher comprometida. Trata-se de um malandro, figura tão cara a Chico Buarque — a canção poderia sair da boca de Max Overseas, numa hipotética remontagem da *Ópera do malandro* (1978). Sim, o típico malandro é machista, e desse modo deve ser retratado na arte: não é socialmente benéfico fingir que todos os homens são esquerdomachos desconstruídos entusiastas do feminismo.

Toda essa discussão passa ao largo, no entanto, do primor de inventividade formal encontrado em "Tua cantiga".

> Quando te der saudade de mim
> Quando tua garganta apertar
> Basta dar um suspiro
> Que eu vou ligeiro
> Te consolar

A música de "Tua cantiga" tem uma levada próxima ao samba, mas, de maneira inusitada para o gênero, apresenta-se em compasso ternário, lembrando o clássico "Cravo e canela", de Milton Nascimento e Ronaldo Bastos. Na letra, há a sofisticação de rimas interestróficas ("mim", no primeiro verso, só vai rimar com "fim", no primeiro verso da terceira estrofe) e de imagens inusitadas como "Terei ciúme/ Até de mim/ No espelho a te abraçar".

O ponto mais chamativo, porém, está no uso de homoteleutos, que está para "Tua cantiga" como a recorrência de proparoxítonas para "Construção". Relembrando alguns conceitos: nas rimas consoantes ou perfeitas, há coincidência de todos os sons a partir da última vogal tônica de uma palavra ("suspiro" rima "com "retiro"); nas rimas toantes, coincidem todos os sons vocálicos a partir da última vogal tônica, mas os sons consonantais são distintos ("suspiro" rima com "fino"); já nos homoteleutos, mais raros, há correspondência sonora após a última vogal tônica.

É esse o recurso que Chico emprega ao longo de toda a canção, de maneira sistemática sem precedentes no cancioneiro do país. Assim, "suspiro" se casa com "ligeiro", "nome" com "perfume", "lenço" com "alcanço", "filhos" com "joelhos", "rainha" com "manha", "talvez" com "feliz", "nome" (novamente) com "ciúme".

O fecho da canção traz um novo grau de complexidade: "Lembra-te, minha nega/ Desta cantiga/ Que fiz pra ti". O encontro de "nega" com "cantiga" mantém o padrão de homoteleutos que vinha sendo usado na canção, mas "cantiga" ainda forma uma rima toante em mosaico (montada pela junção de sílabas de palavras diferentes) com "fiz pra"; "Lembra-te", no antepenúltimo verso, forma uma rima polissilábica com "pra ti"; além disso, o excerto final "canTIGA QUE FIZ PRA TI", tomado isoladamente, forma um jogo de assonâncias espelhado: I-A-I-I-A-I.

Chico não está, nem deveria sê-lo, protegido de discordâncias quanto a suas posturas públicas e opiniões políticas. Considerando-o estritamente como cancionista, porém, precisa-se de muita má vontade para torcer-lhe o nariz; ele continua lúcido, inquieto, rigoroso: modelar.

A composição mais recente de Chico Buarque, "Que tal um samba?",
canção lançada nas plataformas digitais em 2022
com a participação de Hamilton de Holanda no bandolim.

QUE TAL UM SAMBA?

(Chico Buarque, 2022)
Na gravação lançada como single nas plataformas digitais (2022)

Chico Buarque segurou o violão e, como automaticamente, viu-se tocando uma levada familiar em suas cordas. Perguntou a si mesmo, "que tal um samba?", e a questão ficou no ar, sendo repetida até que o compositor percebeu estar ali o título e o mote para sua mais recente canção. Convida-se o ouvinte a considerar o samba — um símbolo da arte brasileira — como uma possibilidade para purgar o desgosto de um período terrível para se viver no planeta Terra — e particularmente no Brasil.

A canção foi lançada em junho de 2022; o mundo começava a se recuperar da pandemia de Covid, num saldo terrível de 7 milhões de mortes, de acordo com os dados oficiais informados pela OMS — mas a mesma organização estima que o real número de vítimas fatais seja de "pelo menos" 20 milhões. Além das vidas perdidas, a pandemia deixou para os sobreviventes inestimáveis sequelas psíquicas, afetivas, sociais, econômicas e sabe-se lá quantas mais mazelas.

Como se não bastasse a tragédia natural, o Brasil atravessou o período sob o governo Jair Bolsonaro, para quem os piores insultos não fazem justiça, o revés do "Too marvelous for words" de Johnny Mercer. Até antes da pandemia, a incompetência atroz do presidente e de seus asseclas minimizava o potencial de estrago no país, pois não eram capazes de implementar as próprias ideias que variavam entre a imbecilidade e a abjeção. Claro, já havia o nojo e a vergonha de termos um mandatário tão descaradamente machista, racista, covarde, louvador de torturadores e com mau hálito, sem virtudes identificáveis — mas pelo menos dava para compensar com umas risadas nervosas quando se via sua cara de palerma imune à cognição.

Mas não havia mais como rir quando seu negacionismo anticientífico — "não usem máscara, tomem este comprimido mágico" — multiplicou o número de mortes no Brasil, havendo ainda o bônus nefasto do deboche presidencial para com aqueles que agonizavam, faltando-lhes o ar.

Quando "Que tal um samba?" veio à luz, havia uma eleição marcada para dali a três meses; o otimismo estrategicamente recomendável fazia com que a ideia não fosse dita em voz alta entre os sãos, mas havia reais possibilidades de, depois de tudo, Bolsonaro ganhar novamente: escapamos por um triz, como se viu. Nesse contexto, foi de certa forma temerário o lançamento de "Que tal um samba?", uma vitória cantada antes da hora.

Marcou-se uma turnê de Chico, com participação de Mônica Salmaso, subsequente ao lançamento da canção, com datas de shows agendadas entre setembro (um mês antes das eleições) e abril do ano seguinte. Posteriormente, o compositor confessou que a turnê provavelmente teria de ser cancelada caso o presidente se reelegesse, pois o ímpeto de cair na estrada propondo uma celebração se extinguiria. Felizmente, a aposta se pagou. Ao contrário do que previam almas inocentes, o mundo não foi tomado de sapiência e compaixão finda a pandemia, mas pelo menos nos livramos de Bolsonaro e ganhamos "Que tal um samba?".

> Um samba
> Que tal um samba?
> Puxar um samba, que tal?
> Para espantar o tempo feio
> Para remediar o estrago
> Que tal um trago?
> Um desafogo, um devaneio

A canção se apresenta num formato de duas partes alternadas (ABABABA), sendo que nas seções A há uma base de apenas três acordes, deixando o discurso em primeiro plano. Na seção B, em contraste, há uma condução harmônica de rápida e constante troca de acordes, como se estivesse sendo dada vazão a um sentimento por muito reprimido.

Os versos da seção A se dão sem regularidade métrica na repetição dos blocos e sem um esquema fixo de rimas, embora elas sempre apareçam, em modalidade externa e interna, acompanhadas também de homoteleutos ("mutreta", "cascata", "derrota"). Há pausas prolongadas entre cada um dos versos; já nas seções B, junto com a enxurrada de acordes, há um grande desafogo, e os versos podem se esparramar, sendo cantados de maneira mais ligada e com esquema de rima definido em abbac, sendo que a última palavra da estrofe encontra rima interna na estrofe da seção A seguinte.

Apesar do título, a condução rítmica não é a de um samba "puro", notando-se certo acento caribenho, talvez numa provocativa alusão a

Cuba. Somando-se ao já antigo grupo de apoio de Chico tocando violões, baixo, piano e bateria, o arranjo traz a percussão de Thiago da Serrinha e o bandolim festeiro e velocíssimo de Hamilton de Holanda.

Assim como "Apesar de você" se mostra indissociável do presidente Médici, mas sobrevive a sua não saudosa memória, "Que tal um samba?" certamente foi inspirada pelas atrocidades de Bolsonaro, mas não deixa de fazer sentido se considerada como proposta de superação de qualquer episódio malditamente ruim.

Na extensa letra de Chico, há espaço, entre outros elementos, para a saudação do falar coloquial e dos valores artísticos autenticamente brasileiros ("Andar de boa/ Ver um batuque lá no cais do Valongo/ Dançar o jongo lá na Pedra do Sal/ Entrar na roda da Gamboa"), para o futebol ("Fazer um gol de bicicleta/ Dar de goleada"), para a necessária afirmação antirracista ("Fazer um filho, que tal?/ Pra ver crescer, criar um filho/ Num bom lugar, numa cidade legal/ Um filho com a pele escura"), para uma piscadela a Caetano, na citação de "Beleza pura" ("Com formosura/ Bem brasileiro, que tal?/ Não com dinheiro/ Mas a cultura/ Que tal uma beleza pura/ No fim da borrasca?"), outra a Che Guevara ("Já depois de criar casca/ E perder a ternura") e ainda outra, menos óbvia, a Gilberto Gil ("Desmantelar a força bruta/ Então que tal puxar um samba/ Puxar um samba legal/ Puxar um samba porreta/ Depois de tanta mutreta/ Depois de tanta cascata/ Depois de tanta derrota/ Depois de tanta demência/ E uma dor filha da puta, que tal?"): a rima entre "força bruta" e "filha da puta", implícita em "Cálice", aqui se mostra com todas as letras — afinal, algumas conquistas da luta contra o regime de 1964 devem ser (tomara sejam) permanentes, como o fim da censura.

Desde 1989, Chico vinha alternando o lançamento de um álbum com o de um romance. Depois de *Caravanas* (2017), no entanto, o artista lançou dois livros, seguidos não por todo um álbum, mas apenas por uma canção solta: a literatura parece se estar tornando sua prioridade. Tomara sua aposentadoria do ofício de cancionista não se concretize, não pelos próximos 80 anos. Caso isso aconteça, porém, teremos o legado colossal de uma carreira cujo marco zero é "Tem mais samba" (1964), dos versos "Se todo mundo sambasse/ Seria tão fácil viver"; o encerramento se daria com "Que tal um samba?", de proposta paralela, com o gênero tomado como solução para se "sair do fundo do poço". Não é um belo modo de fechar um ciclo?

DISCOGRAFIA[1]

ÁLBUNS SOLO

Chico Buarque de Hollanda (RGE, 1966)

30 A banda
    Tem mais samba
    A Rita
    Ela e sua janela
    Madalena foi pro mar
21 Pedro pedreiro
    Amanhã, ninguém sabe
    Você não ouviu
    Juca
    Olê olá
    Meu refrão
    Sonho de um carnaval

Chico Buarque de Hollanda — volume 2 (RGE, 1967)

36 Noite dos mascarados — *cantam Chico Buarque e Jane*
    Logo eu?
39 Com açúcar, com afeto — *canta Jane*
    Fica
    Lua cheia (Toquinho/Chico Buarque)
44 Quem te viu, quem te vê
    Realejo
    Ano novo
    A televisão

---

[1] Todas as canções foram compostas por Chico Buarque, exceto quando indicado. Nos casos em que uma faixa de sua discografia não é cantada somente pelo próprio artista, os intérpretes estão assinalados em itálico. À esquerda está indicada a página deste livro em que a canção é analisada.

Será que Cristina volta?
Morena dos olhos d'água
Um chorinho

Chico Buarque de Hollanda — volume 3 (RGE, 1968)

      Ela desatinou
57   Retrato em branco e preto (Tom Jobim/Chico Buarque)
      Januária
      Desencontro — *cantam Chico Buarque e Toquinho*
      Carolina
47   Roda viva — *cantam Chico Buarque e MPB-4*
      O velho
      Até pensei
52   Sem fantasia — *cantam Chico Buarque e Cristina Buarque*
      Até segunda-feira
25   Funeral de um lavrador (Chico Buarque/João Cabral de Melo Neto)
      Tema para "Morte e vida severina" — *instrumental*

Chico Buarque de Hollanda nº 4 (Philips, 1970)

      Essa moça tá diferente
      Não fala de Maria
      Ilmo. sr. Ciro Monteiro ou Receita pra virar casaca de neném
      Agora falando sério
      Gente humilde (Garoto/Vinicius de Moraes/Chico Buarque)
      Nicanor
66   Rosa-dos-ventos
      Samba e amor
      Pois é (Tom Jobim/Chico Buarque)
      Cara a cara — *canta MPB-4*
      Mulher, vou dizer quanto te amo
      Tema de "Os inconfidentes" (Chico Buarque/Cecília Meireles) — *cantam
         Chico Buarque e MPB-4*

Construção (Philips, 1971)

      Deus lhe pague
85   Cotidiano
      Desalento (Chico Buarque/Vinicius de Moraes)
76   Construção
      Cordão

82	Olha Maria (Tom Jobim/Vinicius de Moraes/Chico Buarque)
	Samba de Orly (Toquinho/Vinicius de Moraes/Chico Buarque)
69	Valsinha (Vinicius de Moraes/Chico Buarque)
	Minha história (Gesù bambino) (Dalla/Pallottino — versão: Chico Buarque)
	Acalanto para Helena

Chico canta (Philips, 1973)

	Prólogo (Chico Buarque/Ruy Guerra) — *instrumental*
	Cala a boca, Bárbara (Chico Buarque/Ruy Guerra)
104	Tatuagem (Chico Buarque/Ruy Guerra)
	Ana de Amsterdam (Chico Buarque/Ruy Guerra) — *instrumental*
97	Bárbara (Chico Buarque/Ruy Guerra)
109	Não existe pecado ao sul do equador (Chico Buarque/Ruy Guerra)
	Boi voador não pode (Chico Buarque/Ruy Guerra)
	Fado tropical (Chico Buarque/Ruy Guerra)
	Tira as mãos de mim (Chico Buarque/Ruy Guerra) — *instrumental*
	Cobra de vidro (Chico Buarque/Ruy Guerra)
	Vence na vida quem diz sim (Chico Buarque/Ruy Guerra)
	Fortaleza (Chico Buarque/Ruy Guerra)

Sinal fechado (Philips, 1974)

	Festa imodesta (Caetano Veloso)
	Copo vazio (Gilberto Gil)
	Filosofia (Noel Rosa)
	O filho que eu quero ter (Toquinho/Vinicius de Moraes)
	Cuidado com a outra (Augusto Tomaz Júnior/Nelson Cavaquinho)
	Lágrima (José Garcia/José Gomes Filho/Sebastião Nunes)
125	Acorda, amor (Leonel Paiva/Julinho da Adelaide)
	Lígia (Tom Jobim))
	Sem compromisso (Geraldo Pereira/Nelson Trigueiro)
	Você não sabe amar (Carlos Guinle/Dorival Caymmi/Hugo Lima)
	Me deixe mudo (Walter Franco)
	Sinal fechado (Paulinho da Viola)

Meus caros amigos (Philips, 1976)

150	O que será (À flor da terra) — *cantam Chico Buarque e Milton Nascimento*
	Mulheres de Atenas (Chico Buarque/Augusto Boal)
142	Olhos nos olhos
	Você vai me seguir (Chico Buarque/Ruy Guerra)

	Vai trabalhar vagabundo
	Corrente
	A noiva da cidade (Francis Hime/Chico Buarque)
137	Passaredo (Francis Hime/Chico Buarque)
	Basta um dia
145	Meu caro amigo (Francis Hime/Chico Buarque)

Chico Buarque (Philips, 1978)

	Feijoada completa
113	Cálice (Gilberto Gil/Chico Buarque) — *cantam Chico Buarque e Milton Nascimento*
167	Trocando em miúdos (Francis Hime/Chico Buarque)
185	O meu amor — *cantam Marieta Severo e Elba Ramalho*
176	Homenagem ao malandro
	Até o fim
188	Pedaço de mim — *cantam Chico Buarque e Zizi Possi*
196	Pivete (Francis Hime/Chico Buarque)
	Pequeña serenata diurna (Silvio Rodríguez)
	Tanto mar
73	Apesar de você

Vida (Philips, 1980)

220	Vida
	Mar e lua
207	Deixe a menina
210	Já passou
204	Bastidores
217	Qualquer canção
	Fantasia
213	Eu te amo (Tom Jobim/Chico Buarque) — *cantam Chico Buarque e Telma Costa*
	De todas as maneiras
	Morena de Angola
	Bye bye, Brasil (Roberto Menescal/Chico Buarque)
	Não sonho mais

Almanaque (Ariola, 1981)

| 223 | As vitrines |
| | Ela é dançarina |

	O meu guri
	A voz do dono e o dono da voz
	Almanaque
	Tanto amar
153	Angélica (Miltinho/Chico Buarque)
	Moto-contínuo (Edu Lobo/Chico Buarque)
	Amor barato (Francis Hime/Chico Buarque) — *cantam Chico Buarque e Carlinhos Vergueiro*

Chico Buarque (Barclay, 1984)

	Pelas tabelas
	Brejo da cruz
	Tantas palavras (Dominguinhos/Chico Buarque)
	Mano a mano (João Bosco/Chico Buarque) — *cantam Chico Buarque e João Bosco*
250	Samba do grande amor
	Como se fosse a primavera (Nicolas Guillén/Pablo Milanés) — *cantam Chico Buarque e Pablo Milanés*
	Suburbano coração
245	Mil perdões
	As cartas
258	Vai passar (Francis Hime/Chico Buarque)

Francisco (RCA, 1987)

	O velho Francisco
277	As minhas meninas
	Uma menina
	Estação derradeira
266	Bancarrota blues (Edu Lobo/Chico Buarque)
	Ludo real (Vinicius Cantuária/Chico Buarque)
286	Todo o sentimento (Cristovão Bastos/Chico Buarque)
	Lola
	Cadê você — Leila XIV (João Donato/Chico Buarque)
	Cantando no toró

Chico Buarque (RCA, 1989)

Morro Dois Irmãos
Trapaças
Meio-dia, meia-lua (Edu Lobo/Chico Buarque)

	Baticum (Gilberto Gil/Chico Buarque)
	A permuta dos santos (Edu Lobo/Chico Buarque)
294	O futebol
	A mais bonita — *cantam Chico Buarque e Bebel Gilberto*
	Uma palavra
	Tanta saudade (Djavan/Chico Buarque)
289	Valsa brasileira (Edu Lobo/Chico Buarque)

Paratodos (BMG, 1993)

299	Paratodos
269	Choro bandido (Edu Lobo/Chico Buarque)
	Tempo e artista
	De volta ao samba
	Sobre todas as coisas (Edu Lobo/Chico Buarque)
	Outra noite (Luiz Cláudio Ramos/Chico Buarque)
	Biscate — *cantam Chico Buarque e Gal Costa*
	Romance
304	Futuros amantes
	Piano na Mangueira (Tom Jobim/Chico Buarque) — *cantam Chico Buarque e Tom Jobim*
196	Pivete (Francis Hime/Chico Buarque)
	A foto da capa

Uma palavra (BMG, 1995)

	Estação derradeira
	Morro Dois Irmãos
	Ela é dançarina
	Samba e amor
	A Rosa
117	Joana francesa
294	O futebol
	Ela desatinou
44	Quem te viu, quem te vê
	Pelas tabelas
213	Eu te amo (Tom Jobim/Chico Buarque)
289	Valsa brasileira (Edu Lobo/Chico Buarque)
	Amor barato (Francis Hime/Chico Buarque)
220	Vida
	Uma palavra

As cidades (BMG, 1998)

    Carioca
    Iracema voou
    Sonhos sonhos são
310 A ostra e o vento — *cantam Chico Buarque e Branca Lima*
    Xote de navegação (Dominguinhos/Chico Buarque)
313 Você, você (uma canção edipiana) (Guinga/Chico Buarque)
    Assentamento
317 Injuriado — *cantam Chico Buarque e Cristina Buarque*
    Aquela mulher
    Cecília (Luiz Cláudio Ramos/Chico Buarque)
    Chão de esmeraldas (Chico Buarque/Hermínio Bello de Carvalho)

Carioca (Biscoito Fino, 2006)

    Subúrbio
325 Outros sonhos
    Ode aos ratos (Edu Lobo/Chico Buarque)
    Dura na queda
    Porque era ela, porque era eu
    As atrizes
    Ela faz cinema
    Bolero blues (Jorge Helder/Chico Buarque)
    Renata Maria (Ivan Lins/Chico Buarque)
    Leve (Carlinhos Vergueiro/Chico Buarque)
    Sempre
253 Imagina (Tom Jobim/Chico Buarque) — *cantam Chico Buarque
       e Mônica Salmaso*

Chico (Biscoito Fino, 2011)

    Querido diário
    Rubato (Jorge Helder/Chico Buarque)
    Essa pequena
    Tipo um baião
    Se eu soubesse — *cantam Chico Buarque e Thais Gulin*
    Sem você nº 2
    Sou eu (Ivan Lins/Chico Buarque) — *cantam Chico Buarque e Wilson das Neves*
    Nina
    Barafunda
329 Sinhá (João Bosco/Chico Buarque)

Caravanas (Biscoito Fino, 2017)

333 Tua cantiga (Cristovão Bastos/Chico Buarque)
Blues pra Bia
A moça do sonho (Edu Lobo/Chico Buarque)
Jogo de bola
Massarandupió (Chico Brown/Chico Buarque)
Dueto — *cantam Chico Buarque e Clara Buarque*
Casualmente (Jorge Helder/Chico Buarque)
Desaforos
As caravanas

ÁLBUNS NO EXTERIOR

Chico Buarque na Itália (RGE, 1969)

Far niente (versão de Bardotti para "Bom tempo")
30 La banda (versão de Amurri para "A banda")
Juca (versão de Bardotti)
Olê olá (versão de Bardotti)
Rita (versão de Bardotti)
Non vuoi escoltar (versão de Bardotti para "Você não ouviu")
Una mia canzone (versão de Bardotti para "Meu refrão")
C'é piú samba (versão de Playboy para "Tem mais samba")
Maddalena é andata via (versão de Bardotti para "Madalena foi pro mar")
Carolina (versão de Bardotti)
21 Pedro pedreiro (versão de Calabrese e Jannacci)
La TV (versão de Bardotti para "A televisão")

Per un pugno di samba (RCA, 1970)

47 Rotativa (versão de Bardotti para "Roda viva")
Samba e amore (versão de Bardotti para "Samba e amor")
Sogno di un carnevale (versão de Bardotti para "Sonho de um carnaval")
Lei no, lei sta ballando (versão de Bardotti para "Ela desatinou")
Il nome di Maria (versão de Bardotti para "Não fala de Maria")
25 Funerale di un contadino (versão de Panvini, Rosati e Bardotti para "Funeral de um lavrador", de Chico Buarque e João Cabral de Melo Neto)
In te (versão de Bardotti para "Mulher, vou dizer quanto te amo")
Queste e quelle (versão de Bardotti para "Umas e outras")
44 Tu sei una di noi (versão de Bardotti para "Quem te viu, quem te vê")

Nicanor (versão de Bardotti)
In memoria di un congiurate (versão de Bardotti para "Tema de 'Os inconfidentes'", de Chico Buarque e Cecília Meireles)
Ed ora dico sul serio (versão de Bardotti para "Agora falando sério")

Chico Buarque en español (Philips, 1982)

150	Que será (versão de Daniel Viglietti para "O que será (À flor da terra)")
	Mar y luna (versão de Daniel Viglietti para "Mar e lua")
191	Geni y el zepelin (versão de Daniel Viglietti para "Geni e o zepelim")
73	Apesar de usted (versão de Daniel Viglietti para "Apesar de você")
145	Querido amigo (versão de Daniel Viglietti para "Meu caro amigo", de Francis Hime e Chico Buarque)
76	Construcción (versão de Daniel Viglietti para "Construção")
213	Te amo (versão de Daniel Viglietti para "Eu te amo", de Tom Jobim e Chico Buarque)
85	Cotidiano (versão de Daniel Viglietti para "Cotidiano")
	Acalanto (versão de Daniel Viglietti para "Acalanto para Helena")
	Mambembe (versão de Daniel Viglietti)

ÁLBUNS AO VIVO

Caetano e Chico juntos e ao vivo (Philips, 1972)

	Bom conselho
94	Partido alto — *canta Caetano Veloso*
	Tropicália (Caetano Veloso) — *canta Caetano Veloso*
	Morena dos olhos d'água — *canta Caetano Veloso*
	A Rita — *canta Caetano Veloso*
	Esse cara (Caetano Veloso) — *canta Caetano Veloso*
89	Atrás da porta (Francis Hime/Chico Buarque)
	Você não entende nada (Caetano Veloso) — *cantam Chico Buarque e Caetano Veloso*
85	Cotidiano — *cantam Chico Buarque e Caetano Veloso*
97	Bárbara (Chico Buarque/Ruy Guerra) — *cantam Chico Buarque e Caetano Veloso*
	Ana de Amsterdam (Chico Buarque/Ruy Guerra)
	Janelas abertas nº 2 (Caetano Veloso)
	Os argonautas (Caetano Veloso) — *canta Caetano Veloso*

Chico Buarque & Maria Bethânia ao vivo (Philips, 1975)

	Olê olá — *cantam Chico Buarque e Maria Bethânia*
	Sonho impossível (The impossible dream) (Darion/Leigh — versão: Chico Buarque/Ruy Guerra) — *canta Maria Bethânia*
	Sinal fechado (Paulinho da Viola) — *cantam Chico Buarque e Maria Bethânia*
52	Sem fantasia — *cantam Chico Buarque e Maria Bethânia*
134	Sem açúcar — *canta Maria Bethânia*
39	Com açúcar, com afeto
	Camisola do dia (David Nasser/Herivelto Martins) — *canta Maria Bethânia*
	Notícia de jornal (Haroldo Barbosa/Luis Reis)
130	Gota d'água
	Tanto mar — *instrumental*
	Foi assim (Lupicínio Rodrigues) — *canta Maria Bethânia*
120	Flor da idade
	Bem querer — *cantam Chico Buarque e Maria Bethânia*
	Cobras e lagartos (Sueli Costa/Hermínio Bello de Carvalho) — *canta Maria Bethânia*
	Gita (Paulo Coelho/Raul Seixas) — *canta Maria Bethânia*
44	Quem te viu, quem te vê — *cantam Chico Buarque e Maria Bethânia*
	Vai levando (Caetano Veloso/Chico Buarque) — *cantam Chico Buarque e Maria Bethânia*
36	Noite dos mascarados — *cantam Chico Buarque e Maria Bethânia*

Chico Buarque ao vivo Paris Le Zenith (RCA, 1990)

	Desalento (Chico Buarque/Vinicius de Moraes)
	A Rita
250	Samba do grande amor
130	Gota d'água
223	As vitrines
	A volta do malandro
94	Partido alto
	Sem compromisso (Geraldo Pereira/Nelson Trigueiro) — *cantam Chico Buarque e Mestre Marçal*
207	Deixe a menina — *cantam Chico Buarque e Mestre Marçal*
	Suburbano coração
261	Palavra de mulher
286	Todo o sentimento (Cristovão Bastos/Chico Buarque)
117	Joana francesa
	Rio 42
109	Não existe pecado ao sul do equador (Chico Buarque/Ruy Guerra)
	Brejo da cruz
150	O que será (À flor da pele)

258	Vai passar (Francis Hime/Chico Buarque)
	Samba de Orly (Toquinho/Vinicius de Moraes/Chico Buarque)
156	João e Maria (Sivuca/Chico Buarque)
	Eu quero um samba (Haroldo Barbosa/Janet de Almeida)
	Essa moça tá diferente

Chico ao vivo (BMG, 1999)

299	Paratodos
	Amor barato (Francis Hime/Chico Buarque)
	A noiva da cidade (Francis Hime/Chico Buarque)
	A volta do malandro
176	Homenagem ao malandro
310	A ostra e o vento
	Sem você (Tom Jobim/Vinicius de Moraes)
	Cecília (Luiz Cláudio Ramos/Chico Buarque)
	Aquela mulher
	Sob medida
185	O meu amor
179	Teresinha
317	Injuriado — *cantam Chico Buarque, Bia Paes Leme e Marcelo Bernardes*
44	Quem te viu, quem te vê
223	As vitrines
	Iracema voou
	Assentamento
	Como se fosse a primavera (Nicolas Guillén/Pablo Milanés)
85	Cotidiano
266	Bancarrota blues (Edu Lobo/Chico Buarque)
	Xote de navegação (Dominguinhos/Chico Buarque)
76	Construção
	Sonhos sonhos são
	Carioca
	Capital do samba (José Ramos)
	Chão de esmeraldas (Chico Buarque/Hermínio Bello de Carvalho)
304	Futuros amantes
258	Vai passar (Francis Hime/Chico Buarque)
156	João e Maria (Sivuca/Chico Buarque)

Carioca ao vivo (Biscoito Fino, 2007)

Voltei a cantar (Lamartine Babo)
Mambembe
Dura na queda

294	O futebol
	Morena de Angola
	Renata Maria (Ivan Lins/Chico Buarque)
325	Outros sonhos
253	Imagina (Tom Jobim/Chico Buarque) — *cantam Chico Buarque e Bia Paes Leme*
	Porque era ela, porque era eu
	Sempre
245	Mil perdões
	A história de Lily Braun (Edu Lobo/Chico Buarque)
	A bela e a fera (Edu Lobo/Chico Buarque)
	Ela é dançarina
	As atrizes
	Ela faz cinema
213	Eu te amo (Tom Jobim/Chico Buarque)
261	Palavra de mulher
	Leve (Carlinhos Vergueiro/Chico Buarque)
	Bolero blues (Jorge Helder/Chico Buarque)
223	As vitrines
	Subúrbio
	Morro Dois Irmãos
304	Futuros amantes
	Bye bye, Brasil (Roberto Menescal/Chico Buarque)
	Cantando no toró
307	Grande Hotel (Wilson das Neves/Chico Buarque) — *cantam Chico Buarque e Wilson das Neves*
	Ode aos ratos (Edu Lobo/Chico Buarque)
	Na carreira (Edu Lobo/Chico Buarque)
	Sem compromisso (Geraldo Pereira/Nelson Trigueiro)
207	Deixe a menina
44	Quem te viu, quem te vê
156	João e Maria (Sivuca/Chico Buarque)

Na carreira ao vivo (Biscoito Fino, 2012)

	O velho Francisco
	De volta ao samba
	Desalento (Chico Buarque/Vinicius de Moraes)
317	Injuriado — *cantam Chico Buarque, Bia Paes Leme e Marcelo Bernardes*
	Querido diário
	Rubato (Jorge Helder/Chico Buarque)
269	Choro bandido (Edu Lobo/Chico Buarque)
	Essa pequena
	Tipo um baião
	Se eu soubesse — *cantam Chico Buarque e Bia Paes Leme*

	Sem você nº 2
204	Bastidores
286	Todo o sentimento (Cristovão Bastos/Chico Buarque)
185	O meu amor
179	Teresinha
	Ana de Amsterdam (Chico Buarque/Ruy Guerra)
282	Anos dourados (Tom Jobim/Chico Buarque)
	Sob medida
	Nina
289	Valsa brasileira (Edu Lobo/Chico Buarque)
191	Geni e o zepelim
	Sou eu (Ivan Lins/Chico Buarque) — *cantam Chico Buarque e Wilson das Neves*
	Tereza da praia (Billy Blanco/Tom Jobim) — *cantam Chico Buarque e Wilson das Neves*
	A violeira (Tom Jobim/Chico Buarque)
	Baioque
	Rap de Cálice (Gilberto Gil/Chico Buarque)
329	Sinhá (João Bosco/Chico Buarque)
	Barafunda
304	Futuros amantes
	Na carreira (Edu Lobo/Chico Buarque)

Caravanas ao vivo (Biscoito Fino, 2018)

	Minha embaixada chegou (Assis Valente)
	Mambembe
94	Partido alto
	Iolanda (Yolanda) (Pablo Milanés — versão: Chico Buarque) — *cantam Chico Buarque e Bia Paes Leme*
	Casualmente (Jorge Helder/Chico Buarque)
	A moça do sonho (Edu Lobo/Chico Buarque)
57	Retrato em branco e preto (Tom Jobim/Chico Buarque)
	Desaforos
317	Injuriado — *cantam Chico Buarque, Bia Paes Leme e Marcelo Bernardes*
	Dueto — *cantam Chico Buarque e Bia Paes Leme*
	A volta do malandro
176	Homenagem ao malandro
261	Palavra de mulher
223	As vitrines
	Jogo de bola
	Massarandupió (Chico Brown/Chico Buarque)
325	Outros sonhos
	Blues pra Bia
	A história de Lily Braun (Edu Lobo/Chico Buarque)

	A bela e a fera (Edu Lobo/Chico Buarque)
286	Todo o sentimento (Cristovão Bastos/Chico Buarque)
333	Tua cantiga (Cristovão Bastos/Chico Buarque)
61	Sabiá (Tom Jobim/Chico Buarque)
307	Grande Hotel (Wilson das Neves/Chico Buarque)
130	Gota d'água
	As caravanas
	Estação derradeira
	Minha embaixada chegou (Assis Valente)
191	Geni e o zepelim
304	Futuros amantes
299	Paratodos

Que tal um samba? ao vivo (Biscoito Fino, 2023)

	Todos juntos (Enriquez/Bardotti — versão Chico Buarque) — *canta Mônica Salmaso*
	Mar e lua — *canta Mônica Salmaso*
137	Passaredo (Francis Hime/Chico Buarque) — *canta Mônica Salmaso*
	Bom tempo — *canta Mônica Salmaso*
241	Beatriz (Edu Lobo/Chico Buarque) — *canta Mônica Salmaso*
299	Paratodos — *cantam Chico Buarque e Mônica Salmaso*
	O velho Francisco — *cantam Chico Buarque e Mônica Salmaso*
329	Sinhá (João Bosco/Chico Buarque) — *cantam Chico Buarque e Mônica Salmaso*
52	Sem fantasia — *cantam Chico Buarque e Mônica Salmaso*
	Biscate — *cantam Chico Buarque e Mônica Salmaso*
253	Imagina (Tom Jobim/Chico Buarque) — *cantam Chico Buarque e Mônica Salmaso*
269	Choro bandido (Edu Lobo/Chico Buarque)
	Sob medida
204	Bastidores
245	Mil perdões
250	Samba do grande amor
317	Injuriado — *cantam Chico Buarque e Mônica Salmaso*
	Tipo um baião
277	As minhas meninas
199	Uma canção desnaturada — *cantam Chico Buarque e Mônica Salmaso*
	Morro Dois Irmãos
304	Futuros amantes
	Assentamento
266	Bancarrota blues (Edu Lobo/Chico Buarque)
333	Tua cantiga (Cristovão Bastos/Chico Buarque)
	Meu guri
	As caravanas

159	Que tal um samba? — *cantam Chico Buarque e Mônica Salmaso* Maninha — *cantam Chico Buarque e Mônica Salmaso*
36	Noite dos mascarados — *cantam Chico Buarque e Mônica Salmaso*
156	João e Maria (Sivuca/Chico Buarque) — *cantam Chico Buarque e Mônica Salmaso*

TRILHAS SONORAS DE PEÇAS E FILMES

Morte e vida severina (Philips, 1966)

Trilha sonora da peça, sem faixas discriminadas.

Quando o carnaval chegar (Philips, 1972)

Mambembe — *instrumental*
Baioque — *canta Maria Bethânia*
Caçada
Mais uma estrela (Bonfíglio de Oliveira/Herivelto Martins) — *canta Nara Leão*
Quando o carnaval chegar
Minha embaixada chegou (Assis Valente) — *cantam Nara Leão e Maria Bethânia*
Soneto — *instrumental*
Mambembe
Soneto — *canta Nara Leão*

94 Partido alto — *canta MPB-4*
Bom conselho — *canta Maria Bethânia*
Frevo (Tom Jobim/Vinicius de Moraes)
Formosa (Antônio Nássara/J. Rui) — *cantam Nara Leão e Maria Bethânia*
Cantores do rádio (Alberto Ribeiro/João de Barro/Lamartine Babo) — *cantam Chico Buarque, Nara Leão e Maria Bethânia*

Gota d'água (RCA, 1977)

O disco mescla trechos da peça de Chico Buarque e Paulo Pontes com a interpretação de quatro canções compostas para o espetáculo:

120 Flor da idade — *cantam atores diversos*
Bem querer — *canta Bibi Ferreira*
130 Gota d'água — *canta Bibi Ferreira*
Basta um dia — *canta Bibi Ferreira*

Os saltimbancos (Philips, 1977)

Bicharia (Enriquez/Bardotti — versão Chico Buarque) — *cantam Magro, Ruy, Miúcha e Nara Leão*
O jumento (Enriquez/Bardotti — versão Chico Buarque) — *canta Magro*
Um dia de cão (Enriquez/Bardotti — versão Chico Buarque) — *canta Ruy*
A galinha (Enriquez/Bardotti — versão Chico Buarque) — *canta Miúcha*
164 História de uma gata (Enriquez/Bardotti — versão Chico Buarque) — *canta Nara Leão*
A cidade ideal (Enriquez/Bardotti — versão Chico Buarque) — *cantam Magro, Ruy, Miúcha e Nara Leão*
Minha canção (Enriquez/Bardotti — versão Chico Buarque) — *cantam Magro, Ruy, Miúcha e Nara Leão*
A pousada do bom barão (Enriquez/Bardotti — versão Chico Buarque) — *cantam Magro, Ruy, Miúcha e Nara Leão*
A batalha — instrumental
Todos juntos (Enriquez/Bardotti — versão Chico Buarque) — *cantam Magro, Ruy, Miúcha e Nara Leão*
Esconde-esconde (Enriquez/Bardotti — versão Chico Buarque) — *cantam Magro, Ruy, Miúcha e Nara Leão*
Todos juntos (reprise) (Enriquez/Bardotti — versão Chico Buarque) — *cantam Magro, Ruy, Miúcha e Nara Leão*
Bicharia (reprise) (Enriquez/Bardotti — versão Chico Buarque) — *cantam Magro, Ruy, Miúcha e Nara Leão*

Ópera do malandro (Philips, 1979)

O malandro (Die Moritat von Mackie Messer) (Bertolt Brecht/Kurt Weill — versão: Chico Buarque) — *canta MPB-4*
Hino de Duran
Viver do amor — *canta Marlene*
199 Uma canção desnaturada — *cantam Chico Buarque e Marlene*
Tango do covil — *canta MPB-4*
Doze anos — *cantam Chico Buarque e Moreira da Silva*
O casamento dos pequenos burgueses — *cantam Chico Buarque e Alcione*
179 Teresinha — *canta Zizi Possi*
176 Homenagem ao malandro — *canta Moreira da Silva*
182 Folhetim — *canta Nara Leão*
Ai, se eles me pegam agora — *cantam Frenéticas*
185 O meu amor — *cantam Marieta Severo e Elba Ramalho*
Se eu fosse o teu patrão — *canta Turma do Funil*
191 Geni e o zepelim
188 Pedaço de mim — *cantam Francis Hime e Gal Costa*

356

170   Ópera (adaptação de Chico Buarque para excertos musicais de Bizet, Verdi
      e Wagner) — *cantam Alexandre Trick, Diva Pierante, Glória Queiróz
      e Paulo Fortes*
      O malandro nº 2 (Die Moritat von Mackie Messer) (Bertolt Brecht/Kurt Weill
      — versão: Chico Buarque) — *canta João Nogueira*

Os saltimbancos trapalhões (Ariola, 1981)

      Piruetas (Bardotti/Enriquez/Chico Buarque) — *cantam Chico Buarque
      e Os Trapalhões*
      Hollywood (Bardotti/Enriquez/Chico Buarque) — *cantam Lucinha Lins
      e Os Trapalhões*
      Alô, liberdade (Bardotti/Enriquez/Chico Buarque) — *cantam Bebel Gilberto
      e Os Trapalhões*
      A cidade dos artistas (Bardotti/Enriquez/Chico Buarque) — *cantam
      Elba Ramalho e Os Trapalhões*
164   História de uma gata (Bardotti/Enriquez — versão: Chico Buarque) — *canta
      Lucinha Lins*
      Rebichada (Bardotti/Enriquez/Chico Buarque) — *cantam Chico Buarque
      e Os Trapalhões*
      Minha canção (Bardotti/Enriquez — versão: Chico Buarque) — *canta
      Lucinha Lins*
228   Meu caro barão (Bardotti/Enriquez/Chico Buarque) — *cantam Chico Buarque
      e Os Trapalhões*
      Todos juntos (Bardotti/Enriquez — versão: Chico Buarque) — *cantam
      Lucinha Lins e Os Trapalhões*

Para viver um grande amor (com Tom Jobim e Djavan) (CBS, 1983)

      Samba do carioca (Carlos Lyra/Vinicius de Moraes) — *canta Dori Caymmi*
      Sabe você (Carlos Lyra/Vinicius de Moraes) — *canta Djavan*
      Sinhazinha (despertar) — *canta Zezé Motta*
      Desejo (Djavan) — *canta Djavan*
      A violeira (Tom Jobim/Chico Buarque) — *canta Elba Ramalho*
253   Imagina (Tom Jobim/Chico Buarque) — *cantam Djavan e Olívia Byington*
      Tanta saudade (Djavan/Chico Buarque) — *canta Djavan*
      Primavera (Carlos Lyra/Vinicius de Moraes) — *cantam Djavan
      e Olívia Byington*
      Sinhazinha (despedida) — *canta Olívia Byington*
250   Samba do grande amor — *cantam Djavan e Sérgio Ricardo*
      Meninos, eu vi (Tom Jobim/Chico Buarque) — *cantam Djavan e Olívia Byington*

O grande circo místico (com Edu Lobo) (Som Livre, 1983)

Abertura do circo (Edu Lobo) — *instrumental*
Beatriz (Edu Lobo/Chico Buarque) — *canta Milton Nascimento*
Valsa dos clowns (Edu Lobo/Chico Buarque) — *canta Jane Duboc*
Opereta do casamento (Edu Lobo/Chico Buarque) — *canta um coro arregimentado para a gravação*
A história de Lily Braun (Edu Lobo/Chico Buarque) — *canta Gal Costa*
Meu namorado (Edu Lobo/Chico Buarque) — *canta Simone*
Sobre todas as coisas (Edu Lobo/Chico Buarque) — *canta Gilberto Gil*
A bela e a fera (Edu Lobo/Chico Buarque) — *canta Tim Maia*
Ciranda da bailarina (Edu Lobo/Chico Buarque) — *canta um coro infantil*
O circo místico (Edu Lobo/Chico Buarque) — *canta Zizi Possi*
Na carreira (Edu Lobo/Chico Buarque) — *cantam Chico Buarque e Edu Lobo*

O corsário do rei (com Edu Lobo) (Som Livre, 1985)

Verdadeira embolada (Edu Lobo/Chico Buarque) — *cantam Chico Buarque, Edu Lobo e Fagner*
Show bizz (Edu Lobo/Chico Buarque) — *canta Blitz*
A mulher de cada porto (Edu Lobo/Chico Buarque) — *cantam Chico Buarque e Gal Costa*
Opereta do moribundo (Edu Lobo/Chico Buarque) — *canta MPB-4*
Bancarrota blues (Edu Lobo/Chico Buarque) — *canta Nana Caymmi*
Tango de Nancy (Edu Lobo/Chico Buarque) — *canta Lucinha Lins*
Choro bandido (Edu Lobo/Chico Buarque) — *cantam Edu Lobo e Tom Jobim*
Salmo (Edu Lobo/Chico Buarque) — *cantam Zé Renato e Cláudio Nucci*
Acalanto (Edu Lobo/Chico Buarque) — *canta Ivan Lins*
O corsário do rei (Edu Lobo/Chico Buarque) — *canta Marco Nanini*
Meia-noite (Edu Lobo/Chico Buarque) — *canta Djavan*

Ópera do malandro (Barclay, 1985)

A volta do malandro — *canta A Gang*
Las muchachas de Copacabana — *canta Elba Ramalho*
Tema de Geni — *instrumental*
Hino da repressão — *canta Ney Latorraca*
Aquela mulher — *canta Edson Celulari*
Viver do amor — *cantam As Mariposas*
Sentimental — *canta Cláudia Ohana*
Desafio do malandro — *cantam Edson Celulari e Aquiles*
O último blues — *canta Cláudia Ohana*
Palavra de mulher — *canta Elba Ramalho*

185	O meu amor — *cantam Elba Ramalho e Cláudia Ohana*
	Tango do covil — *cantam Os Muchachos*
199	Uma canção desnaturada — *canta Suely Costa*
	Rio 42 — *cantam As Mariposas*
188	Pedaço de mim — *cantam Elba Ramalho e Edson Celulari*

Malandro (Barclay, 1985)

	A volta do malandro
	Las muchachas de Copacabana — *canta Ney Matogrosso*
	Hino da repressão (Hino de Duran) — *canta Ney Latorraca*
	O último blues — *canta Gal Costa*
	Tango do covil — *cantam Os Muchachos*
	Sentimental — *canta Zizi Possi*
	Aquela mulher — *canta Paulinho da Viola*
261	Palavra de mulher — *canta Elba Ramalho*
	Hino da repressão (Segundo turno)
	Rio 42 — *canta Bebel Gilberto*

Dança da meia-lua (com Edu Lobo) (Som Livre, 1988)

	Abertura (Edu Lobo) — *instrumental*
	Casa de João de Rosa (Edu Lobo/Chico Buarque) — *canta Cláudio Nucci*
	A permuta dos santos (Edu Lobo/Chico Buarque) — *canta A Garganta Profunda*
	Frevo diabo (Edu Lobo/Chico Buarque) — *canta Gal Costa*
	Meio-dia, meia-lua (Edu Lobo/Chico Buarque) — *canta Edu Lobo*
	Abandono (Edu Lobo/Chico Buarque) — *canta Leila Pinheiro*
	Dança das máquinas (Edu Lobo) — *instrumental*
	Tablados (Edu Lobo/Chico Buarque)
	Tororó (Edu Lobo/Chico Buarque) — *canta Danilo Caymmi*
	Sol e chuva (Edu Lobo/Chico Buarque) — *canta Zizi Possi*
289	Valsa brasileira (Edu Lobo/Chico Buarque) — *canta Edu Lobo*
	Pas de deux (Edu Lobo) — *instrumental*

Cambaio (com Edu Lobo) (BMG, 2001)

	Cambaio (Edu Lobo/Chico Buarque) — *canta Lenine*
	Uma canção inédita (Edu Lobo/Chico Buarque)
321	Lábia (Edu Lobo/Chico Buarque) — *canta Zizi Possi*
	A moça do sonho (Edu Lobo/Chico Buarque) — *canta Edu Lobo*
	Ode aos ratos (Edu Lobo/Chico Buarque)

Quase memória (Edu Lobo) — *instrumental*
Veneta (Edu Lobo/Chico Buarque) — *canta Gal Costa*
Noite de verão (Edu Lobo/Chico Buarque) — *canta Edu Lobo*
A fábrica (Edu Lobo) — instrumental
Cantiga de acordar (Edu Lobo/Chico Buarque) — *cantam Chico Buarque, Edu Lobo e Zizi Possi*

CANÇÃO NÃO GRAVADA NOS ÁLBUNS DE CHICO BUARQUE

233   Embarcação (Francis Hime/Chico Buarque)

CANÇÃO GRAVADA APENAS EM SINGLE

337   Que tal um samba?

ÍNDICE DAS CANÇÕES ANALISADAS POR ORDEM ALFABÉTICA

Acorda, amor (Leonel Paiva/Julinho da Adelaide), 125
Angélica (Miltinho/Chico Buarque), 153
Anos dourados (Tom Jobim/Chico Buarque), 282
Apesar de você (Chico Buarque), 73
Atrás da porta (Francis Hime/Chico Buarque), 89
Bancarrota blues (Edu Lobo/Chico Buarque), 266
banda, A (Chico Buarque), 30
Bárbara (Chico Buarque/Ruy Guerra), 97
Bastidores (Chico Buarque), 204
Beatriz (Edu Lobo/Chico Buarque), 241
Cálice (Gilberto Gil/Chico Buarque), 113
Choro bandido (Edu Lobo/Chico Buarque), 269
Ciranda da bailarina (Edu Lobo/Chico Buarque), 236
Com açúcar, com afeto (Chico Buarque), 39
Construção (Chico Buarque), 76
Cotidiano (Chico Buarque), 85
Deixe a menina (Chico Buarque), 207
Embarcação (Francis Hime/Chico Buarque), 233
Eu te amo (Tom Jobim/Chico Buarque), 213
Flor da idade (Chico Buarque), 120
Folhetim (Chico Buarque), 182
Funeral de um lavrador (Chico Buarque/João Cabral de Melo Neto), 25
futebol, O (Chico Buarque), 294
Futuros amantes (Chico Buarque), 304
Geni e o zepelim (Chico Buarque), 191
Gota d'água (Chico Buarque), 130
Grande Hotel (Wilson das Neves/Chico Buarque), 307
História de uma gata (Enriquez/Bardotti, versão de Chico Buarque), 164
Homenagem ao malandro (Chico Buarque), 176
Imagina (Tom Jobim/Chico Buarque), 253
Injuriado (Chico Buarque), 317
Já passou (Chico Buarque), 210
Joana francesa (Chico Buarque), 117
João e Maria (Sivuca/Chico Buarque), 156
Lábia (Edu Lobo/Chico Buarque), 321
Maninha (Chico Buarque), 159

meu amor, O (Chico Buarque), 185
Meu caro amigo (Francis Hime/Chico Buarque), 145
Meu caro barão (Enriquez/Bardotti/Chico Buarque), 228
Mil perdões (Chico Buarque), 245
minhas meninas, As (Chico Buarque), 277
Não existe pecado ao sul do equador (Chico Buarque/Ruy Guerra), 109
Noite dos mascarados (Chico Buarque), 36
Olha Maria (Tom Jobim/Vinicius de Moraes/Chico Buarque), 82
Olhos nos olhos (Chico Buarque), 142
Ópera (adaptação de Chico Buarque para excertos musicais de Bizet, Verdi e Wagner), 170
ostra e o vento, A (Chico Buarque), 310
Outros sonhos (Chico Buarque), 325
Palavra de mulher (Chico Buarque), 261
Paratodos (Chico Buarque), 299
Partido alto (Chico Buarque), 94
Passaredo (Francis Hime/Chico Buarque), 137
Pedaço de mim (Chico Buarque), 188
Pedro pedreiro (Chico Buarque), 21
Pivete (Francis Hime/Chico Buarque), 196
Qualquer canção (Chico Buarque), 217
que será, O (À flor da terra)/ O que será (À flor da pele) (Chico Buarque), 150
Que tal um samba? (Chico Buarque), 337
Quem te viu, quem te vê (Chico Buarque), 44
Retrato em branco e preto (Tom Jobim/Chico Buarque), 57
Roda viva (Chico Buarque), 47
Rosa-dos-ventos (Chico Buarque), 66
Sabiá (Tom Jobim/Chico Buarque), 61
Samba do grande amor (Chico Buarque), 250
Sem açúcar (Chico Buarque), 134
Sem fantasia (Chico Buarque), 52
Sinhá (João Bosco/Chico Buarque), 329
Tango de Nancy (Edu Lobo/Chico Buarque), 274
Tatuagem (Chico Buarque/Ruy Guerra), 104
Teresinha (Chico Buarque), 179
Todo o sentimento (Cristovão Bastos/Chico Buarque), 286
Trocando em miúdos (Francis Hime/Chico Buarque), 167
Tua cantiga (Cristovão Bastos/Chico Buarque), 333
Uma canção desnaturada (Chico Buarque), 199
Vai passar (Francis Hime/Chico Buarque), 258
Valsa brasileira (Edu Lobo/Chico Buarque), 289
Valsinha (Vinicius de Moraes/Chico Buarque), 69
Vida (Chico Buarque), 220
vitrines, As (Chico Buarque), 223
Você, você (uma canção edipiana) (Guinga/Chico Buarque), 313

REFERÊNCIAS BIBLIOGRÁFICAS

ADORNO, Theodor W. "O fetichismo na música e a regressão da audição". In: *Os Pensadores — Adorno*. São Paulo: Nova Cultural, 1996, pp. 65-108.

CABRAL, Sérgio. *Antonio Carlos Jobim: uma biografia*. São Paulo: Lazuli Editora/Companhia Editora Nacional, 2008.

_____. *Nara Leão: uma biografia*. São Paulo: Lazuli, 2006.

CAMPOS, Augusto de. *Balanço da Bossa e outras bossas*. São Paulo: Perspectiva, 1974, 2ª ed.

CASTELLO, José. *Vinicius de Moraes: o poeta da paixão — uma biografia*. São Paulo: Companhia das Letras, 1994.

CASTRO, Ruy. *Chega de saudade: a história e as histórias da Bossa Nova*. São Paulo: Companhia das Letras, 1990.

CAVARERO, Adriana. *Vozes plurais: filosofia da expressão vocal*. Belo Horizonte: Editora da UFMG, 2011.

CHEDIAK, Almir. *Songbook Chico Buarque*. Volumes, 1, 2, 3 e 4. Rio de Janeiro: Lumiar Editora, 1999.

DAVIS, Sheila. *The Craft of Lyric Writing*. Cincinnati: Writer's Digest Books, 1984.

FINNEGAN, Ruth. "O que vem primeiro: o texto, a música ou a performance". In: *Palavra cantada: ensaios sobre poesia, música e voz*. Org. Claudia Neiva Matos, Elizabeth Travassos e Fernanda Teixeira de Medeiros. Trad. Fernanda Teixeira de Medeiros. Rio de Janeiro: 7 Letras, 2008.

FIORIN, José Luiz. *Elementos de análise do discurso*. São Paulo: Contexto, 2000.

GALVÃO, Walnice Nogueira. "MMPB: uma análise ideológica". In: *Saco de gatos: ensaios críticos*. São Paulo: Duas Cidades, 1976, 2ª ed., pp. 93-119.

GARCIA, Othon M. *Comunicação em prosa moderna*. Rio de Janeiro: Editora da FGV, 2010, 27ª ed.

GIL, Gilberto; RENNÓ, Carlos (org.). *Todas as letras*. São Paulo: Companhia das Letras, 2022, 3ª ed.

HIME, Francis. *Trocando em miúdos as minhas canções*. São Paulo: Terceiro Nome, 2017.

HOLLANDA, Chico Buarque de. *Tantas palavras*. São Paulo: Companhia das Letras, 2006.

HOMEM, Wagner. *Histórias de canções: Chico Buarque*. São Paulo: Leya, 2009.

LIMA, Alberto. *Quem é essa mulher? A alteridade do feminino na obra musical de Chico Buarque de Holanda*. Recife: CEPE, 2017.

MATTOSO, Glauco. *Tratado de versificação*. São Paulo: Annablume, 2010.

MELLO, Zuza Homem de. *A era dos festivais: uma parábola*. São Paulo: Editora 34, 2003.

MENESES, Adélia Bezerra de. *Figuras do feminino na canção de Chico Buarque*. São Paulo: Ateliê/Boitempo, 2001, 2ª ed.

_____. *Desenho mágico: poesia e política em Chico Buarque*. São Paulo: Hucitec, 1982.

MOLINA, Sérgio. *Música de montagem: a composição de música popular no pós-1967*. São Paulo: É Realizações, 2017.

MORAES, José Geraldo Vinci de. "História e música: canção popular e conhecimento histórico". *Revista Brasileira de História*, São Paulo, vol. 20, nº 39, 2000, pp. 203-21.

MOTTA, Nelson. *Noites tropicais*. Rio de Janeiro: Objetiva, 2000.

MURGEL, Ana Carolina Arruda de Toledo. "A canção no feminino: Brasil, século XX". *Estudos Feministas*, vol. 18, jul.-dez. 2010 (edição online), pp. 1-33.

_____. "A musa despedaçada: representações do feminino nas canções brasileiras contemporâneas". *Estudos Feministas*, vol. 17, jan.-jun. 2010 (edição online), pp. 1-15.

NAPOLITANO, Marcos. *História e música: história cultural da música popular*. Belo Horizonte: Autêntica, 2016.

PINHEIRO, Amálio. *América Latina: barroco, cidade, jornal*. São Paulo: Intermeios, 2013.

RENNÓ, Carlos. *O voo das palavras cantadas*. São Paulo: Dash, 2014.

SANDRONI, Carlos. *Feitiço decente: transformações do samba no Rio de Janeiro (1917-1933)*. Rio de Janeiro: Zahar/Editora da UFRJ, 2001.

SANTA CRUZ, Maria Áurea. *A musa sem máscara: a imagem da mulher na música popular brasileira*. Rio de Janeiro: Rosa dos Tempos, 1992.

SEVERIANO, Jairo. *Uma história da música popular brasileira: das origens à modernidade*. São Paulo: Editora 34, 2013.

SEVERIANO, Jairo; MELLO, Zuza Homem de. *A canção no tempo: 85 anos de músicas brasileiras — vol. 1: 1901-1957*. São Paulo: Editora 34, 2015a.

_____. *A canção no tempo: 85 anos de músicas brasileiras — vol. 2: 1958-1985*. São Paulo: Editora 34, 2015b.

SILVA, Fernando de Barros e. *Chico Buarque*. São Paulo: Publifolha, 2004.

SIMÕES, André. *O eu feminino na canção brasileira: desenvolvimento cultural entre 1901 e 1985*. Tese (Doutorado em Comunicação e Semiótica), Pontifícia Universidade Católica de São Paulo, 2022.

TATIT, Luiz. *O cancionista*. São Paulo: Edusp, 2006.

_____. *O século da canção*. São Paulo: Ateliê, 2004.

TINHORÃO, José Ramos. *História social da música popular brasileira*. São Paulo: Editora 34, 1998.

_____. *Música popular: teatro e cinema*. Petrópolis: Vozes, 1972.

VENEZIANO, Neyde. *O teatro de revista no Brasil: dramaturgia e convenções*. São Paulo: SESI-SP, 2013.

VIANY, Alex. *Introdução ao cinema brasileiro*. Rio de Janeiro: Revan, 1993.

WILDER, Alec. *American Popular Song: The Great Innovators (1900-1950)*. Nova York: Oxford University Press, 1990.

WILSON, Jeremy. *Love For Sale (1930)*. Disponível em <http://www.jazzstandards.com/compositions-0/loveforsale.htm>. Acesso em: 17 de janeiro de 2022.

WERNECK, Humberto. *Chico Buarque: letra e música*. São Paulo: Companhia das Letras, 1989.

WISNIK, José Miguel. *Sem receita: ensaios e canções*. São Paulo: Publifolha, 2004.

VELOSO, Caetano. *Verdade tropical*. São Paulo: Companhia das Letras, 1997.

ZAPPA, Regina. *Chico Buarque para todos*. Rio de Janeiro: Ímã Editorial, 2016.

CRÉDITOS DAS IMAGENS

Arquivo Nacional: pp. 122, 123
Cafi (Carlos da Silva Assunção Filho): capa
Divulgação/reprodução: pp. 20a, 20b, 24a, 24b, 28, 29, 32, 33, 35, 42, 43, 51, 54, 55, 60, 64, 65, 72, 80, 81, 88, 92, 93, 102, 103, 106, 107, 116, 126, 127, 133a, 133b, 140, 141, 148, 149, 162, 163, 174, 175, 194, 195, 202, 203, 216a, 216b, 226, 227, 230, 231a, 231b, 238, 239, 248, 249, 256, 257, 264a, 264b, 265a, 265b, 272, 273, 280, 281, 292, 293, 296, 297, 302, 303, 312a, 312b, 316a, 316b, 320a, 320b, 324a, 324b, 328a, 328b, 332a, 332b, 336
Funarte: pp. 50, 132
Fundação Biblioteca Nacional: p. 112

SOBRE O AUTOR

André Simões, paulistano nascido em 1985, é jornalista e escritor. Como pesquisador de canção popular, escreveu sua tese de doutorado O *eu feminino na canção brasileira: desenvolvimento cultural entre 1901 e 1985* e publicou o livro *Francis Hime: ensaio e entrevista* (Editora 34, 2023). É especialista em Canção Popular pela FASM, mestre em Letras pela UEL e doutor em Comunicação e Semiótica pela PUC-SP. Também lançou os livros de crônicas e contos *A arte de tomar um café* (Atrito Art, 2010) e *23 minutos contados no relógio* (Patuá, 2018).

Este livro foi composto em Sabon pela Franciosi & Malta, com CTP e impressão da Edições Loyola em papel Chambril Book 90 g/m² da Sylvamo para a Editora 34, em julho de 2024.